팀장의 "대화력"

팀장의 "대화력"

관계의 밀도를 바꾸는
원온원 코칭 대화법

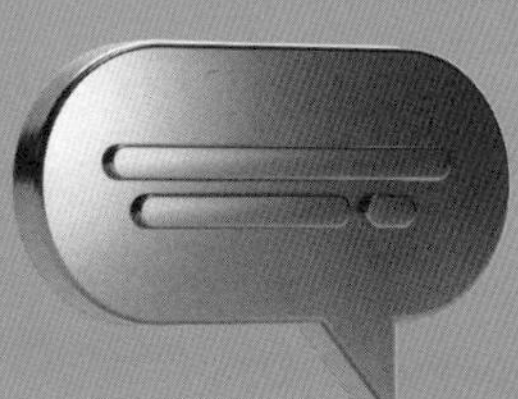

최안나 지음

티움

대화로 연결되는 리더십

국내와 해외 글로벌 리더들을 대상으로 코칭하고 강의하면서 느낀 점은, 국적과 산업군이 달라도 조직에서 함께 일하는 사람들이 겪는 어려움은 비슷하다는 것이다.

리더의 고민은 이렇다.

- "업무를 맡길 때 그냥 군말 없이 해주기를 기대하는데 돌아오는 건 '이걸요? 제가요? 왜요?'여서 어떻게 말해야 할지 모르겠다."
- "피드백을 주면 구성원은 방어적이 된다."
- "원온원 대화를 하라고 하지만 매번 업무 지시와 보고로 그친다."
- "의욕 없는 구성원을 어떻게 다시 움직이게 할 수 있을까?"

구성원의 고민은 이렇다.

- "리더에게 솔직히 말해도 괜찮을까?"
- "지금 하는 업무가 나에게 어떤 의미가 있는지 모르겠다."
- "원온원 시간이 형식적이고 부담스럽다."
- "갈등 상황에서 어떻게 말을 꺼내야 문제가 해결될까?"

결국 모든 고민은 하나의 질문으로 귀결된다. 우리는 어떻게 대화해야 할까?

요즘 기업에서는 리더와 구성원에게 원온원을 하라고 한다. 원온원이 뭘까? 원온원One on One은 쉽게 말해 '일대일'의 의미로 기존에 하고 있는 '일대일 면담'과 같다.

그렇다면 원온원과 기존의 일대일 면담은 뭐가 다를까? 기존의 일대일 면담은 리더 중심의 면담이었다. 리더가 하고 싶은 말을 주로 하는 시간으로 리더의 지시, 조언, 충고가 주를 이뤘다. 리더가 90퍼센트를 이야기하고 구성원은 간단한 대답을 하는 대화였다. 면담이 끝나면 구성원은 리더의 사무실을 나서며 한숨을 쉬거나 '또 혼났네' 하며 동료에게 푸념을 늘어놓곤 했다. 과거에는 이렇게 해도 일이 잘 돌아갔다. 리더가 시키는 대로 하면 되는 시대였으니까.

하지만 지금은 다르다. 변화의 속도가 빠르고, 업무가 복잡해지고, 구성원의 자율성과 창의성이 중요한 시대다. 리더 혼자 모든 답을 가지고 있을 수도 없고, 일방적인 지시로 구성원의 역량을 100퍼센트 끌어낼 수 없다. 그래서 원온원은 목적 자체가 다르다. 리더가 구성원의 이야기를 더 많이 듣고, 일을 더 잘할 수 있는 환경을 만들며, 동기를 부여하고, 성장을 돕는 것이 목적이다.

생각해보자. 구성원이 어떤 일에 흥미를 느끼는지, 어떤 부분에서 어려움을 겪는지, 어떤 성장을 원하는지 모른다면 리더로서 제대로 지원할 수 있을까? 구성원의 이야기를 많이 들어야 그들이 어떤 사람인지 알고, 즐겁고 몰입할 수 있도록 리더로서 지원할 수 있다. 궁극적으로는 구성원이 몰입하고 성장해야 조직의 성과도 높아진다. 원온원에는 구성원의 성장과 조직의 성과가 깊게 연결되어 있다는 인식이 깔려있다.

원온원은 둘이 만나 대화를 나눈다는 면에서 일대일 면담과 같은 형식이지만, 대화의 방향과 방법이 완전히 다르다. 기존 면담이 '리더 → 구성원'으로 향했다면, 원온원은 '구성원 → 리더'로 방향이 바뀐 대화다. 구성원이 자신의 생각과 고민을 편하게 이야기하고, 리더는 그것을 경청하며 질문한다. 구성원이 더 많이 말하고, 리더는 더 많이 듣는다. 물론 리더가 필요한 피드백과 지지의 말을 하기도 하지만, 대화의 중심은 구성원의 이야기여야 한다. 서로의 생각을 나누되, 구성원이 주인공인 대화인 것이다. 원온원은 대화의 방향을 바꾸는 것에서 시작된다.

지금 우리는 리더십 전환기에 있다. 과거에는 리더가 방향을 지시하고 구성원이 그대로 따르는 구조였지만, 이제는 시대가 달라졌다. 더 이상 '지시 리더십'이 통하지 않는 '관계 리더십' 시대다. 조직에서 함께 일하는 사람들은 먼저 긍정적 관계로 연결되어야 한다. 그래야 비로소 리더십이 영향력을 발휘하고, 구성원의 성장을 지원하며, 자율성과 주도성을 끌어낼 수 있다. 그리고 그 연결은 거창한 전략이 아니라, 일상의 대화에서 시작된다.

무엇보다 AI 시대에는 대화가 점점 더 중요한 역량이 되고 있다. 첫째, 우리는 지금 AI와도 협력하며 일하고 있어서다. AI에게 프롬프트를 줄 때도 마찬가지다. 명확하고 구체적으로 요청해야 원하는 결과를 얻을 수 있다. 대충 요구하면 AI도 대충 대답한다. 즉, 자신이 무엇을 바라며 어떤 방향으로 가고 싶은지를 정확히 표현하는 대화력이 업무 성과와 직결된다.

둘째, AI가 많은 일을 대신하면서 사람과 직접 소통하는 시간은 오히려 줄어들고 있어 인간 간의 대화에서 필요한 배려, 맥락 파악, 감정 읽기와 같은 능력이 약해지기 쉽다. 그래서 AI가 확장될수록, 사람과 사람 사이의 진짜 대화 능력은 더 큰 가치를 갖는다.

리더의 영향력은 '말'에서 나온다. 그리고 그 말은 상대를 바라보는 마인드셋, 즉 세상과 타인 그리고 자신을 바라보는 관점과 태도에서 비롯된다. 그렇기에 건설적 대화를 위해서는 자신을 지속적으로 성찰하고 다듬어야 한다. 리더십과 팔로워십은 고정된 것이 아니라 끊임없이 변하고 발전한다. 자신을 이해하고 수련하는 과정에서 나누는 대화가 성과를 내는 팀워크를 만든다.

우리의 모든 관계는 원온원 대화, 업무 피드백, 고민을 들어주는 시간, 동기를 북돋우는 대화 같은 일상의 순간에서 시작된다. 이런 대화는 단순한 소통을 넘어 신뢰와 연결을 만들어내는 핵심 도구다. 서로가 '내 이야기를 들어주는 동료', '나를 믿어주는 파트너'로 느낄 때, 비로소 진짜 동기가 생기고 행동이 바뀐다.

이 책은 어떻게 하면 서로 신뢰하며 일하고, 함께 성장할 수 있는지에 대한 실제적이고 구체적인 대화 방법을 담았다. 좋은 관계는 우연히 만들어지지 않는다. 서로가 신뢰로 연결되기 위해서는 의도적이고 진심 어린 노력이 필요하다. 그 연결의 중심에는 늘 대화가 있다. 대화가 달라지면 리더와 구성원, 팀원 간의 관계가 변한다. 관계가 달라지면 팀워크가 바뀐다. 이를 통해 팀은 높은 성과를 내고, 이는 결국 조직 전체의 성과에 기여하게 된다.

1장에서는 '대화가 무엇이고 어떻게 해야 하는지'에 대해 이야기한다. 왜 지금 서로에게 대화가 중요한지, 어떤 마인드셋과 스킬로 대화해야 하는지, 그리고 대화가 어떻게 성장과 성과의 도구가 되는지를 살펴본다.

2장부터 8장까지는 실전이다.

2장 '업무 전달 대화'에서는 단순히 지시하거나 따르는 것이 아니라,

함께 일의 맥락과 의미를 이해하고 수용하게 만드는 대화법을 다룬다. '왜 이 일을 해야 하는가'를 서로가 납득할 수 있도록 돕고, 실수했을 때 발전할 수 있는 피드백 방법을 알아본다.

3장 '성과관리 대화'에서는 목표 설정, 중간 점검, 연말 평가 등 성과를 관리할 때 어떻게 효과적으로 대화해야 하는지 살펴본다.

4장 '동기부여 대화'에서는 구성원이 주도적으로 일하고 싶어지게 만드는 대화, 저성과자의 상태를 파악하고 성장하도록 돕는 대화를 다룬다.

5장 '권한위임 대화'에서는 구성원의 수준에 따라 어떻게 권한을 나누고, 책임감을 부여하며, 성장을 도울 수 있는지를 이야기한다. 또한 연차별 상황에 따라 어떻게 접근해야 하는지도 다룬다.

6장 '갈등관리 대화'에서는 함께 일하는 사람들 사이에서 발생하는 갈등을 대화로 어떻게 풀어갈 수 있는지를 다룬다. 갈등은 피할 수 없지만, 문제는 갈등 자체가 아니라 그것을 어떻게 조율하고 해결하느냐에 있다.

7장 '변화관리 대화'에서는 팀에 변화가 찾아왔을 때, 어떻게 소통해야 하는지를 다룬다. 새로운 리더가 오거나 조직이 개편되었을 때 느끼는 불안과 저항을 완화하고, 팀을 통합하는 대화 방식에 관해 이야기한다.

8장 '감정관리 대화'에서는 자신의 감정을 스스로 다루는 법, 그리고 상대의 힘든 감정을 이해하고 지지하는 대화법을 다룬다. 이 장에서는 자신과 건강하게 대화하는 법과 번아웃된 구성원을 돕는 방법에 관해 이야기한다.

다양한 상황별 대화법을 풍부한 실제 사례와 함께 다루고 있는 이 책은 특히 이런 사람들에게 도움이 된다.

- 구성원과의 대화에서 무엇을 어떻게 말해야 하는지 막막함을 느끼는 리더
- 리더와의 소통이 어려운 구성원
- 서로 신뢰를 쌓고 싶은 리더와 구성원
- 원온원 대화에서 어떤 질문을 해야 할지 고민하는 사람
- 자율적이고 능동적으로 일하는 문화를 만들고 싶은 사람
- 자신과 상대방 내면의 힘을 끌어내고 싶은 사람
- 영향력 있는 리더십과 팔로워십을 만들고 싶은 사람
- 함께 성장하고 싶은 리더와 구성원

이 책을 통해 독자는 대화의 본질을 이해하고, 상황별로 어떻게 대화해야 할지에 대한 실질적 방법을 알게 될 것이다. 또한 리더와 구성원이 진심으로 연결되고 함께 성장하는 관계 속에서 성과를 만들어가는 여정

을 경험하게 될 것이다.

조직의 성과와 구성원의 성장은 건강한 대화에서 시작된다.

차례

프롤로그 | 대화로 연결되는 리더십   4

CHAPTER 1   **대화가 필요해**

관리의 시대를 넘어, 관계의 시대로   17
성과와 성장을 돕는 마인드셋   21
신뢰를 쌓는 대화 스킬   27

CHAPTER 2   **업무 지시: 업무를 맡길 때와 받을 때의 대화**

새로운 업무를 맡길 때   40
코칭 대화 솔루션 | 대화 연습
피드백을 할 때   60
코칭 대화 솔루션 | 대화 연습

CHAPTER 3   **성과관리: 성과의 시작과 끝을 위한 대화**

목표 설정할 때   80
코칭 대화 솔루션 | 대화 연습
목표를 점검하고 평가할 때   100
코칭 대화 솔루션 | 대화 연습

CHAPTER 4   동기부여: 스스로 움직이게 만드는 대화

구성원이 더 주도적으로 일하기를 바랄 때   119
코칭 대화 솔루션 | 대화 연습
저성과자를 포기하지 않고 성장시키고자 할 때   135
코칭 대화 솔루션 | 대화 연습

CHAPTER 5   권한위임: 믿고 맡기는 대화

저연차 구성원에게 일을 믿고 맡기는 대화   158
코칭 대화 솔루션 | 대화 연습
고연차 구성원에게 일을 믿고 맡기는 대화   172
코칭 대화 솔루션 | 대화 연습

CHAPTER 6   갈등관리: 리더와 구성원이 다시 연결되는 대화

리더와 구성원 간 갈등을 회복하는 대화   195
코칭 대화 솔루션 | 대화 연습
구성원 간 갈등을 조율하는 대화   209
코칭 대화 솔루션 | 대화 연습

CHAPTER 7 변화관리: 새로운 관계에서 신뢰를 쌓는 대화

신임 리더로서 구성원과 신뢰를 쌓는 대화　228
코칭 대화 솔루션 | 대화 연습
조직 통합 후 팀원들과 신뢰를 쌓는 대화　247
코칭 대화 솔루션 | 대화 연습

CHAPTER 8 감정관리: 감정을 조절하는 대화

자신의 마음을 돌보며 감정을 조절하는 대화　266
코칭 대화 솔루션 | 대화 연습
번아웃된 구성원을 살피고 지지하는 대화　280
코칭 대화 솔루션 | 대화 연습

CHAPTER 1

대화가 필요해

관리의 시대를 넘어, 관계의 시대로

조직에서 성과를 내는 방식이 달라졌다. 이제는 단순히 업무를 지시하고 통제하는 방식으로 원하는 결과를 얻기 어렵다. 과거에는 직속 상사와의 관계만 중요했다면, 지금은 그 범위가 넓어졌다. 180도 관계에서 벗어나 상사와 동료, 팀원까지 포함하는 360도 관계가 중요해진 것이다.

그 이유는 선명하다. 성과는 더 이상 한 사람의 힘으로 만들어지지 않아서다. 과거에는 뛰어난 리더의 경험과 정보를 바탕으로 방향을 정하고 팀을 이끌어 성과를 낼 수 있었지만, 지금은 리더와 구성원 모두의 역량과 정보, 디지털 스킬이 성과의 핵심 자산이 되었다. 이 자산들을 충분히 연결하기 위해서는 리더와 구성원이 서로 신뢰하고 협력해야 한다.

또한 AI 시대가 도래하면서 인간만이 할 수 있는 관계의 가치가 더 커졌다. 챗GPT와 같은 인공지능이 글을 쓰고, 코드를 만들며, 영상을 제작하지만 사람의 마음을 이해하고 신뢰를 쌓으며 협력하는 일은 여전히 사람의 몫이다. 조직 안에서 서로 성장하고, 함께 일하는 방식을 설계하는 것은 결국 사람과 사람의 대화에서 시작된다.

더 나아가 개인의 가치관도 변했다. 이제 사람들은 조직의 성과뿐만 아니라 개인의 성장과 일의 의미를 더 중요하게 여긴다. 단순히 시키는 일을 잘하는 것이 아니라 자신의 비전과 삶의 방향성을 일과 연결하고 싶어 한다. 그렇기에 리더와 구성원은 서로의 잠재력이 실현될 수 있도록 도와야 하며, 이를 위해서는 진정성 있는 연결이 필요하다.

누구를 변화시킬 것인가

그 연결은 바로 대화에서 시작된다. 그리고 좋은 대화를 위해서는 상대가 아닌 자신이 변해야 한다. 과거, 타인, 나 중에서 바꿀 수 있는 것은 무엇인가? 결국 나 자신뿐이다. 사람은 누군가가 변하라고 말한다고 해서 쉽게 변하지 않는다. 하지만 상대가 변하는 순간이 있다. 내가 나를 바꿀 때다.

내가 변해야 상대의 반응이 바뀌고 상호작용도 달라진다. 예를 들어, 상대가 차갑게 굴어서 내가 냉담하게 반응했다고 하자. 하지만 내가 부드럽게 반응한다면 상대는 어떻게 행동할까? 상대는 내가 보여주는 새로운 반응에 영향 받는다. 결국 상대를 바꾸는 것이 아니라 관계를 바꾸는 것이며, 관계 변화는 나의 변화에서 시작된다. 즉, 리더와 구성원이 서로 더 나은 관계를 만들고 싶다면, 각자가 먼저 자신을 성찰하고 변화하려 노력해야 한다.

관계 변화에서는 대화가 중요하다. 대화는 단순한 정보 전달 이상의 의미가 있다. 대화는 서로에게 영향을 준다. 말 한마디가 상대의 태도와 행동을 바꾸기도, 몰입을 만들기도 하지만 때로는 의욕을 잃게도 한다.

말에는 두 가지 특징이 있다. 하나는 무게감이다. 말에는 책임과 신뢰가 따른다. 서로가 나누는 말은 메시지이자 약속이다. 또 하나는 파급력이다. 말은 한 사람에게만 영향을 미치는 것이 아니라 팀 전체, 나아가 조직 문화에까지 확산된다. 따라서 모든 구성원은 말을 할 때 신중해야 하며, 대화는 상대를 억압하는 것이 아니라 연결하고 성장하는 방향으로 이뤄져야 한다.

성과와 성장, 두 마리 토끼 잡기

리더와 구성원은 조직의 목적을 충분히 이해하고 있어야 한다. 그래야 '이 이야기를 해도 되나?'라고 망설이는 대신 '이 이야기는 이런 이유에서 필요하다'는 확신을 가질 수 있다. 조직의 목적은 크게 두 가지다.

첫째 성과다. 성과란 조직과 정렬된Align된 공동의 목표 달성에 기여하며, 조직을 지속가능하게 만드는 것이다. 이는 단순히 일을 진행하는 과정이 아니라, 조직의 방향과 일치하는 의미 있는 변화를 만들어내는 산출물과 성취를 말한다.

성과를 위해 리더는 나아갈 방향을 설정하고, 명확한 목표를 공유하며, 각자의 역할과 책임을 조율해야 한다. 이 과정에서 진행 상황을 점검하고, 문제가 생기면 함께 해결책을 찾는 대화를 해야한다. 이런 대화는 주로 업무 진행 상황과 결과물에 초점을 맞춘다.

"이 일의 최종 결과물은 어떤 모습이 되어야 할까요?"
"지금 진행 상황은 어느 정도인가요?"
"어떤 부분에서 어려움이 있나요?"
"이번 목표를 달성하려면 어떤 방식이 더 효과적일까요?"

이런 질문으로 대화를 시작해야 한다. 이는 성과를 위해 필수적인 대화이지만, 동기부여와 성장까지 담아내기는 어렵다. 그래서 두 번째 대화가 필요하다.

바로 성장과 관련된 대화다. 성장이란 각 구성원이 새로운 지식과 기술을 습득하고, 역량과 시야를 확장하며, 조직과 함께 더 높은 수준의 성과를 낼 수 있는 상태로 발전하는 것을 말한다. 조직에서 팀의 성장과 구성원의 성장은 깊이 연결되어 있다. 조직과 팀의 성장은 구성원 개개인의 성장을 통해 이루어지고, 조직과 팀이 성장하면 구성원 개개인도 그만큼 성장의 기회를 얻는다. 이는 구성원들이 변화에 적응하고 새로운 가능성을 열어가는 지속적인 발전 과정에 있음을 의미한다.

리더와 구성원은 성장 대화를 통해 일의 의미와 가치를 찾고, 서로의 강점을 발견하며, 피드백을 주고받는다. 또한 조직의 방향과 개인의 성장 방향을 연결해 도전의 기회를 만들고, 누구나 자유롭게 의견을 나누며, 서로 배울 수 있는 안전한 문화를 조성한다.

이때 필요한 대화 스킬은 상대의 내면과 성장을 끌어내는 질문과 격려다. 이런 질문이 좋다.

"이 프로젝트에서 가장 흥미로운 부분은 무엇인가요?"
"이 일을 하면서 어떤 점에서 배우고 있다고 느끼나요?"
"앞으로 도전해 보고 싶은 일은 무엇인가요?"
"이 업무에서 당신의 이런 강점을 볼 수 있었어요"
"어떤 부분을 더 개발하고 싶나요?"

이런 대화는 구성원이 수동적으로 일하는 것이 아니라, 몰입하며 스스로 성장할 수 있도록 돕는다. 조직의 목적을 명확히 이해했다면, 대화가 개인의 감정이나 편의 때문에 하는 것인지, 팀의 성과를 위해 필요한 것인지, 혹은 서로의 성장을 위해 필요한 것인지를 구분할 수 있다.

예를 들어, 조직의 목적을 정확하게 이해한 리더라면 자신의 피드백이 조직 성과에 어떤 영향을 주는지 혹은 구성원 성장과 어떻게 연결되는지를 제대로 알 수 있다. 이를 바탕으로 리더와 구성원은 더 자신 있고 진심 어린 대화를 하게 된다. 그런 대화가 서로의 관계를 바꾸고, 바뀐 관계가 문화를 만들며, 문화는 다시 더 나은 조직 성과와 구성원 성장을 만든다.

성과와 성장을 돕는 마인드셋

말과 대화는 다르다. 말은 하고 싶은 이야기를 일방적으로 전달하는 것이고, 대화는 서로의 입장을 듣고 이해하며 함께 의미를 만들어가는 과정이다. 그래서 성과와 성장을 돕는 대화는 관계를 맺고 신뢰를 쌓는 데 필수적이다. 그 신뢰 속에서 다시 성과와 성장이 이루어진다.

판단이 아닌 호기심으로 시작하는 대화

스탠퍼드대학교의 캐롤 드웩 교수는 우리의 사고방식, 태도를 '고정 마인드셋'과 '성장 마인드셋[1]'으로 구분한다. 고정 마인드셋은 태어날 때부터 지능이나 재능이 정해져 있다고 믿는 것이다. 똑똑하고, 멍청한 게 정해져 있고, 특정 재능도 정해져 있으니 노력해도 별 소용이 없다. 그래서 시험을 못 보거나, 뭘 잘 못하면, '내가 원래 그렇지 뭐, 나는 머리가 별로 안 좋아서 그래'라고 자신을 제한한다. 그래서 자신이 못하는 모습을 보여주기 싫어서 새로운 도전도 안 하게 된다. 간혹 도전했다가 실패라도 하게 되면, 그것이 자기 무능력의 증거라고 생각한다. 결국 도전을 통한 성장 기회를 스스로 박탈하고, 이를 통해 자기 확장의 기회도 갖지 못한다.

반대로 성장 마인드셋을 가진 사람은 지능과 능력은 계속 변하기 때문에 도전을 통해 성장할 수 있다고 생각한다. 그들은 어떤 일을 잘못했을 때도 그것을 실패로 바라보는 것이 아니라 성장과 성공의 과정이라 생각한다. 그래서 좌절하지 않고 다시 일어서서 계속 도전한다. 이런 사람들은 일을 잘 못했을 때나 실수했을 때 '아, 내가 이런 부분에서 부족했구나, 다음에는 이런 점을 보완해서 더 좋은 결과를 내야겠다'고 생각한다.

고정 마인드셋을 가진 리더와 구성원은 자신뿐만 아니라 상대방에게도 같은 잣대를 적용할 가능성이 크다. 이런 사람들은 누군가 실수를 하면 '그 사람의 능력은 여기까지'라고 단정 짓고, 대화할 때도 상대방의 의견을 묻기보다 자신의 생각을 일방적으로 주입하는 경향을 보인다. 반대로 성장 마인드셋을 가지고 있다면 상대를 바라볼 때도 같은 원칙을 적용하기 쉽다. 자신이 경험과 실패, 실수를 통해 배우는 것처럼 상대방

---

1) Dweck, C. S. (2006). *Mindset: The new psychology of success*. Random house.

도 그럴 것이라고 믿는다. 이러한 태도를 가진 사람은 상대가 실수했을 때 이를 한계로 보지 않고 성장의 과정으로 여긴다. 그렇기 때문에 대화에서도 상대가 발전할 수 있다는 믿음을 바탕으로, 상대의 의견을 적극적으로 경청하고 존중하며 함께 해결책을 찾는 태도를 유지한다.

이처럼 대화를 잘하기 위해서는 기술보다 태도가 먼저다.

상대를 가르치고, 상대에게 지시하고 명령하는 태도로는 좋은 대화가 어렵다. 이는 상대의 아이디어와 생각을 묻기보다, '내가 시키는 대로 하면 돼'라는 태도가 중심이 되기 때문이다. 이런 태도는 상대가 스스로 생각하고 답을 찾아가는 가능성을 무시한다. 그러다 보면 자신과 다른 의견에 대해 쉽게 '틀렸다'고 판단한다. '뭘 모르고 하는 소리네', '제대로 알지도 못하면서 이상한 이야기만 하네'라는 생각이 드는 순간 대화는 멈춘다. '나는 옳고, 상대는 틀렸다'는 판단이 대화를 가로막는 것이다.

이럴 때 필요한 것이 호기심이다. 호기심은 단순히 '저 사람 왜 저래?'라고 불만을 품는 태도가 아니라 상대를 더 깊이 이해하려는 탐색의 관점이다. 상대의 행동을 보며 "이 사람은 어떤 배경에서 이런 생각을 하게 됐을까?" 혹은 "어떤 이유에서 이런 결정을 했을까?"라고 궁금해하며 묻는 태도를 말한다.

예를 들어, 상대가 자신의 기대와 다른 방식으로 일할 때 "아니, 이걸 왜 이런 식으로 하지? 이렇게 해야 당연한데, 어떻게 이걸 모르지?"라고 즉시 판단하고 비판하기보다 "어떤 이유에서 이렇게 일을 하려 했을까?"라고 질문하고 그 이유를 들으려고 노력해야 한다. 그래야 그것이 단순한 실수인지 아니면 더 나은 방법을 찾으려는 시도였는지를 알 수 있다. 이해가 되면 상대방에게 화가 덜 나고, 누그러진 마음으로 이야기를 할 수 있다.

이처럼 서로가 이해의 렌즈를 쓰려고 노력하면, 상대의 실수에 감정적으로 반응하기보다 상황을 더 객관적으로 볼 수 있다. 결국 호기심은 상대에게 이미 답이 있고, 그 답을 지금은 모른다 하더라도 스스로 답을 찾을 수 있다는 믿음에서 나온다. '나도 답이 있고, 너도 답이 있다'는 태도에서 진짜 대화가 시작되는 것이다.

안전하다는 믿음

하지만 아무리 호기심을 가지고 대화를 시도하더라도 서로의 마음이 열리지 않으면 대화는 깊어지지 않는다. 상대가 입을 닫거나, 대화를 해도 뭔가 겉도는 것처럼 느껴진다면 그 이유를 찾아야 한다. 일반적으로는 자신의 의견이 어떻게 받아들여질지 모르기 때문에 이야기를 더 하지 않는 것이다. 괜히 이야기했다가 꼬투리나 약점이 잡히거나 자신이 한 말이 중요하게 다뤄지지 않을 것이라고 생각해 입을 닫는 것일 수도 있다.

이럴 때 중요한 것이 심리적 안전감Psychological Safety[2]이다. 이는 '조직에서 비난이나 처벌에 대한 두려움 없이 자유롭게 자신의 생각을 표현할 수 있다는 공유된 믿음이며 분위기'이다. 심리적 안전감이 있는 조직의 사람들은 질문을 편안하게 하고, 자신의 아이디어를 쉽게 공유하며, 실수를 통해 배우려 한다. 이들은 '나는 우리 팀에서 의견을 자유롭게 낼 수 있어', '잘 모르면 질문할 수 있어', '실수하거나 부족한 점이 있어도 배

---

2) Edmondson, A. (1999). Psychological safety and learning behavior in work teams. *Administrative science quarterly*, 44(2), 350-383.

울 기회가 있을 거야'라는 안전감을 느낀다. 반대로 안전감이 부족한 조직에서는 바보같이 보일까 봐 질문하지 않고, 실수를 감추거나 어려움을 혼자 해결하려 하고, 새로운 아이디어 제안을 부담스럽게 여긴다.

긍정 심리학자 바버라 프레드릭슨의 '긍정 정서 확장-구축 이론 Broaden-and-Build Theory of Positive Emotion[3]' 따르면 사람들은 기쁨, 흥미, 만족, 자부심, 사랑, 감사 등의 긍정 정서를 경험할 때 사고와 행동의 폭이 넓어지고 더 많은 가능성을 탐색gks다. 이를 통해 창의성, 문제해결 능력을 키우게 되고, 긍정적 관계를 맺으며, 사회적 지지를 만드는 등의 자원을 구축할 수 있다.

반대로 두려움, 분노, 혐오 등의 부정 정서를 느끼는 사람은 사고의 폭이 좁아지고 즉각적으로 행동한다. 이를 조직에 적용하면, 안전감이 낮은 조직에서는 사람들은 협소하게 생각하여 창의성과 학습이 일어나기 어렵지만, 안전감이 높은 조직에서는 사람들이 사고를 확장하고 자유롭게 의견을 나누며 새로운 시도를 하는 것으로 볼 수 있다.

이는 성과와 성장에 모두 직결된다. 안전감이 높은 팀에서는 구성원들이 실패를 두려워하지 않고 다양한 아이디어와 접근 방식을 시도할 수 있어, 결과적으로 더 나은 성과를 창출할 가능성이 커진다. 동시에 이러한 환경은 개인이 새로운 역량을 개발하고 배움의 기회를 넓혀 주며, 성장의 속도와 깊이를 함께 끌어올린다. 즉, 심리적 안전감은 성과를 위한 아이디어 공유, 실행력을 강화하는 동시에 성장을 위한 학습과 도전을 촉진하는 토대가 된다.

---

3) Fredrickson, B. L. (2001). The role of positive emotions in positive psychology: The broaden-and-build theory of positive emotions. *American psychologist*, 56(3), 218.

심리적 안전감을 만드는 데는 리더의 역할이 중요하다. 리더가 구성원의 의견을 존중하고, 진심으로 경청하며, 실수를 비난하기보다 학습의 기회로 본다면 심리적 안전감이 쉽게 형성된다. 구성원의 역할도 중요하다. 동료의 의견을 존중하고, 다른 관점에 열린 태도로 반응하며, 자신의 생각과 어려움을 솔직히 표현하려는 노력이 있어야 한다. 심리적 안전감은 한쪽이 일방적으로 만들어주는 것이 아니라 구성원 모두가 만들어 가려는 의식적 노력의 결과다.

원온원 대화

조직이 성과와 성장을 하기 위해서는 리더와 구성원이 정기적으로 만나는 원온원1on1 대화가 필요하다. 한 달에 한두 번 정도, 30분에서 1시간씩 시간을 내어 서로의 생각과 감정을 나누는 것이다. 대화의 주제는 다양하다. 리더의 비전과 방향 설명, 구성원의 업무에 대한 현재 상황, 진행 과정에서 느끼는 어려움, 서로가 도울 수 있는 부분, 앞으로의 방향, 구성원의 커리어 비전, 피드백 등을 자연스럽게 공유하면 된다.

이때 리더는 말을 줄여야 한다. 리더의 말은 전체 대화의 약 30퍼센트 정도로 하고, 구성원이 충분히 자신의 생각을 표현할 수 있도록 환경을 만들어야 한다. 반대로 구성원 역시 자신의 고민을 솔직하게 이야기해야 한다. 리더는 자신이 하고 싶은 말을 미리 준비하기보다 상대의 이야기를 주의 깊게 듣고 그 안에서 의미를 발견하고 대화를 이어간다는 태도를 갖는 것이 진정한 원온원 대화의 출발점이다.

이런 대화는 성과와 성장을 연결하는 다리가 된다. 호기심 있는 태도가 진짜 대화를 시작할 수 있게 하고, 심리적 안전감이 그 대화를 깊게 만든다. 그리고 원온원 대화가 쌓일수록 서로에 대해 더 많이 알고 이해하게 된다. 그 안에서 더 큰 성과와 성장이 자연스럽게 따라오는 선순환 관계가 만들어진다.

신뢰를 쌓는 대화 스킬

대화를 하기 위한 마인드셋을 갖췄다면 이제 어떻게 말하고, 어떻게 듣고, 어떻게 반응할지를 구체적으로 익혀야 한다. 대화 스킬에는 질문하기, 경청하기, 공감하기, 그리고 명확하게 말하기 등 네 가지 중요한 과정이 있다.

1. 질문하기

리더는 판단보다 호기심을 가져야 한다. 그래야 조언과 충고가 아닌 질문을 할 수 있다. 어떤 리더는 질문을 했는데 구성원이 답을 하지 않아 답답하다고 말한다. 질문은 그냥 하는 것이 아니라 '어떻게' 하는지가 중요하기 때문에 질문하는 방법을 제대로 알아야 한다. 자신의 질문에 따라 원온원 면담이 짧게 끝나기도 하고 길게 이어지기도 한다.

　우선 질문에는 닫힌 질문과 열린 질문이 있다. 닫힌 질문은 "진행을 했나요?", "그래서 이렇게 한 건가요?"처럼 "예", "아니요"로 대답할 수 있는 질문이다. 닫힌 질문은 상대에게 2가지 대답 중 하나를 요구하는 것이어서 대화를 이어가기 힘들다.

반면 열린 질문은 상대를 더 생각하게 만들고, 더 많은 정보를 공유할 수 있도록 돕는다. "이번 프로젝트에서 가장 신경 쓴 부분은 무엇이었나요?", "가장 어려웠던 부분은 무엇이었나요?" "그때는 어떤 마음이 들었나요?"와 같은 열린 질문은 상대가 스스로 더 깊이 생각하고, 자신의 생각과 감정을 말할 수 있게 한다. 열린 질문은 보통 무엇을What, 어떻게How, 왜Why로 시작한다.

한 가지 조심할 것은 열린 질문의 '왜'의 경우 자칫하면 상대가 자신을 추궁하는 것처럼 들릴 수 있으므로 말을 할 때 자신의 목소리 톤과 표정에 신경을 써야 하며, 가능하면 '어떤 이유'라는 단어로 바꿔서 사용하는 게 좋다.

리더가 구성원의 생각과 시도를 존중하는 열린 질문의 예시는 다음과 같다.

"이 방법을 활용한 이유가 궁금합니다."
"이번 프로젝트를 하면서 중요하게 생각한 부분이 무엇이었나요?"
"여기서 가장 잘되고 있는 부분과 아닌 부분은 무엇인가요?"
"그 문제를 해결하기 위해 어떤 방법을 시도할 수 있을까요?"

구성원이 리더의 의도와 생각을 정확하게 파악하기 위한 열린 질문의 예시는 다음과 같다.

"이번 프로젝트의 우선순위를 정할 때 팀장님이 가장 중요하게 보는 기준은 무엇인가요?"

"이 방향으로 결정한 이유가 있을까요? 정확히 이해하고 싶습니다."

"제가 프로젝트를 진행하면서 이런저런 고민이 있었는데요. 특별히 챙기거나, 보완할 만한 부분이 있다면 무엇일까요?"

또한 가능성을 여는 질문도 필요하다. 가능성 질문은 상대방을 비난하거나 과거의 잘못에 초점을 맞추는 대신 미래의 발전과 해결책에 집중한다. 문제가 생겼을 때 목소리의 톤과 표정을 따지듯이 "왜 일을 이런 식으로 진행했어요?"라고 묻는다면 상대는 방어적이 된다. 대신 "앞으로 어떻게 하면 더 나아질까요?", "이 상황이 다시 생기지 않으려면 어떤 방법이 좋을까요?", "이 방법 말고 다른 새로운 방법은 무엇일까요?"처럼 미래의 가능성을 묻는 질문은 구성원이 스스로 해결책을 생각하고 문제를 해결하는 데 도움이 되기 때문에 효과적이다.

구성원 역시 리더에게 질문을 할 수 있다. "이번 프로젝트에서 이 부분이 가장 큰 장애물이 될 것 같습니다. 제가 A, B, C 방법을 찾아보았습니다. (각각 방법 설명 후) 이 방법들 중에 팀장님은 어떤 것이 가장 효과적이라고 생각하나요?", "이런 상황은 처음 겪어봐서 어떤 방향으로 나아가야 할지 고민이 많습니다. 저는 이런 이유로, 이런 방향으로 생각하고 진행하려고 합니다. 혹시 이전에 비슷한 문제를 해결하셨던 경험이 있으시다면, 어떤 부분을 가장 중요하게 고려하며 진행해야 할지 조언을 구하고 싶습니다." 이런 질문은 문제 인식과 대안을 함께 제시하면서 리더의 조언을 끌어내, 협력적으로 해결책을 찾게 만든다는 점에서 효과적이다.

원온원 면담에서 우리는 질문을 통해 업무 진행사항뿐만 아니라 상대방이라는 '사람'에 대해서도 더 깊이 이해할 수 있다. 회사는 일하기 위해 모인 곳이지만 사람들이 모여 업무 이야기만 한다면 분위기는 너무 건조해질 것이다. 일을 진행하는 사람이 어떤 경험을 했는지, 그 과정에서 어떤 감정을 느끼고, 생각하는지를 물어야 한다. 사람은 자신의 경험, 감정과 생각을 진심으로 궁금해하고 들어주는 상대에게 신뢰와 심리적 유대감을 느낀다. 이렇게 형성된 관계적 기반은 협업의 질을 높이고, 어려운 상황에서도 서로를 지지하며 솔직하게 의견을 나눌 수 있는 토대가 된다.

다만 질문만 계속 던지면 심문이나 인터뷰처럼 느껴질 수 있다. 두 번정도 질문했다면, 한두 번은 자신의 생각이나 느낌을 덧붙이며 자연스럽게 대화를 이어가야 한다. 예를 들어, 리더가 "맞아요, 저도 지난 회의 때 이런 아이디어가 나왔을 때, 정말 팀원들이 많은 고민을 했구나라는 생각이 들어 감사함을 느꼈어요. 특히 저는 팀원님이 제안한 그 부분이 큰 역할을 했다고 생각합니다"처럼 현재 팀원이 이야기하는 주제에 대해 리더도 자신의 생각을 공유하는 게 좋다.

2. 경청하기

질문을 했다면 이제는 잘 들어야 한다. 그냥 상대의 '말'을 듣는 게 아니라 그 '말' 속에 담긴 의미, 생각과 감정까지 듣는 것이다. '코액티브 코칭

Co-Active Caoching[4]'에서는 경청을 세 가지 단계로 설명한다.

첫째, 자기중심 경청이다. 겉으로는 고개를 끄덕이며 듣는 것처럼 보이지만, 사실 머릿속은 자신의 생각으로 가득 차 있는 단계다. "저건 틀렸는데", "이따가 이렇게 말해야지" "지금 이 대화가 나에게 어떤 도움이 될까?" 등과 같이 자신의 판단이나 다음에 할 말 등 온통 신경이 자기에 집중되어 있다. 그러다 보니 상대의 말은 제대로 들리지 않는다. 상대는 "이 사람이 내 말을 진심으로 듣고 있지 않구나"라고 느끼며 별로 말을 이어가고 싶어 하지 않는다.

둘째, 상대 중심 경청이다. 이제 초점을 자신에게서 상대에게로 완전히 옮기는 단계다. 말의 내용뿐만 아니라 상대의 감정, 생각, 그리고 말하지 않은 숨은 의미까지 파악하려 노력한다. "내가 뭐라고 말할까?" 대신, "상대의 말은 무슨 의미일까? 상대는 지금 어떤 감정을 느끼고 있을까?"에 집중하기 시작한다. 예를 들어, 상대가 "부서 간 협력이 너무 어렵네요"라고 말했을 때, "원래 다 그래"라고 넘기는게 아니라 "어떤 일을 할 때 특히 어렵다고 느끼나요?"라고 구체적으로 되물으면서 제대로 이해하는 것이다. 말뿐만 아니라 표정, 눈빛, 몸짓 같은 비언어적 신호까지 읽어내려 노력하며 상대를 온전히 이해하려는 듣기다.

셋째, 총체적 경청이다. 이것은 말과 감정을 넘어 대화의 분위기 전체, 에너지, 공간 전체를 느끼는 단계다. 상대의 말이나 표정에 직접 드러나지 않는 미묘한 부분까지 알아차리는 직관을 활용하기도 한다. 예를 들

---

4) Kimsey-House, H., Kimsey-House, K., Sandahl, P., & Whitworth, L. (2018). Co-Active coaching: The proven framework for transformative conversations at work and in life (4th ed.). Nicholas Brealey Publishing

어, 상대가 "저는 괜찮아요"라고 말하지만, 동시에 목소리가 떨리거나 불안한 표정을 짓는다면 그 부분을 읽어내고 "왠지 힘든 일이 있는 것 같아요"라고 말할 수 있다. 또는 상대가 어떤 주제에 대해 말을 아끼거나 망설일 때, "뭔가 망설이는 것 같아요, 망설이게 하는 건 무엇인가요?"라고 언급할 수 있다. "프로젝트에 대한 자신감을 보여줬는데, 동시에 약간의 긴장감이 느껴집니다. 지금 이 프로젝트를 성공으로 이끄는 데 있어 가장 크게 염려되는 부분은 무엇인가요?"처럼 상대에게서 느껴지는 감정을 포착하거나, 자신에게 떠오르는 직관을 솔직하게 나눔으로써 상대가 더 편하게 이야기할 수 있는 공간을 만들고, 더 나아가 상대가 스스로 깨닫지 못했던 통찰을 얻도록 도울 수 있다.

구성원 역시 리더의 말에 대해 맥락과 의미를 깊이 이해하는 경청이 필요하다. 이런 경청은 상대의 말 그 자체, 말의 의미, 상대의 감정, 생각까지 함께 들으면서 상대를 이해하려 노력하는 것이다.

3. 공감하기

공감은 상대의 말에 맞장구를 치는 것이 아니라, 상대방의 생각과 감정을 '그 사람 입장'에서 이해하려는 태도를 말한다. 공감은 "나는 당신을 이해하고 있어요"라는 신호를 주며 상대방에게 안전감을 느끼게 만든다. 상대방의 생각과 감정을 존중하는 태도를 보일 때, 상대방은 자신의 입장이 인정받고 있다고 느끼며, 더 솔직하게 의견을 말하고, 자신의 노력이 무시되지 않고 받아들여진다고 생각한다.

대화에서 공감이 부족하면 리더는 일방적으로 지시하고, 구성원은 불만만 표출하며 대화를 끝내는 경우가 많다. 그러면 서로가 '저 사람은 내 입장을 전혀 고려하지 않는구나, 자기 입장만 고집하는구나'라고 생각한다. 이런 대화는 서로를 더 멀어지게 만든다. 반면, 공감이 있는 대화는 서로의 감정을 편안히 표현할 수 있도록 돕고, 서로의 어려움과 기대를 이해하면서, 관계를 더 긍정적으로 발전시킨다.

예를 들어, 한 프로젝트 일정이 지연된 상황에서 공감이 부족한 대화는 이렇게 흘러갈 수 있다. 리더가 "이번 프로젝트는 왜 이렇게 늦어진 거죠? 다음부터는 제시간에 끝내세요"라고 말하면, 팀원은 "일이 너무 많아서요. 어쩔 수 없었어요"라고 짧게 대답하고 대화는 끝난다. 이러면 서로의 감정은 상하고 불만만 남는다.

반면 공감이 있는 대화에서는 리더가 "이번 프로젝트 일정이 지연되고 있네요. 진행하는 데 어려운 점이 있나요?"라고 묻는다. 구성원은 "네, 예상보다 업무가 몰려서 일정 관리가 힘들었습니다"라고 상황을 설명한다. 이럴 때 리더가 화를 낼 수도 있다. "그래도 할 건 똑바로 해야지"라고 소리치고 싶겠지만 공감의 마음을 떠올리며 대응해 보자.

"그랬군요, 혹시 어떤 일들이 한꺼번에 몰렸나요?"라고 묻고 확인하여 상황을 좀 더 객관적으로 파악한 후 "그런 부분이 업무 진행에 영향을 미쳤을 수 있겠네요. 그 부분을 정리하느라 힘들었겠어요. 그런 일이 있었으면 누구라도 부담이 컸을 것 같아요"라고 먼저 공감한다. 이어서 "다만 이번 일정은 고객과의 약속이 있어서 반드시 지켜야 합니다. 이런 상황을 고려하면 어떤 방법이 가장 효과적일까요? 우선순위를 조정하는 게 좋을지, 아니면 다른 팀의 도움을 받는 게 좋을지 생각을 듣고 싶습니다"라고 말할 수 있다. 이렇게 하면 팀원의 감정을 인정하면서도, 필요한 요구사항을 단호하게 전달하고 해결책을 함께 모색할 수 있다.

리더가 그 어떠한 공감 없이 그냥 바로 "그래도 일정은 맞춰야지요! 핑계 대지 마세요!"라고 이야기하면 구성원은 '바빴는데 어쩌라고!'와 같은 반발심이 생긴다. 공감 후 필요한 요청을 하면 구성원은 조금이나마 자신의 의견이 존중받고 있다고 느끼며, 상황을 함께 해결하려는 의지를 갖게 된다. 그 결과, 어려움 속에서도 '그래도 한 번 해보자'는 동기와 에너지가 생긴다.

여기서 흔히 오해하는 부분이 있다. 공감은 상대의 말에 반드시 '동의' 하는 것이 아니다. 동의하지 않으면서도 공감할 수 있다. "(나라면 그렇지 않을 것 같지만), 당신의 입장에서는 충분히 그렇게 느낄 수 있겠네요"라고 생각하며 말하는 것이 진짜 공감이다. 즉, 공감은 '당신이 옳다' 고 말하는 것이 아니라, '당신이 그 상황에서 그렇게 느낄 수 있음을 이해하고 존중한다'는 태도다. 상대방이 말한 부분을 수용한 이후에 '그래도 지킬 건 지키고 할 건 해야 한다'고 말해도 늦지 않다. 이렇게 서로의 감정을 이해하려고 하면, 일에 대한 의견이 달라도 관계는 더 깊은 신뢰로 이어진다.

4. 명확하고 구체적으로 말하기

업무 관련 표현은 명확하고 구체적이어야 한다. "그 보고서 좀 잘 써와" 라고 말하는 리더가 있다고 하자. 그 이후 구성원이 가져온 결과물이 기대에 못 미친다면, 그 책임은 누구에게 있을까? 우선 원하는 바를 충분히 설명하지 못한 리더에게 원인이 있을 수 있다. "잘 써와"라는 말만으로는 어떤 방향으로 써야 하는지, 어떤 내용을 담아야 하는지, 어떤 포인트를 강조해야 하는지, 어떤 자료를 참고해야 하는지, 언제까지 완료해야 하는지 명확하지 않다.

'지식의 저주Curse of Knowledge'라는 말이 있다. 어떤 사람이 특정 주제에 대한 지식을 갖게 되면 그것을 모르는 사람의 처지를 이해하기 어렵게 된다는 인지적 편향을 말한다. 즉, 내가 이미 어떤 부분에 대해서 80을 알고 있다면, 나도 모르게 상대방도 70~80 정도는 알 것이라고 가정하고 대충 설명하는 현상을 말하는 것이다. 상대방은 그 부분에 대해서 30~40 정도의 수준만 알고 있을 수 있는데 말이다.

앞의 예시에서 경험이 많은 리더는 그 보고서를 어떻게 써야 하는지, 어느 수준으로 써야 하는지에 대해 많은 정보를 가지고 있지만, 경험이 적고 특정 종류의 보고서를 처음 쓰는 구성원이라면 당연히 헤맬 수 있다. 그래서 원하는 결과를 얻고 싶다면, 리더는 처음부터 구체적으로 그 일의 배경, 목적, 중요한 포인트, 하는 방법, 참고할 만한 자료, 기한 등을 설명하고 상대가 그 내용을 이해했는지 확인해야 한다. '이런 것까지 다 말해줘야 하나? 예전엔 다 알아서 했는데…'라고 생각하며 억울해할 수 있겠지만, 그렇게 해야 서로의 시간을 아끼고 시행착오를 줄일 수 있다.

일을 맡는 사람도 명확하고 구체적으로 질문해야 한다. 처음 맡는 일이라면 모호한 부분이 무엇인지 파악하고, 리더가 어떤 결과를 기대하는지 질문하고 확인해야 한다. 물론 아주 초보인 구성원의 경우 뭘 물어봐야 하는지조차 모르기 때문에 질문하는 것이 어려울 수 있다. 결과물에 만족하고 싶다면 리더는 명확하고 구체적으로 설명하는 노력을 해야 하고, 구성원은 자신의 이해 수준을 확인하며 필요한 정보를 요청해야 한다. 이렇게 서로의 역할을 다해야 불필요한 오해와 재작업을 줄이고 더 나은 결과를 만들 수 있다.

질문하기, 경청하기, 공감하기, 명확하고 구체적으로 말하기는 리더와 구성원 모두에게 필요한 스킬이다. 대화에 임하기 전에 내가 어떤 마인드셋을 가졌는지 스스로 성찰하는 것이 대화의 출발점이라면 4가지 대화 스킬은 성과와 성장의 대화를 구현하는 방법이다. 구성원 모두가 마음을 연마하고 이 스킬들을 연습할 때 대화가 잘 통한다고 느낄 것이다.

CHAPTER 2

업무 지시

업무를 맡길 때와
받을 때의 대화

새로운 업무를 주고받는 과정은 언제나 어렵다. 새로운 일을 적극적으로 받아들이는 사람도 있지만 추가 업무에 방어적인 사람도 있다. 새로운 일을 맡기려는 리더는 상대의 업무량과 반응을 고민하고, 새로운 일을 맡아야 하는 구성원은 그것이 성장의 기회인지 아니면 단순한 부담인지를 놓고 고민한다. 그렇다면 어떻게 해야 서로가 거부감 없이 새로운 업무를 주고받으며, 맡겨진 일을 의미 있게 수행할 수 있을까?

새 업무에 대한 합의가 이뤄졌다 하더라도 모든 것이 매끄럽게 진행된다는 보장은 없다. 기대만큼의 성과를 내지 못하거나 실수하는 경우가 늘 존재한다. 리더라면 이럴 때 구성원이 실수를 통해 배우고 성장할 수 있도록 피드백 대화를 나눠야 한다. 피드백 대화는 그 방식이 중요하다. 피드백을 잘못하면 리더와 구성원의 관계가 나빠지고 서로 자신감이 떨어진다. 리더는 피드백을 주는 것 자체에 대한 자신감이, 구성원은 업무에 대한 자신감이 떨어진다. 이번 장에서는 효과적인 업무지시를 위한 두 가지 대화법을 살펴본다.

첫째, 새로운 업무를 지시하고 받아들일 때의 대화다. 리더가 어떻게 이야기하고, 구성원이 어떻게 생각하는가에 따라 업무의 의미가 달라진다. 리더는 큰 망설임 없이 새로운 업무를 공유하고, 구성원은 이를 큰 저항감 없이 성장의 기회로 받아들일 수 있는 대화법을 알아본다.

둘째, 업무 실수에 대한 피드백 대화다. 업무와 관련하여 잘못된 부분, 업무 태도 변화의 필요성에 관해 이야기하는 것은 리더나 구성원 모두에게 쉽지 않다. 하지만 올바른 피드백은 실수에서 배우고 성장할 수 있게 돕는다. 단순한 질책이 아닌 서로의 발전을 위한 대화법이 필요한 이유다.

업무지시 대화는 단순히 '지시'나 '수행'으로 끝나는 것이 아니라, 리더가 새로운 도전을 의미 있게 전달하고 구성원이 긍정적으로 받아들일 수 있도록 돕는 것이다. 피드백 대화는 실수를 성장의 기회로 바꾸는 과정이다. 이제 리더와 구성원이 함께 만들어가는 효과적인 업무지시 대화법에 관해 알아보자.

새로운 업무를 맡길 때

김 팀장은 요즘 팀원들에게 새로운 업무를 지시하는 것이 쉽지 않다고 느낀다. 최근 프로젝트가 늘어나며 추가 업무를 요청하거나 협업이 필요한 일을 맡기면 팀원들이 선뜻 받아들이지 않기 때문이다. 어떤 팀원은 "이건 제 일이 아닌데요"라며 노골적으로 말하고, 어떤 팀원은 넌지시 불만을 드러내며 반발하기도 한다. 그럴 때마다 김 팀장은 답답하고 속상하다.

팀에는 정해진 역할이 있지만, 일을 하다 보면 새로운 과제가 생길 수밖에 없고, 누군가는 그 일을 해야 한다. 하지만 모두가 '이걸 내가 왜 해야 하냐'는 반응을 보이면, 자신이 뭔가 잘못된 방식으로 지시하고 있는 건 아닐까 하는 생각이 든다.

그렇다고 추가 업무를 자신이 전부 떠맡을 수도 없는 노릇이다. 결국 "일단 해보자"라고 지시하면 팀원은 기분 나쁜 표정을 노골적으로 드러내며 억지로 일을 한다. 이런 상황이 반복될수록 김 팀장도 마음이 불편하고 팀원과의 관계도 더 서먹해진다.

하지만 팀원도 힘들긴 마찬가지다. 팀원 A는 요즘 기존에 하는 업무만으로도 하루가 빠듯하다. 이미 마감이 코앞인 일이 여러 개 쌓여 있는데, 팀장이 갑자기 "이 일도 함께 맡아 줘야겠어요"라고 말하면 머리가 복잡해지고 한숨이 나온다. '이건 내 업무 범위가 아닌데, 왜 또 나에게 주지? 지금 하는 일만으로도 정신없는데, 더 추가하면 나는 언제 이걸 다 처리하라는 걸까? 팀장님은 내 상황을 알고 있긴 한 걸까?'라는 생각이 든다.

그렇다고 "못 하겠습니다"라고 거절하기도 어렵다. 괜히 불성실한 사람으로 보일까 걱정되고, 평가나 분위기에 악영향을 줄까 두렵다. 그래서 마지못해 "알겠습니다"라고 대답하지만, 속으로는 불만이 쌓이고 피로감이 커진다. 특히 팀장이 "이것도 네 일이야"라고만 이야기하면 마치 억지로 떠넘겨지는 느낌이 들어 더 하기 싫어진다.

업무 전달 대화에서 필요한 요소

예전에는 리더가 "이걸 해라, 저걸 해라"라고 지시하면 군말 없이 구성원이 따르는 것이 당연했다. 그 시절에는 리더의 말이 곧 법이었고, 그 자체로 영향력이 있었다. 그러나 지금은 다르다. 단순한 지시보다 왜 이 일을 해야 하는지, 이 일이 어떤 의미가 있는지, 그리고 어떻게 구성원의 성장으로 이어지는지를 설명하고 이해시켜야 한다. 그렇지 않으면 오히려 반발심이 커지고 이직으로 이어진다. 업무 지시 대화에서는 반드시 필요한 다섯 가지 요소를 살펴보자.

1. 일의 목적과 맥락을 이해한다.

리더는 회사 전체 및 팀의 비전과 목표를 알고 있고, 새로운 업무가 이와 어떻게 연결되며, 왜 필요한지를 설명할 수 있어야 한다. 그래야 새로운 일을 맡는 사람이 자신의 업무가 조직과 팀의 큰 그림 속에서 어떤 역할을 하는지 이해한다. 이는 새로운 업무에 대한 구성원의 저항도 줄인다.

예를 들어, 연말 프로모션으로 정신없이 바쁜 홍보 팀 구성원에게 "미국 박람회인 CES 참여 절차와 예산을 알아봐 주세요"라고 지시하면, 팀원은 '한창 바쁜 지금 그것을 꼭 해야 하나?'라며 부정적인 생각을 먼저 한다. 그러나 "우리 회사는 내년 미국 B2C 시장 진출이라는 목표로 CES에 참여해 전 세계 기자와 주요 매체에 우리 제품을 알리려 합니다. 홍보 팀이 이번에 사전 조사를 잘해준다면 큰 의미가 있을 것 같습니다"라고 목적과 맥락을 설명한다면 같은 일이라도 다르게 느낀다.

팀원 입장에서도 '아, 이 일이 단순한 추가 업무가 아니라 회사 비전과 연결되어 있구나'라고 생각하면서 왜 그 일을 해야 하는지 이해하고, 새로운 업무가 조직 성과에 크게 이바지한다는 자부심이 생기며, 그 일에 대한 거부감도 줄어든다.

2. 구성원의 강점을 업무와 연결한다.

리더는 업무를 맡길 때 그 사람의 강점과 역량을 고려해야 한다. 예를 들어 "팀원님은 영어를 잘하고 국내 기자들과 관계가 좋죠. 그리고 사람들에게 잘 다가가서 이야기를 풀어내는 능력이 있어서 이번 업무에 가장 적격이라고 생각했어요"라고 말할 수 있다. 이렇게 강점을 업무와 관련해서 이야기하면 사람들은 더욱 몰입하여 더 생산적이고 성공적으로 업무를 진행할 수 있다. 사람들은 자신의 강점을 활용하여 일을 하게 되면 활력이 생기고 내적 동기부여가 된다[5].

일을 맡게 되는 구성원 입장에서는 자신의 강점이 인정받았다는 느낌이 들어 자신감이 생기고, 그 일을 받아들이는 태도가 달라질 수 있다. 그러면서 자신이 잘 보지 못했던 자기 강점을 리더가 관찰하고 말해주는 것에 대해 고마움도 느끼면서 그 일에 대한 수용도가 높아진다.

3. 새로운 일이 개인의 성장에 어떤 도움이 되는지를 살핀다.

모든 구성원에게는 일을 통해 조직에 기여한다는 자부심도 중요하지만, 더 중요한 것은 '이 경험이 내 성장에 어떤 의미가 있는가?'이다. 요즘 사람들은 더 그렇다. 그래서 리더라면 '이 일이 구성원의 커리어에 어떤 도움이 되는지'를 연결해 줘야 한다.

예를 들어, "팀원님은 B2C 제품의 홍보 전문가로 성장하고 싶다고 했던 걸 기억해요. 이번 해외 홍보 경험은 국내 업무와는 다른 차원의 네트워크와 경험을 쌓을 기회일 거예요. 앞으로 경력을 확장하는 데 분명 도

---

5) Peterson, C., & Seligman, M. E. (2004). Character strengths and virtues: A handbook and classification. NY: Oxford University Press.

움이 될 겁니다"라고 말하면서 일을 시키면, 일을 맡는 사람도 '이건 나의 미래를 위한 투자'라는 동기가 생긴다. 그러면서 '이 일이 지금은 힘들지만, 성장의 기회가 될 수 있겠다'는 생각으로 새로운 일을 기꺼이 받아들이게 된다.

새롭게 일을 맡는 구성원 역시 자신의 비전을 리더와 미리 구체적으로 공유해야, 리더가 그에 적합한 일을 맡기게 된다.

4. 상대의 생각을 듣는다.

리더가 업무의 목적과 맥락, 강점과 성장 포인트를 이야기했다면 이제는 구성원이 어떻게 느끼는지를 물어볼 차례다. "제가 생각한 이유는 이렇고, 이런 의미가 있다고 봤는데 팀원님은 어떻게 생각해요?"라고 묻는다면 구성원 역시 자신의 이해도와 동기 수준을 솔직하게 표현할 수 있다. "그 의미는 이해했는데, 지금 일정상 조금 부담이 될 수 있을 것 같아요", "저도 이 경험이 도움이 될 것 같아서 해보고 싶어요, 다만 이런 부분이 좀 걱정돼요" 등과 같은 대화를 통해 서로가 일정과 방법에 관한 이야기를 하는 기회가 생긴다.

이런 과정이 있어야 새로운 일에 대한 지시가 일방적인 전달이 아니라 상호 협의와 이해의 과정이 되는 것이다.

5. 리더는 어떻게 도울 것인지, 구성원은 어떤 지원이 필요한지 이야기한다.

새로운 일을 맡게 되는 사람이 "지금 하고 있는 일도 많아서 이 업무까지 하면 잘 해낼 수 있을지 걱정이 됩니다"라고 말한다면, 리더는 "그 부분은 내가 이런 방식으로 지원할게요"라고 답변할 수 있어야 한다.

그러면 팀원은 혼자 독박으로 일을 떠안는다는 느낌 대신 '이건 함께 하는 일'이라고 생각한다. 팀원 역시 "그렇다면 이 부분에서 이런 지원이 있으면 더 수월하게 진행할 수 있을 것 같아요"라고 필요한 부분을 솔직히 말해야 한다. 서로가 어떻게 돕고 협력할 수 있는지를 구체적으로 이야기한다면, 서로가 함께 일을 하고 있다는 생각이 든다.

결국 업무전달 대화는 단순한 '해야 할 일'을 던지는 것이 아니라, 왜 이 일이 필요한지, 왜 이 사람에게 맡기는지, 이 일이 어떻게 성장과 연결되는지, 그리고 어떻게 지원할 것인지를 상호 이해하고 협의하는 과정이다.

리더는 목적과 맥락을 제공하고, 구성원은 자신의 상황과 생각을 솔직하게 이야기하며, 둘이 함께 해법과 방향을 찾을 때 새로운 업무는 부담이 아니라 의미 있는 도전으로 전환된다.

성장과 성과를 위한 '그래' 대화법

'그래GRRA: Goal, Reality, Reflection, Action plan' 대화법은 리더와 구성원이 함께 목표를 설정하고Goal, 현재 상황을 점검하며Reality, 성찰을 통해 자신을 돌아보고Reflection, 구체적인 실행 계획을 수립하는Action plan 대화 프레임워크다.

'그래'라는 말에는 상대방을 수용하고 인정한다는 의미가 담겨 있다. 이 대화법은 리더와 구성원이 솔직하게 생각을 나누고, 문제 해결을 위해 함께 책임지도록 돕는다. 이러한 대화를 통해 우리는 상대를 더 깊이 이해하고, 나아가 자신을 성찰하는 기회를 갖게 된다. 이 과정에서 자연

스럽게 '남 탓'이 아닌 '내가 먼저 무엇을 변화시킬 수 있을까'를 고민하
는 것이다.

1. 목표Goal 설정

원온원 대화에는 명확한 목표가 필요하다. 대화를 통해 무엇을 함께 이
루고 싶은지 분명히 해야 한다. 먼저 대화에는 주제Agenda와 목표Goal가
있다. 주제는 '오늘 나의 경력 개발에 관해 이야기하고 싶다'처럼 대화의
큰 틀이다.

원온원 대화의 시작은 주제를 정하는 것이다. 주제는 리더가 일방적으
로 정하는 것이 아니라, 리더와 구성원이 함께 협의해서 결정한다. 구성
원이 하고 싶은 이야기가 무엇인지 먼저 듣는 것이 중요하다. 구성원 스
스로 필요한 주제를 꺼낼 때, 그 대화는 더 솔직해지고 대화에 의미가 생
긴다. 리더는 이런 질문으로 대화를 열 수 있다.

"오늘 어떤 이야기를 해보면 좋을까요?"
"요즘 가장 고민되는 부분이 있나요?"
"제가 도움을 줄 수 있는 부분이 있을까요?"
"최근에 이야기 나누고 싶었던 게 있나요?"

리더가 주제를 제안하는 경우

"이번 분기 목표 달성 현황에 대해 이야기해 볼까요?"
"최근 프로젝트 진행 상황을 점검해 보면 좋겠는데, 어떤가요?"

"다음 분기 업무 계획에 대해 함께 논의하고 싶은데 괜찮을까요?"

구성원이 주제를 제안하는 경우

"최근 업무 우선순위를 정하는 게 어려워서 이야기 나누고 싶어요."
"다른 팀과 협업할 때 어려움이 있는데, 조언을 구하고 싶습니다."
"제 경력 개발 방향에 관한 의견을 듣고 싶어요."

이렇게 상황에 따라 다양한 방식으로 주제를 정할 수 있다. 주제에 대해 이야기를 나누다 보면 목표는 좀 더 구체적으로 잡힌다. 예를 들어 "경력 개발을 통해 데이터 분석 전문가가 되고 싶다"와 같은 식이다. 또 다른 예시로, 주제가 '이번 프로젝트에서 겪는 어려움'이라면, 대화를 통해 여러 어려움 중 하나를 목표로 정할 수 있다. 예를 들어 "다른 팀원과의 협업 커뮤니케이션을 향상하고 싶다"가 될 수 있다. 구체적으로 대화할 때 목표는 두 단계로 나눌 수 있다.

목표1: 궁극적으로 원하는 모습

주제와 관련해서 최종적으로 이루고 싶은 것을 정해야 한다. 예를 들어, "프로젝트 리더로서 적시에 의사결정을 하고 싶다", "발표 불안 없이 자신 있게 발표하고 싶다", "경력 개발을 통해 전문가가 되고 싶다" 등이다. 리더는 다음과 같은 질문으로 목표1을 명확히 할 수 있다.

"이 주제와 관련해서 궁극적으로 어떤 모습이 되고 싶나요?"

"이 문제가 완전히 해결된다면, 당신은 어떤 모습일까요?"

"6개월 후, 1년 후에는 어떤 모습으로 성장해 있고 싶나요?"

목표2: 오늘 대화에서 가져가고 싶은 것

지금의 대화를 통해 구체적으로 얻고자 하는 것이다. 예를 들어 "의사결정 기준이나 방법을 한 가지라도 찾고 싶다.", "발표 불안을 줄이는 방법을 한두 개로 정리하고 싶다.", "구성원의 경력 개발 계획을 1차로 세워본다." 등이다. 리더는 다음의 질문으로 목표2를 구체화할 수 있다.

"오늘 이 대화를 통해서 구체적으로 무엇을 얻어가고 싶나요?"

"오늘 대화가 끝났을 때, 어떤 것이 정리되면 좋겠나요?"

"오늘 대화에서 한 가지만 가져간다면 무엇이면 좋을까요?"

이렇게 주제, 목표1(궁극적 목표), 목표2(오늘 대화의 목표)로 나눠 대화를 하면 진행이 훨씬 쉬워진다. 물론 실제 대화에서 이 과정을 다 밟기는 쉽지 않기 때문에, 처음에는 주제만 정하고 대화를 시작해도 괜찮다. 대화 도중에 자연스럽게 목표가 구체화되는 경우도 있다.

2. 현재 상태 파악 Reality

이 단계에서는 현재 업무 상황과 상대의 상태(생각, 감정 등)를 살핀다. 주제와 관련된 일이 어떻게 진행되고 있는지, 그 과정에서 어떤 일을 잘해내고 있는지, 어떤 부분에서 어려움이 있는지를 파악한다. 리더는 먼저 객관적인 상황을 파악한 뒤, 점차 구성원의 생각과 감정으로 대화를 깊이 있게 이어갈 수 있다. 다음의 질문이 현재 상황 탐색에 유용하다.

"지금 어떻게 진행되고 있나요?"
"어떤 부분은 잘 진행되고 있나요?"
"어떤 부분에서 어려움이 있나요?"
"무엇이 더 필요할까요?"
"어떤 장애물이 있나요?"

상대의 생각, 감정, 의미를 탐색하기 좋은 질문은 다음과 같다.

"그 상황에서는 어떤 생각이 들었나요?"
"그 과정에서 기분은 어떤가요?"
"어떤 부분이 즐겁나요? 어떤 부분이 힘든가요?"
"그 일은 본인에게 어떤 의미인 것 같나요?"

리더는 구성원이 현실적인 상황을 편안하게 이야기할 수 있도록 분위기를 만들어야 한다. "괜찮아요, 어려운 부분도 솔직하게 이야기해 주세요", "지금 필요한 지원이 있다면 구체적으로 말하세요"처럼 안전한 대화 환경을 조성하는 것이 중요하다.

구성원도 업무 진행 상황이나 겪고 있는 어려움, 필요한 지원을 구체적으로 이야기해야 한다. 예를 들어, "A 작업은 순조롭게 진행되고 있습니다. 다만, B 작업에서는 데이터 접근 권한 문제로 시간이 조금 더 걸릴 것 같아요. 만약 IT팀과의 조율을 도와주신다면 더 빠르게 진행힐 수 있습니다." 이와 같이 구체적으로 상황을 공유하면 서로에게 더 적절한 이해와 지원이 가능해진다.

이 과정의 핵심은 대화를 통해 서로의 상황, 생각, 감정을 나누고 경청하며 이해하는 데 있다. 리더가 판단하거나 비난하지 않고 진심으로 듣는 모습을 보일 때, 구성원은 더욱 솔직해진다.

3. 스스로 성찰하기|Reflection

대화는 한쪽만 성찰하는 시간이 아니라, 서로가 함께 자신을 되돌아보는 시간이어야 한다. 리더와 구성원은 다음의 질문을 스스로에게 던져볼 수 있다.

"내가 지금 하고 있는 일이 팀과 조직에 어떤 기여를 하고 있는가?"
"나는 무엇을 잘하고 있는가?"
"나는 어떤 방식으로 더 나아질 수 있는가?"

이번 대화를 통해 업무 과정에서 자신의 생각과 감정이 어떤 상태였는지 생각해 보고, 성장 방향을 더 명확히 이해하며, 더 나은 작업 방식을 탐색하는 것이다. 다음은 리더와 구성원 모두 상대와의 관계를 돌아보는 데 도움이 되는 질문이다.

"나는 상대를 어떻게 생각하고 있었는가?"
"내가 주고받는 소통 방식이 효과적이었는가?"
"혹시 나의 말투나 태도가 불편함을 만들진 않았는가?"

함께 성장하고 서로가 일에 몰입할 수 있도록, 자신이 현재 상태를 알아차리고, 자신이 먼저 다르게 시도하거나 개선할 부분은 없는지 돌아보며 대화를 이어가는 것이 중요하다. 이렇게 각자의 성찰이 이루어질 때, 자신이 먼저 변화하고, 그 변화는 상대방과의 상호작용에 영향을 미쳐 관계 역시 긍정적으로 바뀐다.

4. 실행 계획 수립Action Plan

대화가 끝날 무렵에는 함께 실행 계획을 세워야 한다. 새로운 액션에 대한 아이디어나 필요한 지원 방안을 검토하고 실행을 약속한다. 리더는 다음의 질문으로 구성원 스스로 실행 방법을 생각하도록 돕는다.

"오늘 대화를 통해, 앞으로 무엇을 다르게 해 보면 좋을까요?"
"무엇을 시도해 보면 도움이 될까요?"
"가장 빠르게 시도해 볼 수 있는 방법은 무엇일까요?"
"언제부터 시작해 볼 수 있을까요?"

구성원은 구체적으로 답할 수 있다. "저는 앞으로 매주 월요일 오전에 주간 우선순위를 정리해서 공유하겠습니다. 그리고 목요일에 중간 점검하는 시간을 갖겠습니다." 이때 중요한 것은 한쪽만 실행하는 것이 아니라, 서로가 함께 액션 플랜을 정하고 진행하는 것이다.

리더 역시 자신의 실행 내용을 분명히 해야 한다. "저는 매주 목요일 중간 점검 시간을 30분 확보하겠습니다. 그리고 IT팀과의 조율이 필요한 부분은 내일 직접 연결해 드리겠습니다." 이처럼 각자의 실행 내용을 분명히 하면, 서로에 대한 기대가 명확해지고 책임감도 생긴다.

　실행 계획을 세울 때 리더가 구성원에게 무엇을 새롭게 해 볼 수 있는지 물어보면, 구성원은 스스로 방법을 생각할 수 있다. 자신이 말하고 결정한 방법을 실천하는 것이기 때문에 동기부여도 된다. 이렇게 하면 실행 계획은 자율성과 책임감을 바탕으로 하여 실제 변화와 성장을 일으키는 기회가 된다.

리더는 그래GRRA 대화법을 통해 답을 주는 사람이 아니라, 함께 답을 찾아가는 동반자가 된다. 결국 서로의 관점을 공감하며 같이 성장하는 기회를 갖게 되는 것이다.

업무 지시 대화에서 필요한 요소를 반영해 구체적으로 대화하는 상황을 구성했다. 이를 통해 리더가 구성원에게 업무를 지시할 때 어떤 방식으로 대화해야 하는지 참고할 수 있다.

1. 일의 목적과 맥락을 이해한다.

2. 구성원의 강점을 업무와 연결한다.

3. 새로운 일이 개인의 성장에 어떤 도움이 되는지를 살핀다.

4. 상대의 생각을 듣는다.

5. 리더는 어떻게 도울 것인지, 구성원은 어떤 지원이 필요한지 이야기한다.

김 팀장은 팀원 A에게 새로운 업무를 맡겼다. 이 일은 A가 가장 잘할 수 있는 영역이라고 판단했으며, 기여에 대한 보상으로 A의 요청이 없었음에도 급여를 조금 인상했다. 하지만 A의 반응은 예상과 달랐다. 그 일을 달가워하지 않았고, 급여 인상에도 별다른 감사의 표현이 없었다. 김 팀장은 나름대로 최선을 다해 배려했다고 생각했는데, A의 반응이 당황스럽다. 김 팀장은 이 상황에서 A와 어떤 대화를 해야 할까? '그래GRRA 대화법'으로 알아본다.

1. 목표Goal

김 팀장 : A님, 새로운 업무 관련해서 이야기 좀 나눠볼까요?

A : 네, 사실 저도 얘기하고 싶었어요.

김 팀장 : 오늘은 어떤 얘기 나누면 좋을까요?

A : 솔직히 새로운 업무가 좀 부담스러워서요. 그 부분 이야기하고 싶어요.

김 팀장 : 그럼 오늘은 A님이 느끼는 부담을 들어보고, 함께 방법을 찾아볼까요? 이 일이 A님 성장에 어떻게 도움이 될지도 같이 얘기해 보고요.

A : 네, 좋아요. 우선 제가 왜 이렇게 느끼는지부터 정리하고 싶어요.

합의된 목표

주제: 새로운 업무에 대한 A의 부담과 우려

목표: A가 느끼는 부담의 원인을 파악하고, 첫 번째 해결 방안 정하기

2. 현재 상태 파악하기Reality

김 팀장 : 우선 제가 왜 이 일을 A님께 드렸는지 설명할게요. 지금 우리 조직 목표가 '데이터 기반 의사결정'이잖아요. 우리 팀이 신규 고객 분석 프로젝트를 맡았는데, 이걸 A님이 리드하면 좋겠어요. (일의 목적과 맥락을 이해한다.)

A : 방향은 이해돼요. 근데 지금도 정기 리포트랑 다른 일로도 시간이 빠듯한데, 이것까지 하려니 좀 벅차요.

김 팀장 : 그럴 수 있어요. 그래도 A님께 부탁드리는 이유는, 지난번 고객 행동 분석할 때 데이터 해석하고 실행하는 거 보면서 이번 프로젝트에 딱 맞다고 생각했거든요. 그래서 급여도 올려드린 거고요. (구성원의 강점을 업무와 연결한다.)

A : 급여 올려주신 건 감사한데… 솔직히 그래서 더 부담이에요. '이제 해야 하는 일'처럼

느껴져서요.

김 팀장 : 아, 그렇게 느꼈군요. 사실 저는 이 일이 A님한테 좋은 기회라고 봤어요. 지금까지 데이터 분석 잘해왔다고 생각했어요. 여기서 한 단계 더 나가서 프로젝트 리드 분석가로 성장할 수 있을 것 같아서요. (새로운 일이 개인의 성장에 어떤 도움이 되는지를 살핀다.) 그런데 A님이 느끼는 부담은 구체적으로 어떤 건가요? (구성원의 생각을 듣는다.)

A : 일단 시간이 없어요. 그리고 솔직히 이런 큰 프로젝트 리드할 준비가 됐는지 모르겠어요. 데이터 분석 쪽으로 가고 싶긴 한데, 지금 당장은 잘 모르겠어요.

김 팀장 : 준비에 대한 불안감이 있는 거네요. 그럼 어떻게 하면 좀 나을 것 같아요?

A : 기존 리포트 업무를 좀 줄일 수 있으면… 그리고 처음에 방향 잡을 때 도와주시면 좋겠어요.

김 팀장 : 그렇게 하죠. 정기 리포트 중에 자동화할 수 있는 거 찾아볼게요. 프로젝트 기획도 제가 같이하면서 방향 잡아가요. 주 1회 짧게라도 점검하면서 막히는 거 같이 풀고요. (리더가 어떻게 도울 것인지, 구성원은 어떤 지원이 필요한지 이야기한다.)

A : 그렇게 해주면 훨씬 나을 것 같아요.

3. 스스로 성찰하기|Reflection

김 팀장 : 이야기 들어보니, 제가 A님 상황을 제대로 파악 안 하고 일을 드린 것 같네요. 급여 올리면 동기부여 될 거라고 혼자 생각했는데, 그건 제 생각이었네요. 먼저 물어봐야 했어요.

A : 저도 제 고민을 미리 말씀드려야 했어요. 팀장님이 저 생각해서 주신 건데… 사실 저도 너무 부담스럽다는 생각만 했어요.

김 팀장 : 앞으로는 새로운 일을 맡기기 전에 먼저 상황이랑 의견 들어볼게요.

A : 저도 제 상황 좀 더 적극적으로 말씀드릴게요.

4. 실행 계획 수립Action Plan

김 팀장 : 그럼 이번 주에 한 번 더 만나서 이 프로젝트가 A님 커리어에 어떻게 도움이 될지 구체적으로 얘기해 봐요. 그때 정기 리포트 자동화 방안도 가져올게요. A님은 무엇을 해보겠어요?

A : 네, 저는 프로젝트 계획이랑 우려되는 부분들 정리해 볼게요.

김 팀장 : 좋아요. 그리고 앞으로 한 달에 한두 번 정기적으로 1:1 시간 갖죠. 업무 상황이나 고민 같이 얘기하면서요.

A : 네, 그러면 훨씬 좋을 것 같아요.

김 팀장 : 오늘 얘기해 줘서 고마워요. 같이 좋은 결과 만들어 봐요.

A : 네, 이제 좀 편한 마음으로 시작해 볼 수 있을 것 같아요.

업무를 맡기는 대화에 필요한 요소를 반영한 예시 문장을 준비했다. 이를 바탕으로 실제 대화에 적용하는 연습을 한다.

첫째, 일의 목적과 맥락을 이해한다.

/리더/

"이 업무의 전체 맥락을 이해하는 게 중요해서, 먼저 그 배경부터 말씀드릴게요."

"이번 업무는 회사 목표, 팀 목표와 연결돼 있어요. 그래서 지금 꼭 필요한 일입니다."

"조직 전체가 지금 이 방향으로 나아가고 있어서, 이 업무가 이런 역할을 하게 됩니다."

/구성원/

"이 일이 지금 팀 전체나 조직 목표와 어떻게 연결되는 건가요?"

"어떤 문제를 해결하려고 이 업무가 생긴 건지 궁금합니다"

"이 일을 통해 조직이나 팀이 기대하는 변화나 결과는 어떤 건가요?"

둘째, 구성원의 강점을 업무와 연결한다.

/리더/

"이 업무는 팀원님의 강점이 정말 잘 발휘될 수 있는 영역이에요."

"과거에 유사한 프로젝트에서도 좋은 성과를 냈기 때문에 믿고 맡기려 해요."

"제가 보기엔 팀원님의 이런 역량이 이 업무랑 잘 맞는다고 생각해요."

/구성원/

"저의 어떤 역량과 이 일이 적합하다고 생각하셨는지 궁금합니다"

"말씀해 주신 강점이 이 업무에서 어떻게 활용될 수 있을까요?"

"제가 생각하기에 이런 부분에서 강점을 발휘할 수 있을 것 같습니다."

셋째, 새로운 일이 개인의 성장에 어떤 도움이 되는지를 살핀다.

/리더/

"이번 경험은 팀원님의 이 역량을 향상하는 데 좋은 기회가 될 거예요."

"앞으로 팀원님이 원하는 방향으로 커리어를 확장하는 데 있어서, 이 일이 의미 있는 과정이 될 수 있습니다."

"이 업무는 단순한 실행이 아니라 전략적인 관점도 요구돼서, 이러한 면에서 성장의 계기가 될 거예요."

/구성원/

"이 업무가 제 커리어에 어떤 의미가 있을지 고민이 돼요. 어떻게 연결될 수 있을까요?"

"저는 이런 전문가로 성장하고 싶은데, 이 일이 제가 원하는 역량 확장과 어떻게 이어질 수 있을까요?"

"이번 경험이 나중에 어떤 기회로 이어질 가능성이 있을까요?"

넷째, 구성원의 생각을 듣는다.

/리더/

"이 업무에 대해 처음 들었을 때 어떤 생각이 들었나요?"

"지금 이 제안을 받았을 때 솔직히 어떤 감정인가요?"

"지금 내가 설명한 부분이 어떻게 느껴지나요?"

/구성원/

"저는 지금 이 일이 제 길과 맞는지 고민이 좀 돼요."

"솔직히 처음 들었을 땐 무리라는 생각이 들었어요."

"기존 업무에서의 전문성을 쌓고 싶은 마음이 있어요. 새로운 도전이 이와 어떻게 연결될지 궁금하네요"

다섯째, 리더는 어떻게 도울 것인지, 구성원은 어떤 지원이 필요한지 이야기한다.

/리더/

"내가 일정 조율이나 다른 부서와의 커뮤니케이션 쪽은 도울 수 있어요."

"필요한 자료나 정보가 있다면 언제든 요청해 주세요. 바로 챙길게요."

"어떤 도움이나 지원이 필요할까요"

/구성원/

"이 업무에서는 타부서 협력이 어려울 것 같아요. 그 부분에서 도움받을 수 있을까요?"

"진행 과정에서 정기적인 피드백이 있으면 좋을 것 같아요."

"필요한 경우엔 관련 자료나 사례받을 수 있으면 도움이 될 것 같아요."

피드백을 할 때

팀원 A는 '이번 교육 일정 관련 공지입니다'라는 제목의 메일을 클라이언트사 전체에 일괄 발송했다. 잠시 후 클라이언트사 한 곳에서 김 팀장에게 메일이 왔다. '메일 내용이 우리 회사 일정과 안 맞는데요? 내용도 그렇고 수신자 리스트에 저희가 포함된 것도 이상한데요?' 김 팀장은 메일을 다시 열어보았다. 일부 고객에게는 전달되지 말아야 할 파일이 첨부되어 있었고, 수신 대상도 잘못 지정되어 있었다. 김 팀장은 '죄송합니다. 다시 정정 메일 보내겠습니다'라고 메일을 보내며 상황을 수습했다. 속으로 깊은 한숨이 나왔다.

바로 A를 불렀다. A는 메일을 열어보더니 얼굴이 굳었다. "팀장님, 죄송해요. 수신인을 잘못 설정했네요." 김 팀장은 그 말을 듣자마자 얼굴이 붉어졌고, 큰 소리가 튀어나왔다. "이렇게 기본적인 실수를 하면 어떡해요? 이 일 하나 때문에 우리 신뢰도가 얼마나 떨어지는지 알아요? 다음부터는 반드시 더블체크 하세요!" A는 고개를 푹 숙인 채 아무 말이 없었다.

그 일이 있고 난 뒤 A는 김 팀장을 볼 때마다 표정이 굳어 있었고, 말도 잘 걸지 않았다. 김 팀장은 자신이 너무 심했나 싶었지만, 그래도 실수는 반드시 짚고 넘어가야 한다고 생각했다. 하지만 다음부터 어떻게 피드백을 해야 할지 조심스러워졌다.

A도 자리로 돌아오면서 자신한테 화가 났다. '큰일 났다. 이걸 왜 확인도 안 하고 그대로 보냈을까?' 김 팀장의 날카로운 목소리가 머릿속에 더

깊이 박혔다. '이렇게 기본적인 실수를… 맞는 말이긴 해. 하지만 다른 사람들 앞에서 그렇게까지 말할 필요가 있었을까?' 미안하기는 했지만 기분이 나쁜 건 어쩔 수 없었다. 그 후로 팀장님을 마주칠 때마다 불편했다. 그래서 자연스레 표정이 굳고, 피하게 되었다.

피드백 전에 점검할 요소

구성원이 실수했을 때, 리더로서 화가 나는 것은 지극히 자연스럽다. 하지만 화가 난 상태에서 곧바로 잘못을 지적하면, 애초에 전하고자 했던 핵심 메시지가 흐려질 수 있다. 구성원은 '무엇이 잘못됐는지'보다 '팀장이 나에게 화를 냈다'는 생각만 하게 된다.

반대로 해야 할 말을 알면서도 끝내 입을 열지 못하는 리더도 있다. 관계가 나빠질까 두렵고, 상대가 위축되거나 동기가 꺾일까 걱정되어서다. 하지만 올바른 피드백이 없으면 구성원은 개선의 기회를 놓치고, 장기적으로 개인과 조직 성과에 부정적 영향을 준다.

그래서 '무엇을' 말하는지보다 '어떻게' 말하는지가 중요하다. 자신의 감정을 조절하고, 앞으로 기대하는 구체적인 행동 방향을 중심으로 대화를 나눈다면 구성원에게 도움이 되는 피드백을 할 수 있다. 그래야 구성원은 리더의 피드백을 자연스럽게 받아들이고, 서로의 관계도 단단해진다. 리더가 자신의 성장을 돕는다는 생각이 들게 만들어야 피드백의 효과가 커진다.

리더는 감정에 휩싸인 채 생각나는 대로 말하기보다, 피드백을 주기 전에 자신의 생각을 다음의 두 가지 관점으로 생각을 정리하는 시간을 갖는다면 훨씬 효과적인 피드백을 할 수 있다.

첫째, 피드백의 목적을 생각하는 것이다. 리더로서 왜 이 피드백을 하려고 하는가? 피드백의 궁극적 목적은 잘못을 지적하는 것이 아니라, 구성원의 성장을 돕는 것이다. 그래서 피드백은 명확하고 구체적이며, 상대를 존중하는 방식으로 이루어져야 한다.

피드백을 통해 개선이 필요한 부분을 알려주고 상대가 그것을 잘 받아들인다면, 구성원의 업무 능력은 크게 향상될 것이다. 대화 전에 리더 스스로 왜 피드백을 하는지, 상대가 이 대화를 통해 무엇을 얻으면 좋을지에 관해 생각할 필요가 있다.

둘째, 감정을 조절해야 한다. 피드백을 하기 전, 자신의 감정 상태를 확인하는 것이다. 지금 화가 났는지, 격앙되어 있는지, 짜증이 났는지 등을 점검한다.

부정적 마음 상태에 휩싸여 있다면, 우선 마음을 가라앉힌 후 대화를 시작해야 한다. 부정적 감정을 알아차리고 잠시 멈춘 다음, 지금 하고자 하는 피드백은 팀원의 성장을 위한 대화라는 사실을 상기한다. 이렇게 하는 이유는 어떤 마음 상태에 따라서 나오는 말의 톤, 내용과 더불어 상대에게 반응하는 자기 자신의 모습이 달라지기 때문이다. 이 부분은 8장 감정조절대화에서 더 자세히 알아본다.

피우다FIODA 프레임으로 피드백 전달하기

리더는 구성원에게 피드백을 줄 때 그들이 성장하고 잠재력을 꽃피울 수 있는 방향에 집중해야 한다. 어떤 피드백은 구성원의 동기를 꺾고, 어떤 피드백은 잠재력을 발휘할 수 있게 돕는다. '무엇을' 말하고 '어떻게' 대화할지 막막하다면 '피우다FIODA' 구조를 활용하여 효과적인 피드백 방법을 연습해 보자. 피우다는 Fact(사실), Impact(행동 영향), Opinion Asking(의견 요청), Desired Outcome(원하는 결과), Action Plan(실행 계획)의 머릿글자에서 따왔다.

1. 사실Fact

우리는 상대의 고칠 점을 이야기할 때 자신의 판단 기준에 따라 상대를 비난하는 경우가 있다. 예를 들어, 상대가 게을러서, 책임감이 없어서, 성의가 없어서, 빈둥거려서, '매번' 혹은 '늘' 그렇다는 말을 하는데, 이것은 '사실'이 아니라 개인의 '의견'과 '판단'이다.

 '항상 불평불만이 많다'는 표현은 그것을 말하는 자신의 주관적 시각과 생각이다. 상대 입장에서는 그저 자신이 하고 싶은 말, 해야 할 말을 한 것이다. 상대가 말한 것이 '불평, 불만'이라는 것은 자신의 프레임일 뿐이다. 이런 배경에서 나오는 표현은 상대방의 마음을 닫게 만든다. 따라서 아무리 건설적인 피드백을 준다 해도 상대는 더 이상 듣지 않게 된다.

 그래서 '사실'만을 이야기해야 한다. "A님은 6월 5일 9시 출근인데 9시 10분에 출근했다", "B님은 지난 6월 3일 보고서에서 매출 수치를 누락했다", "C님이 지난주 업무 회의 때 김 과장과 이 대리의 말이 끝나지 않은 상태에서 중간에 끼어들어 자신의 의견을 냈다", "D님은 지난주 회의에서 이런 의견을 냈다" 등 사실만을 이야기한다. 그래야 상대가 일차적으로 수긍한다.

2. 행동 영향Impact

구성원의 특정 행동이 어떤 부정적 영향을 미쳤는지를 이야기한다. 예를 들어, 고객 응대 과정에서 실수한 팀원이 있다고 가정하면 실수에 대한 영향을 이렇게 설명할 수 있다.

"A님이 지난 6월 5일 고객 문의 전화를 받는 과정에서, 고객의 말을 끝까지 듣지 않고 중간에 끊어 설명하다 고객이 불쾌감을 드러냈습니다. 이후 고객이 '상담 태도가 불친절하다'라며 바로 항의 전화를 걸어왔고, 담당 부서는 추가 대응을 해야 했습니다. 우리 회사는 신속하고 친절한 응대를 강점으로 내세우고 있어서, 이런 작은 말투 하나도 신뢰에 영향을 줄 수 있습니다. 다행히 큰 문제로 번지진 않았지만, 이런 일이 반복되면 고객 입장에서는 거래처를 바꿀 수 있습니다. 그렇게 되면 상황이 매우 심각해집니다. 또 내부적으로도 불필요한 해명과 후속 조치에 시간을 써야 해서, 팀 전체 일정에도 부담이 됩니다."

이렇게 특정 행동과 그로 인한 부정적 영향을 구체적으로 설명하면, 상대방도 자신의 행동이 실제로 어떤 결과를 초래했는지 더 명확히 인식하고, 스스로 경각심을 갖게 된다.

3. 의견 요청Opinion Asking

피드백을 전달하면서 상대의 생각과 입장도 들어봐야 한다. 상대 역시 자신의 실수를 이미 인지하고 있을 수 있고, 나름대로 설명하고 싶은 사정이나 맥락이 있을 수 있다. 모든 대화는 일방통행으로 이뤄져서는 안 된다. 대화는 서로의 관점을 나누며 함께 개선해 나가는 과정이다.

리더의 역할은 상대의 의견에 공감하며 구체적으로 질문하는 것이다.

예를 들어, 고객 응대에서 실수를 한 팀원이 "고객이 계속 요구를 바꾸니까 순간적으로 말투가 좀 날카로워졌던 것 같습니다"라고 말할 수 있다. 이때 리더는 순간적으로 '고객 탓으로 돌리네'라는 생각에 불쾌감이나 실망감을 느낄 수 있다.

물론 고객의 태도가 나쁘다고 해서 감정적 응대가 정당화될 수는 없다. 하지만 그 말속에는 업무 피로감이나 고객 대응 체계의 미비, 혹은 지원 부족에 대한 신호가 담겨 있을 수 있다. 따라서 단순히 실수를 지적하기보다 해당 상황의 배경을 같이 살펴보는 것이 리더의 역할이다.

이럴 때는 "A님, 그런 상황이 쉽지 않았을 것 같아요. 고객이 어떤 요청을 했었고, 그때 어떤 점이 가장 어려웠나요?"처럼 먼저 공감하고 구체적으로 질문하는 것이 좋다. 이후 "그때의 부담감은 이해합니다. 다만 고객 응대에서는 감정 표출을 제한하는 것이 중요하니, 앞으로는 이런 상황에서 어떻게 대처하면 좋을지 함께 논의해 봅시다"라고 말하거나 "이런 유형의 고객 응대가 반복된다면, 우리 쪽에서도 지원 체계를 보완해야 할 것 같네요. 그 부분은 내가 살펴보겠습니다"라고 말할 수 있다. 이렇게 하면 팀원에게는 책임감과 개선 의지를 요구하면서도, 리더로서는 실질적 지원과 시스템 개선의 약속을 전하는 피드백이 된다.

이런 상황에서 구성원은 상황을 설명하되 개선 의지 보여줘야 한다. 구성원 역시 자신의 입장을 말할 때는 단순히 "고객이 그래서 어쩔 수 없었습니다"라고 말하기보다 상황을 좀 더 구체적으로 설명하고 개선 의지를 보여줘야 한다. 예를 들어, "죄송합니다. 고객의 요청이 여러 차례 바뀌면서 대응 과정에서 혼선이 생겼습니다. 그 과정에서 제 말투가 다소 날카로워졌던 것 같습니다. 앞으로는 비슷한 상황이 생기면 잠시 상황을 정리한 뒤, 감정을 가라앉히고 응대하겠습니다. 또 고객 대응 매뉴얼을 다시 점검해 두겠습니다"처럼 원인을 공유하면서 동시에 해결 의지를 표현하는 방식이 바람직하다. 이렇게 말하면 변명으로 들리지 않고, 스스로 상황을 객관적으로 이해하고 있으며, 자신의 태도를 개선하려고 한다는 인식을 줄 수 있다.

의견을 듣는 것은 정보 수집의 기회다. 리더가 구성원의 의견과 설명을 듣는 것은 단지 공감 차원이 아니라, 다음 조치를 하는 데 필요한 정보를 수집하는 기회이기도 하다. 구성원이 처한 현실적 어려움을 듣다 보면, 업무 분배를 조정해야 할 필요가 생길 수 있고, 리더만이 해결할 수 있는 시스템적 문제가 드러날 수 있다.

건설적 피드백은 리더가 메시지를 분명하게 전달하는 동시에 구성원의 입장을 경청하며 필요한 지원을 함께 고민하는 대화의 과정이다. 구성원 역시 자신의 상황을 솔직하게 이야기해야 한다. 그래야 리더가 구성원이 겪고 있는 어려움을 이해하고 실질적인 도움을 줄 수 있다.

4. 원하는 결과Desired Outcome

피드백은 과거의 잘못에 대해 이야기하는 것으로 끝나지 않고, 앞으로 어떤 변화와 행동을 기대하는지를 명확히 공유하는 것을 포함한다. 예를 들어, "앞으로는 고객이 불만을 표현하거나 감정적으로 대응하더라도 똑같이 반응하지 말고 끝까지 들은 후, 침착하게 상황을 정리해 주세요. 필요하다면 즉시 나에게 상황을 공유하고 함께 대응 방향을 논의합시다"처럼 구체적인 행동 변화와 기대하는 결과를 제시하는 것이 중요하다. 이처럼 피드백은 단순한 지적이 아니라, 앞으로 지향해야 할 방향과 행동 기준을 명확히 보여주는 데 핵심이 있다.

5. 실행 계획Action Plan

원하는 결과를 분명히 전달했으면, 이제는 그 원하는 결과를 실현하기 위해 구체적으로 무엇을 해야 할지 묻는 단계가 필요하다. "그렇게 하기 위해서 어떤 점을 바꿔야 할까요?", "앞으로 어떻게 하면 그렇게 할 수 있을까요?", "그 결과를 만들기 위해 무엇이 더 필요할까요?"와 같은 질문을 한다.

이 과정은 상대가 책임감을 느끼고 주도적으로 실행 방안을 제시하게 만든다. 같은 실수를 반복하지 않기 위해 어떤 방법을 적용할 수 있을지 스스로 생각하게 만드는 게 중요하다. 이는 리더가 정답을 제시하기보다 구성원 스스로가 방법을 찾고, 결정하고, 행동할 수 있도록 도와주기 위해서다. 자신이 직접 말한 해결책은 외부에서 주어진 지시보다 더 높은 실행력과 몰입을 끌어낸다.

구성원이 방법을 찾지 못한다면, 리더는 자신의 경험을 바탕으로 실질적인 조언을 해줄 수 있다. "이런 상황에서는 나는 이런 방법을 써봤는데 도움이 됐어요. 이 방법에 대해 어떻게 생각하나요?"처럼 방법을 제시하되, 선택은 상대에게 맡기는 것이 좋다.

코칭 대화 솔루션

이렇게 대화해 보세요

피드백 대화에서 '피우다FIODA' 프레임을 활용해 구체적으로 대화하는 상황을 구성했다. 이를 통해 피드백을 어떤 내용과 구조로 전달하면 효과적인지 참고할 수 있다.

1. 사실Fact

2. 행동 영향Impact

3. 의견 요청Opinion Asking

4. 원하는 결과Desired Outcome

5. 실행 계획Action Plan

세일즈팀의 팀원 A가 고객사 미팅 준비 과정에서 중요한 경쟁사 제품 비교표를 누락했고, 이로 인해 고객사로부터 '준비가 부족했다'는 피드백을 받았다. 김 팀장은 이에 대한 개선을 요청하며 피드백을 하려고 하는데, A의 표정이 굳어지고 말수가 줄어들었다. 표정의 변화를 본 김 팀장도 기분이 나빠지는데 딱히 뭐라고 말해야 할지 모르겠다. 이런 부분을 지적하면 '꼰대', '속이 좁다'라고 생각할 것 같다. 김팀장은 피드백의 본질이 흐려지지 않도록 감정을 조절하고, 상대와 열린 대화를 시도해 보려고 한다.

피드백 전 김 팀장의 생각 정리

• 이번 피드백은 실수를 지적하려는 것이 아니라, 같은 실수가 반복되지 않게 A가 성장하
  도록 돕기 위함이다. (피드백의 목적을 생각한다.)

• 순간적으로 팀원의 표정 변화에 감정이 상할 뻔했지만, 감정적으로 대응하지 않고 차분
  하게 대화에 집중하기로 했다. (감정을 조절한다.)

1. 목표Goal

김 팀장 : A님, 지난번 고객사 미팅 자료 건으로 이야기 좀 나눠볼까요?

A : 네… 알겠습니다.

김 팀장 : 오늘은 그 일에 대해서만 이야기하려는 게 아니라, 앞으로 어떻게 하면 이런 일
이 반복되지 않을지 함께 방법을 찾아보고 싶어요. 괜찮을까요?

A : 네, 알겠습니다.

김 팀장 : 궁극적으로는 A님이 고객사 앞에서 완성도 높은 제안을 할 수 있으면 좋겠어요.
그래서 오늘은 이번 실수의 원인을 파악하고, 구체적인 개선 방법을 함께 정하고 싶은데
어떤가요?

A : 네, 저도 같은 실수 반복하고 싶지 않아요. 개선 방법 찾고 싶습니다.

합의된 목표

주제: 고객사 미팅 자료 누락 건과 개선 방안

목표: 이번 실수의 원인 파악하고, 재발 방지를 위한 구체적인 방법 정하기

2. 현재 상태 파악하기|Reality

김 팀장 : A님, 지난 6월 15일 고객사 미팅 때 전달한 자료에 제품 비교표가 빠졌던 부분, 확인하셨죠? 고객 쪽에서 '준비가 좀 부족한 느낌이었다'는 피드백을 받았습니다. (사실만을 이야기한다.)

A : 네⋯ 확인했습니다.

김 팀장 : 그 비교표는 우리 제품의 핵심 경쟁력을 보여주는 자료였는데, 이게 빠지면 고객이 제안 전체를 신뢰하기 어려울 수 있어요. 특히 이번 미팅처럼 경쟁사도 함께 제안서를 낸 상황에선 더욱 그렇고요. (행동의 영향에 관해 이야기한다.)

김 팀장 : 이 상황에 대해서 어떻게 생각하세요? (의견을 묻는다.)

A : 네, 죄송합니다. 미팅이 몰려 있어서 제가 체크를 제대로 못 했던 것 같아요. 앞으로는 조심하겠습니다.

김 팀장 : 일정이 바빴다는 점은 충분히 이해합니다. 최근 미팅이 많았던 것도 알고 있어요. 그럼에도 불구하고, 바빠서 핵심 자료를 누락하는 건 절대 안 되는 일입니다. 고객 입장에선 우리가 준비가 안 된 팀처럼 보일 수밖에 없고, 이런 인상은 곧바로 세일즈와 직결됩니다. 그런데 최근 미팅 일정이 얼마나 몰려 있었나요? 구체적으로 어떤 부분이 가장 힘들었어요?

A : 사실 지난주에만 미팅이 네 건이나 있었고, 각각 자료를 새로 만들어야 했어요. 시간이 부족해서 마지막 검토를 제대로 못 한 것 같아요.

김 팀장 : 네 건이나⋯ 그럼 정말 바빴겠네요. 그 과정에서 어떤 지원이 필요했을까요?

A : 사실 자료를 누군가 같이 봐줬으면 좋겠다고 생각했는데, 혼자 했어요.

김 팀장 : 앞으로는 어떤 상황이든, 기본적인 검토와 자료 확인만큼은 반드시 철저히 해서 제안서를 만들어야 합니다. 제안서에는 경쟁사 비교표와 핵심 제품 스펙이 반드시 포함되어야 해요." (원하는 결과를 이야기한다.)

A : 네… 죄송합니다.

김 팀장 : 저는 A님이 평소에 책임감 있게 일하는 거 잘 알고 있어요. 다만 이런 실수는 반복되지 않게 하려면, 지금처럼 짚고 넘어가는 과정이 꼭 필요하다고 생각해요.

(잠시 멈춘 후)

김 팀장 : 그리고 한 가지 더, 이번 기회에 말하고 싶은 게 있어요. 제가 피드백 할 때마다 A님 표정이 굳는 걸 느끼곤 해요. 그럴 때 저도 '내가 너무 심하게 말했나?', '이런 얘기를 계속해도 괜찮을까?' 하고 고민이 되더라고요. 혹시 제가 주는 피드백이 좀 부담스럽거나 불편했던 부분이 있었을까요?" (의견을 묻는다.)

A : 음… 그런가요? 사실 혼날까 봐 긴장되는 것도 있고, 저 자신에게 실망해서 그런 표정이 나오는 것 같긴 해요. 일부러 그런 건 아니었어요.

김 팀장 : 그럴 수 있어요. 저도 피드백을 주는 입장에서 상대 반응에 따라 조심스러워질 때가 있으니까요. 저는 A님이 더 잘할 수 있다는 기대에서 하는 말이고, 서로 부담스럽지 않게 솔직하게 주고받을 수 있는 분위기를 만들고 싶어요. 앞으로는 이런 피드백을 성장의 기회로 자연스럽게 받아들일 수 있도록 저 역시 더 진심이 잘 전달되도록 노력하겠습니다.

A : 네… 말씀 듣고 나니까 마음이 좀 편해지네요. 혼나는 게 아니라, 도와주시려고 이런 말씀 해주시는 게 느껴졌어요.

3. 스스로 성찰하기|Reflection

김 팀장 : 이야기 들어보니, 제가 A님의 업무 상황을 제대로 파악하지 못했던 것 같네요. 미팅이 그렇게 많이 몰려 있는 줄 몰랐어요. 그리고 A님 표정이 굳을 때마다 저도 감정적으로 반응했던 것 같아요. 앞으로는 업무량도 미리 체크하고, 피드백 할 때도 더 차분하게 전달하도록 노력하겠습니다.

A : 저도 바쁠 때 미리 말씀드려야 했는데, 혼자 다 해야 한다고 생각했어요. 그리고 피드

백 받을 때 너무 방어적으로 반응했던 것 같아요. 팀장님이 저를 도우려고 하시는 건데, 그걸 제대로 받아들이지 못했네요. 앞으로는 더 열린 마음으로 듣도록 노력하겠습니다.

4. 실행 계획 수립Action Plan

김 팀장 : 그럼 앞으로 자료 준비할 때 핵심 항목이 빠지는 일이 없도록 해야 해요. 어떻게 하면 모든 항목을 포함해서 제안서를 작성할 수 있을까요? (결과를 위해 무엇을 할 수 있을지 질문한다.)

A : 체크리스트를 만들어두고, 미팅 전에는 꼭 한 번 더 검토하는 루틴을 만들겠습니다.

김 팀장 : 좋은 방법이네요. 제가 사용 중인 체크 포인트 샘플도 공유할게요. 그리고 일정이 너무 많아 힘들 때는 저랑 한번 이야기해요. 자료 검토나 업무 분배 조정도 같이 할 수 있으니까요.

A : 네, 일정이 몰릴 때 팀장님께 상의하도록 하겠습니다.

김 팀장 : 그리고 앞으로 한 달에 한두 번 정기적으로 원온원 시간을 갖죠. 업무 상황이나 어려운 점도 같이 얘기하면서요. 이런 식으로 서로 피드백 주고받으며 계속 개선해 나가면, 고객 앞에서도 더 완성도 있는 모습을 보여줄 수 있을 거예요.

A : 네, 그렇게 하면 훨씬 좋을 것 같아요. 감사합니다.

피드백 대화의 구조 '피우다(FIODA)'의 요소를 반영한 예시 문장을 준비했다. 실제 대화에 적용해 볼 수 있도록 연습해 보자. 피드백 대화 전에 다음 두 가지를 생각한다.

첫째, 피드백의 목적을 생각한다

/리더/

- 피드백이 팀원을 지적하려고 하는 것이 아니라 성장을 지원하고, 더 나은 결과를 만들기 위한 것임을 잊지 말자.
- 피드백으로 앞으로의 협업 방식을 개선하는 계기를 만들고 싶다.
- 장기적으로 신뢰와 역량이 함께 쌓이는 팀 문화를 만들기 위한 과정이다.

/구성원/

- 피드백을 통해 어떤 점에서 발전할 수 있을지 생각하며 듣는다.
- 업무나 태도 중에서 개선할 수 있는 부분을 객관적으로 점검할 기회라고 생각한다.
- 이 대화가 더 나은 일 처리 방식을 만드는 계기가 될 수 있음을 기억한다.

둘째, 감정을 조절한다

/리더/

- 감정이 아닌, 사실과 기대 중심으로 피드백을 전달한다.
- 상대의 반응에 영향받지 않고 차분한 태도를 유지한다.

• 전달 방식이 감정적으로 비치지 않도록 표정, 말의 속도와 표현을 조절한다.

/구성원/

• 방어적인 감정이 올라오더라도 그에 휘둘리지 않고 듣는 데 집중한다.

• 표정이나 말투가 피드백의 분위기에 어떤 영향을 미칠지 인식한다.

• 전달되는 내용의 핵심에 집중하려고 노력한다.

피드백 대화 피우다FIODA를 활용해 보자

1. 사실Fact

/리더/

"이번 업무는 원래 10일이 마감이었는데, 실제로는 15일에 전달되어 일정이 5일 지연되었습니다."

"제안서에 재무 관련 항목이 누락된 것이 확인됐습니다"

"지난 15일에 고객사에 이메일을 보냈습니다."

/구성원/

"죄송합니다. 그 시점에 제 업무가 지연된 건 사실입니다."

"일부 단계에서 제 확인이 부족했습니다."

"계획한 일정대로 처리하지 못한 건 제 책임입니다."

2. 행동 영향Impact

/리더/

"그 일에 대한 결과로, 팀 전체 일정에도 영향을 미쳤습니다."

"협업 중인 부서와의 신뢰에도 영향을 줄 수 있습니다."

"프로젝트 완성도에 대한 평가가 달라질 수 있습니다."

/구성원/

"전체 흐름에 영향을 줄 수 있었던 점에 대해 책임감을 느낍니다."

"죄송합니다. 그 부분은 명확히 인지하고 개선하겠습니다."

"그 일이 그러한 영향을 미칠 수 있다는 부분을 잘 몰랐습니다. 죄송합니다"

3. 의견요청Opinion Asking.

/리더/

"당시 상황에 대해 어떻게 생각하세요?"

"지금 내가 말씀드린 부분에 대해 어떻게 생각하나요?"

"내가 말한 부분에 대해서 더 설명하고 싶은 부분이 있을까요?"

/구성원/

"그 상황에서는 이런 판단을 했는데, 그 선택이 적절했는지 다시 돌아보게 되네요."

"그 상황에서는 이런 맥락이 있었습니다."

"제 입장에서 이런 제약이 있었던 것 같습니다."

4. 원하는 결과Desired Outcome

/리더/

"앞으로는 이 부분이 더 명확하게 관리되길 바랍니다."

"앞으로는 이러한 결과를 기대합니다."

"다음에는 이러한 부분이 반드시 반영될 수 있도록 해주세요."

/구성원/

"앞으로는 이런 상황이 발생하지 않도록 더 정확하게 처리하겠습니다."

"앞으로는 말씀하신 부분에 대해 주도적으로 일정을 관리하겠습니다."

"앞으로는 그 부분에 대해 반드시 반영하겠습니다"

5. 실행 계획Action Plan

/리더/

"앞으로 일정을 맞추기 위해 어떤 새로운 방법이 필요하다고 생각하나요?"

"우리가 앞으로 어떤 새로운 방법을 시도하거나 도구를 활용하면 도움이 될까요?"

"지속적인 개선을 위해 어떤 지원이 필요한가요?"

/구성원/

"앞으로는 점검 프로세스를 명확히 하며 실행하겠습니다."

"이런 방식으로 개선해 보면 좋을 것 같습니다."

"다음엔 이렇게 실천해 보고, 피드백을 다시 받고 싶습니다."

CHAPTER 3

성과관리

성과의 시작과
끝을 위한 대화

성과관리의 시작은 목표 설정이다. 흔히 성과관리를 연말 혹은 프로젝트 마감 후 하는 평가로 생각하기 쉽지만, 실제로는 연초 혹은 프로젝트 시작 시점에 리더와 구성원이 함께 목표를 설정하는 것에서 시작된다. 그래서 목표에 관해 충분히 대화하고, 서로의 기대와 상황을 나누는 과정이 필요하다.

물론 대부분은 조직 차원에서 이미 큰 방향의 목표가 정해져 있고, 그것이 부서 단위나 팀 단위로 내려온다. 이때 리더가 구성원들에게 조직의 목표를 일방적으로 전달하는 데 그치면, 구성원들은 그저 '해야 할 일'로만 받아들이게 된다. 중요한 것은 리더와 구성원이 함께 조직의 목표를 개인의 목표 및 성장과 연결하는 것이다. 그래야 구성원이 조직의 목표를 자신의 것으로 받아들이고, 주도적으로 달성하고자 하는 태도를 보인다.

조직 목표는 개인적 의미와 연결될 때 실행력을 갖는다. 이번 장에서는 성과관리의 출발점인 목표 설정과 추후 이뤄지는 평가 관련 대화를 살펴본다.

첫째, 목표 설정 대화는 업무 목표에 개인적 의미를 부여하여, 구성원이 효과적으로 목표를 수용하고 주도적으로 달성하는 동기를 제공하는 방식으로 이뤄진다. 이를 위해 개인의 성장 방향, 도전하고 싶은 과제, 커리어에서 중요하게 여기는 역할 등을 목표와 연결해야 한다.

둘째, 평가 대화는 중간 점검 단계와 최종 단계에서 두 차례 이뤄진다. 중간 점검 대화에서는 리더와 구성원이 함께 진행 상황을 점검하고, 방향성을 재확인하며, 필요한 지원을 논의한다. 최종 평가 대화에서는 평가 결과도 중요하지만, 조직이 다음 단계로 나아갈 수 있도록 개인의 성장을 자극하는 것이 더욱 중요하다. 이 단계에서는 점수를 부여하거나 결과를 통보하기도 하지만, 구성원이 한 해 동안 쏟은 노력과 변화의 과정을 돌아보고, 그 안에서 의미와 배움을 찾는 시간이 반드시 포함되어야 한다. 잘한 점은 구체적으로 인정하고, 부족했던 부분은 성장의 기회로 전환할 수 있도록 피드백 하는 과정도 필요하다. 이 대화가 평가의 끝이 아니라 다음 도약을 위한 출발점이 될 수 있도록, 리더와 구성원이 함께 성찰하고 다음 단계를 설계하는 것이 중요하다.

성과관리는 단순히 숫자를 평가하는 것이 아니다. 목표를 어떻게 설정하고, 그 여정을 리더와 구성원이 어떻게 함께 할지를 정하는 과정이다. 바로 이것이 조직의 몰입도와 성과를 좌우한다.

목표 설정할 때

김 팀장은 연말이 다가오면서 내년 사업계획에 따라 팀의 연간 목표를 수립했고, 각 팀원의 개별 목표를 정리했다. 조직 전체의 방향성과 부서 성과지표를 기반으로 하되, 각 팀원의 업무 분담과 역량, 지난 성과를 고려해 나름 신중하게 목표를 설정하고 팀원과의 원온원 면담을 통해 각자의 목표를 알려주었다. 하지만 예상과 다르게 팀원들의 반응이 싸늘했다. 일부는 "이건 너무 과한 목표 아닌가요?", "이게 왜 제 몫이죠?"라며 노골적으로 불만을 표출했고, 어떤 팀원은 "사실상 이미 정해놓은 걸 그냥 설명하는 거잖아요"라고 말했다.

김 팀장은 속상했다. 분명 공정하게 했다고 생각했는데, 팀원들은 그렇게 생각하지 않았던 것이다. 오히려 정해진 것을 내려주는 일방적 지시로 받아들이는 분위기였다. '아니, 팀장이 고민해서 목표를 설정해 줬으면 그냥 하면 되는 거 아닌가?'라는 생각과 함께 억울한 마음이 들었다.

팀원 입장에서는 연말이 다가오면서 팀장이 어느 날 갑자기 내년 목표를 통보한 것이다. 팀원들은 그 목표가 왜, 어떻게 설정되었는지 충분한 설명을 들을 기회가 없었다. 그저 정해진 것을 알려주는 자리라고 느꼈고, 그 과정에서 자신들의 의견이나 상황은 전혀 고려되지 않은 것 같았다.

일부 팀원은 속으로 생각했다. '이건 우리 업무 현실과 맞지 않는데… 목표만 너무 높게 잡아놓은 건 아닌가?' 또 다른 팀원은 '내 의견이 하나도 반영되지 않을 거면서 왜 대화하자고 하는 거지? 그냥 메일로 통보하지'라고 생각했다. 억울해하는 팀원도 있었다. '지난해에도 힘든 목표를 간신히 달성했는데, 또 이렇게 큰 목표를 던져주면 나는 언제 성과 압박에서 벗어나지? 내 상황을 한 번이라도 들어봤나?'

팀장은 충분히 고민하고 공정하게 정했다고 말하지만, 팀원들은 아무런 참여 없이 정해진 목표를 강요했다는 인식이 강했다.

목표설정 대화에서 필요한 요소

목표를 설정할 때는 다음 여섯 가지 요소를 고려해야 한다. 그래야 동기가 강화되고 실행력이 높아진다. 리더와 구성원이 함께 어떤 부분을 고려하며 대화해야 하는지 살펴보자.

1. 비전과 성장에 관한 이야기를 나누고, 이를 목표에 반영한다.

조직 목표에 개인의 성장이 반영되면 구성원의 동기가 강화된다. 브룸은 '기대이론Expectancy theory[6]' 에서 사람들은 자신의 행동으로 어떤 결과를 얻을 수 있는지 생각하고, 그 기대에 따라 행동한다고 말했다. 그는 동기의 수준을 3가지 요소의 곱으로 제시했다.

$$\text{동기}|Motivation = \text{기대감}Expectancy \times \text{수단성}Instrumentality \times \text{유의성}Valence$$

기대감은 노력과 성과의 관계다. '내가 노력해도 달성하지 못할 거야'라는 생각이 아니라 '내가 노력하면 달성할 수 있다'는 생각이 있어야 의지와 기대감이 생긴다. 수단성은 성과(목표 달성)와 보상의 관계다. '내가 목표를 달성하면 승진이나 연봉 인상 같은 바람직한 보상으로 이어질 것'이라고 믿는 것이다. 유의성은 보상에 대한 개인적 가치다. 목표를 달성하면 얻는 보상(예: 승진, 연봉 인상, 성취감 등)이 내가 만족할 만한 것인지를 의미한다.

---

6) Vroom, V. H. (1964). Work and motivation. New York: Wiley.

예를 들어, 마케팅 부서는 브랜드 캠페인 기획, 콘텐츠 제작, 고객 조사, 온·오프라인 이벤트 운영, 디지털 광고 운영 등 다양한 활동을 한다. 그런데 어떤 팀원이 데이터를 분석하고, 그 결과로부터 인사이트를 얻는 일을 좋아하며 그 방향으로 성장하고 싶어 한다고 하자. 이 경우 퍼포먼스 마케팅 역할을 맡기고 해당 업무와 직접 연결된 목표를 설정하면, 그는 일하면서 전문성도 쌓고 해당 분야의 전문가로 발전하게 된다.

브룸의 기대이론으로 보았을 때, 이 팀원은 노력하면 성과를 낼 수 있다는 믿음(기대감)이 있고, 자신의 성과가 전문성 향상으로 이어진다고 인식(수단성)하며, 그러한 보상이 자신에게 충분히 매력적이고 가치 있다고 평가(유의성)하기 때문에 업무 과정에서 높은 동기를 갖게 된다.

따라서 목표 설정 미팅을 하기 전에 팀원들에게 미리 자신의 내년 목표를 작성해 오도록 하는 게 바람직하다. 물론 그 내용을 100퍼센트 수용하는 것은 아니지만, 고려할 수 있는 것과 아닌 것을 협의하는 과정에서 팀원의 동기를 더 강화할 수 있다.

2. 개인의 목표를 팀 혹은 전체 조직 목표와 정렬한다.

목표는 개별적으로 존재하지 않는다. 조직 목표만 고려하면 구성원의 동기가 저하되고, 구성원이 원하는 목표만 고려하면 조직 목표 달성이 어렵다. 리더는 조직의 전체 방향과 목표를 정확하게 파악하고, 그것이 부서, 팀, 개인의 목표와 어떻게 연결되는지를 구성원에게 명확히 알려줘야 한다.

조직과 개인의 목표가 서로 연결되면 구성원은 자기 업무가 조직 전체의 성과와 어떤 영향을 주고받는지 쉽게 이해할 수 있다. 따라서 구성원 역시 자신이 원하는 방향이 팀의 목표와 어떻게 연결되는지를 스스로 고민하면서 목표를 세워야 한다.

단순히 개인의 관심사나 개인적 역량 향상에만 집중하는 것이 아니라, 자신이 맡은 역할과 그 성과가 조직 전체의 목표와 방향에 어떤 영향을 주는지 이해해야 한다. 예를 들어, 자신이 도전하고 싶은 프로젝트가 팀의 핵심 과제 중 하나에 맞닿아 있다면 그 목표는 개인의 성장과 팀의 성과를 동시에 만족시킬 수 있다.

이런 정렬이 이루어지면 구성원은 조직이 원하는 것을 수동적으로 받아들이는 것이 아니라, 자신이 추구하는 방향이 조직 목표와 연결되어 있다는 확신 속에서 자율적이고 주도적으로 움직인다. 즉, 개인의 업무 목표가 무조건 위에서 주어지거나, 개인이 독립적으로 정하는 것도 아니라 리더와 함께 정한다는 인식을 갖게 된다.

3. 개인의 역할과 기대를 명확히 공유한다.

조직과 팀의 목표가 정해지면 리더는 구성원에게 기대하는 역할과 기여에 관해 구체적으로 설명해야 한다. 리더의 기대가 명확하게 전달되면 구성원은 혼란 없이 업무에 대한 자신의 우선순위를 설정할 수 있고, 어떤 일이 중요한지 판단하며, 자율성과 책임감을 가지고 일할 수 있다. 동시에 자신의 역할이 팀과 조직의 성과에 어떻게 기여하는지 구체적으로 인식함으로써 동기를 향상하고 주도적인 업무 태도를 가질 수 있다.

또한 역할과 기여에 대한 리더의 기대는 성과 평가의 기준이 되고, 이후 피드백을 하거나 보상을 고려하는 과정에서도 공정성을 높이는 기반이 된다. 추후 평가 면담 때 구성원이 그에 맞는 역할과 기여를 했는지 살펴보는 시간을 갖게 되기 때문이다. 바람직한 대화 예시는 아래와 같다.

리더: "올해 A님에게 기대하는 가장 중요한 역할은 신제품 출시 캠페인의 기획과 실행이에요. 구체적으로는 3월과 9월에 예정된 신제품 출시 일정을 기준으로 캠페인 전략을 수립하고, 디지털 광고와 SNS 콘텐츠를 기획·운영하는 일을 맡게 될 거예요. 내가 기대하는 건 단순한 실행이 아니라, 주도적으로 전략을 짜고 개선안을 제시하는 겁니다. 이런 활동은 연말 성과 평가에서도 중요한 기준이 될 거예요. 이 방향에 대해 어떻게 생각하세요?"

A : "저도 신제품 캠페인은 중요한 기회라고 생각합니다. 캠페인 기획은 제가 경험이 있으니 그 부분을 참고해서 진행하면 될 것 같아요. 다만 디지털 광고 쪽에서 아직 실무 경험이 부족한 편이라 일부는 처음 시도해 보는 영역일 것 같아요. 그래서 운영은 팀장님과 한 달에 한 번 정도 피드백을 주고받으면서 진행하고 싶습니다."

이처럼 리더가 기대하는 바를 명확히 전달하고, 구성원은 자신의 현실과 의지를 바탕으로 실행과정을 조율해야 한다. 일방적 전달이 아니라 쌍방향 대화로 목표를 정립하고, 그 과정에서 모두 각자의 책임과 기대를 함께 인식하게 된다.

4. 목표는 구체적이고 측정할 수 있게 세운다.

래섬과 발데스Latham & Baldes[7]는 통나무를 운반하는 트럭 운전사를 대상으로 목표 구체성에 관한 연구를 진행했다. 먼저 운전사들은 첫 3개월간 '최선을 다해 일하라'는 지시만 받고 트럭에 짐을 실었다. 트럭 운전사들은 트럭에 실을 수 있는 최대치의 50~60%로만 짐을 실었다. '최선을 다하라'는 애매한 목표였기 때문이었다.

이후 트럭 운전사들에게 '트럭 중량의 94%에 해당하는 짐을 실어라'는 구체적인 목표를 주었다. 이 실험에서 트럭 운전사들은 성과 개선에 따른 보상(금전적 보상, 칭찬 등)을 받지도 않았고, 성과 감소에 따른 어떠한 불이익도 받지 않았다. 하지만 구체적이고 다소 도전적인 목표를 설정한 이후 업무 수행 비율은 크게 향상되었고, 높은 실적이 유지되었다. 이처럼 목표를 구체적이고 도전적으로 정하는 것은 성과를 내는 데 매우 효과적이다.

'고객 만족도를 올린다', '제품 품질을 향상시킨다'는 목표는 모호하다. 목표는 구체적이어야 하고, 목표 대상과 달성 수준이 명확하게 기재되어야 한다. 예를 들어, '올해 상반기(1월~6월) 매장 방문 고객 만족도를 7점 이상으로 만든다'처럼 사람마다 해석의 차이가 없어야 한다.

'팀원을 육성하겠다', '제품의 인지도를 높이겠다'는 목표를 양적 수치로 만들기 어려울 수 있지만, 방법이 없는 건 아니다. 팀원 육성은 '올해 상반기(1월~6월) 동안 전체 팀원을 대상으로 원온원 코칭과 멘토링을 월 2회 실시하고, 6개월 후 팀원들의 업무 이해도 및 교육 만족도 설문

---

7) Latham, G. P., & Baldes, J. J. (1975). The" practical significance" of Locke's theory of goal setting. Journal of Applied Psychology, 60(1), 122.

조사의 평가 점수를 평균 8점 이상 받게 한다'로 고칠 수 있다. 제품 인지도 향상 목표는 '올해 12월까지 브랜드 SNS 구독자 수를 현재 기준 20퍼센트 향상하여 3만 명으로 늘린다'로 바꿀 수 있다.

더불어 '팀 내 및 타 부서와 협력하는 태도', '팀 동료 및 다른 부서와의 커뮤니케이션', '창의적 문제 해결' 등을 평가 기준에 포함시킬 수 있다. 이러한 정성적 평가 요소는 측정하기 모호할 수 있기 때문에 어떻게 측정할 것인지 그리고 얼마나 반영할 것인지에 대해서 논의하고, 모두가 해석에 이견이 없도록 명확하고 구체적으로 명시해야 한다.

정성적 평가를 구체화하는 방법은 크게 두 가지다. 첫째, 행동 지표를 명확히 정의하는 것이다. '협력적 태도'를 평가하는 경우라면 '회의에서 다른 의견을 경청하고 건설적인 피드백을 제공했는가', '부서 간 업무 요청에 2일 안에 적극적으로 응답했는가' 등 관찰 가능한 행동으로 평가 기준을 구체화해야 한다.

둘째, 다면 평가나 360도 피드백 같은 객관적 측정 방법을 활용해야 한다. 예를 들어, '공동의 목표 달성을 위해 협력하고, 타 부서의 의견을 존중하며, 문제 해결에 적극적으로 참여하는 태도'를 평가할 경우, 360도 피드백 평가와 함께 팀 내 동료 및 타 부서 구성원 각 2인 이상에게 협업 태도 관련 설문 결과를 반영하도록 평가를 설계하는 것이다. 이처럼 정성적 평가도 측정 방법과 기준을 명확히 하여 리더와 구성원이 모두 공정하고 객관적인 평가를 할 수 있다.

5. 스트레치 목표를 설정한다.

스트레치 목표Stretch Goal는 현재 수준보다 도전적이고 야심 찬 목표를 의미한다. 쉽게 말해, 조금 더 노력하면 달성 가능하지만 결코 만만하지 않은 목표다.

'스트레치Stretch'라는 단어에는 '늘이다, 확장하다'는 의미가 담겨 있다. 따라서 스트레치 목표는 '사람이나 조직의 역량을 끌어올려 최대치에 도달하게 하는 목표'를 의미한다. 마치 운동선수가 스트레칭하며 근육을 평소보다 더 늘려 유연성과 가동 범위를 넓히는 것처럼, 스트레치 목표 역시 개인이나 조직의 성과와 성장 가능성을 넓히는 역할을 한다.

목표는 난이도에 따라 상중하로 나눈다. '하'는 평소 하던 일을 유지하는 수준, '중'은 생산성과 효율을 개선하는 수준, '상'은 기존 방식을 한 단계 더 발전시키거나 새로운 시도를 하는 도전적 수준이다. 이 중 '상' 레벨이 바로 스트레치 목표에 해당한다. 리더는 '중'과 '상' 레벨의 목표에 어느 정도의 가중치를 둘 것인지, 전체 목표에서 각각이 차지하는 비중을 고려하면서 전체 목표를 설계한다.

예를 들어, 마케팅 팀원이 '분기별 캠페인 성과 리포트 1건 작성하는 것'은 '하' 수준의 목표다. 이를 '중' 수준으로 끌어올리면 '분기별 캠페인 성과 리포트를 작성하고, 데이터 분석을 통해 개선안 3가지를 제시하여 다음 캠페인의 전환율을 15% 향상한다'가 된다. '상' 수준의 스트레치 목표는 '분기별 캠페인 성과를 분석하되, 그중 최소 1건은 신규 고객 세그먼트를 타깃으로 한 실험적 캠페인을 기획·실행하고, 고객 반응 분석 보고서를 작성하여 팀과 공유함으로써 팀 전체의 신규 시장 공략 전략 수립에 기여한다'가 될 수 있다.

구성원 입장에서도 스트레치 목표는 단순히 힘든 목표가 아니라, 잠재 역량을 더 발휘할 수 있는 도전과 성장의 기회가 된다. 스트레치 목표를 부담스럽게 느낄 수도 있지만 거기에는 자신이 이전까지 해보지 않았던 방식으로 일할 수 있는 기회와 새로운 결과를 만들어낼 가능성이 숨어 있다. 단, 이 목표가 과도하게 느껴지면 오히려 의욕이 꺾인다. 따라서 자신의 현재 역량과 업무 여건을 고려해 리더와 함께 적절한 수준의 도전적 목표를 설계하는 것이 중요하다.

모든 목표가 스트레치여서는 안 되고, 모든 목표가 너무 쉬워서도 안 된다. 리더와 구성원이 함께 상중하 난이도를 조율하면서 달성 가능성과 도전의 균형을 맞추는 것이 핵심이다. 구성원은 자신이 어떤 부분에서 더 도전할 수 있을지 점검하고, 필요한 경우 리더에게 피드백이나 지원을 요청할 수 있어야 하며, 리더는 이런 시도를 응원하고 현실적 지원 방안을 함께 모색해야 한다.

6. 목표 설정은 협의를 통해 만든다.

목표는 리더가 일방적으로 설정하는 것이 아니라, 리더와 구성원이 함께 대화하고 조율하며 만들어가는 협의의 과정이다. 리더가 구성원의 의견을 반영하고 상황에 따라 목표를 조정할 수 있는 여지를 제공하면 구성원은 자신의 의견이 반영된 목표에 주인의식과 책임감을 느끼게 된다. 구성원에게 이 과정은 중요한 기회다. 단순히 '받는 목표'가 아니라, 자신의 현실과 성장 방향을 반영해 함께 목표를 만드는 기회가 되기 때문이다. 또한 구성원은 자신이 처한 상황, 예측되는 어려움, 도전하고 싶은 영역을 솔직하게 이야기함으로써 목표가 현실성과 도전성을 동시에 갖출 수 있도록 협력해야 한다.

이 과정은 단순히 수치나 평가 기준을 정하는 데 그치지 않는다. 조직의 전략 방향성과 구성원의 성장 목표를 연결하고 함께 일하는 방식을 나누는 소통의 장이다. 리더가 효과적인 목표 관리 방식을 도입하고 구성원과의 소통을 강화하면 목표 달성뿐 아니라 조직의 성과와 구성원의 역량 향상을 동시에 끌어낼 수 있다.

다만, 이 협의 과정에서 오해하면 안 되는 것이 있다. 협의는 '경청과 조율'이지 '모든 요구의 수용'을 의미하지 않는다. 구성원이 자신의 의견을 표현하는 것도 중요하지만, 리더는 전체 방향성과 균형을 고려해 최종 결정을 내릴 책임이 있다. 반대로 구성원 역시 모든 의견이 그대로 반영되는 것이 아님을 이해하고, 주어진 자원과 환경 속에서 가장 효과적인 목표를 함께 찾아간다는 태도를 가질 필요가 있다.

목표 설정 대화에서 필요한 요소를 반영해 리더와 구성원이 구체적으로 대화하는 상황을 구성했다. 이를 통해 리더와 구성원이 목표를 설정할 때 어떤 방식으로 대화해야 하는지 참고할 수 있다.

1. 비전과 성장에 관한 이야기를 미리 나누고 이를 목표에 반영한다.

2. 개인의 비전과 성장 목표를 알았다면 이를 전체 조직 혹은 팀 목표와 정렬한다.

3. 개인의 역할과 기대를 명확히 공유한다.

4. 목표는 구체적이고 측정할 수 있게 세운다.

5. 스트레치 목표를 설정한다.

6. 목표 설정은 협의를 통해 만든다.

김 팀장은 마케팅 팀원들과 내년 목표 수립 시간을 가졌다. 대부분의 팀원이 자신이 맡을 수 있는 적절한 수준의 도전 과제를 설정했지만, 팀원 A는 개인적으로 자기가 하고 싶은 일을 중심으로, 난이도가 낮은 목표를 제시했다. 김 팀장은 A의 목표 설정 방식이 팀 전체 분위기와 성과에 영향을 줄 수 있다고 생각했다. 마침 A가 그 이야기를 꺼냈다. 그래서 대화를 통해 이를 균형 있게 조율하고자 한다.

1. 목표Goal

김 팀장 : A님, 오늘 어떤 이야기 나눠보면 좋을까요?

A : 저의 이번 목표에 관해 이야기하고 싶어요.

김 팀장 : 좋아요. 구체적으로 어떤 부분이 궁금한가요?

A : 제가 제출한 목표에 대한 배경을 말씀드리고, 팀장님이 저에게 기대하는 게 뭔지도 명확히 듣고 싶어요.

김 팀장 : 알겠습니다. 저도 A님이 왜 그런 목표를 설정했는지 배경과 고민을 듣고 싶었어요. 그리고 조직과 팀이 기대하는 바도 분명히 전달하고 싶고요. 그래서 함께 목표를 조정해 보면 좋겠는데 어떤가요?

A : 네, 좋아요. 그렇게 하고 싶어요.

김 팀장 : 궁극적으로는 A님의 성장 방향과 팀 목표가 잘 맞아떨어지는 목표를 만들고 싶어요. 그래서 오늘은 A님의 고민과 제 기대에 관해 이야기하고, 서로 원원할 수 있는 목표로 조정해 보면 좋겠어요.

A : 네, 좋습니다. 저도 그렇게 하고 싶어요.

합의된 목표

주제: 내년 목표 설정에 대한 협의

목표: 목표 설정 배경을 이해하고, 서로 윈윈하는 목표로 재조정하기

2. 현재 상태 파악하기Reality

김 팀장 : 그럼 A님이 말한 '나름의 이유'부터 들어볼까요? 왜 그렇게 목표를 설정했나요?

A : 솔직히 말씀드리면 최근 업무량이 많아지면서 일을 도전적으로 맡는 게 좀 부담스러웠어요. 작년에 무리하게 목표를 세웠다가 제대로 못 한 경험도 있어서, 이번에는 현실적

인 수준에서 조심스럽게 접근하고 싶었어요.

김 팀장 : 그랬군요. 그 부분은 충분히 이해됩니다. 작년에 힘들었던 점은 구체적으로 어떤 거였나요?

A : 일이 너무 많았고, 솔직히 조직이나 팀에서 저한테 어떤 기대를 하는지 구체적으로 들은 적이 없어서… 그냥 맡은 일만 잘하면 되는 거라고 생각했는데, 더 많은 걸 요구하는 것 같아서 부담스러웠어요.

김 팀장 : 아, 그 부분 제가 명확히 전달 못 한 것 같네요. 그럼 오늘 그 부분부터 명확히 해보죠. 그전에, A님이 중장기적으로 성장하고 싶은 방향이나 흥미 있는 분야가 있나요? 그걸 먼저 들어보고 싶어요. (비전과 성장에 관한 이야기를 미리 나누고 이를 목표에 반영한다.)

A : 최근에는 고객 데이터를 기반으로 고객의 행동 패턴을 분석하고, 그걸 마케팅 전략이나 상품 기획에 연결하는 일에 흥미가 생겼어요. 아직 데이터 분석 경험이 많진 않아서, 내년에는 고객 데이터 정리와 리포트 작성 중심으로 목표를 세워보려 했던 거예요.

김 팀장 : 고객 분석에 관심이 많군요. 좋은 방향이에요. 그런데 A님이 관심 있는 분야가 데이터 분석인데, 단순히 정리와 리포트만 하려는 건 좀 아쉬운 것 같아요. 이번 분기 팀의 핵심 과제 중 하나가 '고객 세분화 기반의 타깃 마케팅 고도화'거든요. A님의 관심 분야와 딱 맞는 부분이에요. (개인의 비전과 성장 목표를 알았다면 이를 전체 조직 혹은 팀 목표와 정렬한다.) 그래서 제가 A님께 기대하는 역할은 단순히 데이터를 정리하는 수준이 아니라, 분석 인사이트를 바탕으로 실질적인 제안까지 이어지는 거예요. 예를 들어, 고객 행동 데이터를 분석해 세그먼트를 정의하고, 세그먼트별로 맞춤 전략을 제안하는 역할이죠. (개인의 역할과 기대를 명확히 공유한다.)

A : 아, 그 정도 수준을 기대하시는군요. 그럼 제가 고객 세그먼트별 구매율이나 이탈률을 분석해서, 분기마다 개선 방향을 제안하는 걸 목표로 잡아도 되겠네요?

김 팀장 : 네, 아주 좋습니다. 그렇게 구체적인 지표를 정해두면 목표 달성 과정이 훨씬 명확해질 거예요. 예를 들어, 구매 전환율, 재구매율, 고객 이탈률 같은 기준을 활용해보죠. (목표는 구체적이고 측정할 수 있게 세운다.)

A : 그러면 '분기별 고객 세그먼트 분석 리포트 작성 및 개선 제안'으로 잡고, 주요 지표를 기준으로 매 분기 1회 개선안을 제시하는 걸 목표로 하겠습니다.

김 팀장 : 좋아요. 그 정도면 충분히 도전적이면서도 A님이 소화하실 수 있는 목표인 것 같아요. 여기에 한 단계 더 나아가서, 추가 도전 과제를 제안해도 될까요?

A : 네, 어떤 건가요?

김 팀장 : 고객 세그먼트를 기반으로 신규 캠페인 타깃 전략을 직접 설계해 보는 거예요. 즉, 분석만 하는 게 아니라, 분석 결과를 토대로 새로운 마케팅 시도를 설계해 보는 거죠. 규모는 작게 시작하되, A님 주도로 진행하면 좋겠습니다. (스트레치 목표를 설정한다.)

A : 음… 그건 좀 부담스럽긴 한데, 해볼 만할 것 같기도 해요. 제 분석이 실제 전략에 반영되면 성취감도 클 것 같고요.

김 팀장 : 부담스러운 부분은 제가 지원할게요. 처음 방향 잡을 때 같이 논의하고, 중간중간 점검하면서 진행하죠. 어때요, 한번 도전해 볼 수 있을까요? (목표 설정은 협의를 통해 만든다.)

A : 네, 지원해 주신다면 충분히 해볼 만한 것 같아요. 도전해 보고 싶어요.

3. 스스로 성찰하기|Reflection

김 팀장 : 이야기 들어보니, 제가 A님의 현재 상태나 고민을 제대로 파악하지 못했던 것 같네요. 팀과 조직이 기대하는 바를 명확하게 전달하지 못한 것도 있고요. 앞으로는 목표 설정할 때 A님의 이야기를 먼저 듣고 협의할 수 있는 부분은 함께 조정하겠습니다.

A : 처음에 목표를 설정할 때 요즘 좀 힘들었던 감정이 앞서서 방어적으로 세웠던 것 같아

요. 어차피 목표가 이미 정해져 있다고 생각해서 대화를 피하려 했던 제 태도도 돌아보게 되었어요. 다음에는 저에게 어떤 기대를 하는지 먼저 물어보고 목표를 세워야겠어요. 그리고 팀장님이 저를 믿고 기대하기 때문에 이런 제안을 하는 거라는 생각도 들어요.

4. 실행 계획 수립Action Plan

김 팀장 : 좋습니다. 그럼 오늘 나눈 내용을 바탕으로 내년 목표를 아래와 같이 정리하면 어떨까요? 다음 주까지 구체적인 수치와 실행 계획을 덧붙여서 가져와 주세요. (목표 설정은 협의를 통해 만든다.)

내년 목표 (초안)

• 고객 세그먼트별 구매·이탈률 분석 및 리포트 작성

• 분기별 분석 결과를 기반으로 개선안 제안 (분기 1회, 핵심 지표 5% 향상 목표)

• 고객 분석 데이터를 활용한 신규 타깃 캠페인 전략 기획 및 시범 운영

A : 네, 알겠습니다. 분석 업무가 제 관심 분야와 맞닿아 있어서 동기부여가 크네요. 도전이지만 충분히 해볼 만한 목표라고 생각합니다.

김 팀장 : 제가 초기 방향 잡을 때 같이 논의할 테니, 진행하다 어려운 점 있으면 언제든 얘기해요. 그리고 월 1회 정기 원온원 미팅을 하면서 진행 상황도 같이 점검하죠.

A : 네, 감사합니다. 팀장님이 지원해 주신다니 훨씬 든든해요.

목표 설정 대화에 필요한 요소를 반영한 예시 문장을 준비했다. 실제 대화에 적용해 볼 수 있도록 연습해 보자.

첫째, 비전 및 성장에 관한 이야기를 나누고 이를 목표에 반영한다.

/리더/

"중장기적으로 어떤 방향으로 성장하고 싶은지 이야기해 볼까요?"

"지금 하는 일 중에서 더 깊이 다뤄보고 싶은 부분이 있다면 말씀해 주세요."

"이번 목표에 팀원님의 비전이나 관심 분야가 반영되면 더 의미 있을 것 같아요."

/구성원/

"저는 이런 커리어 비전과 경력개발에 대해 고민하고 있습니다."

"최근 관심 가지는 분야가 있는데, 이번 목표에 그 부분을 어떻게 녹여볼 수 있을지 여쭤보고 싶습니다."

"최근 관심 있는 영역이 생겼는데, 이번 목표에 그 부분을 포함해 제 역량을 좀 더 확장해보고 싶습니다."

둘째, 개인의 비전과 목표를 전체 조직 혹은 팀 목표와 정렬한다.

/리더/

"팀원님의 관심 분야가 이번 팀의 핵심 과제와 연결되어 있네요."

"지금 말씀하신 방향을 우리 팀 프로젝트에 어떻게 접목할 수 있을지 논의해 보죠."

"팀의 중점 목표와 개인 목표가 잘 연결될 수 있도록 도와드릴게요."

/구성원/

"올해 조직과 팀의 핵심 목표가 어떤 방향인지 궁금합니다. 제가 성장하고 싶은 부분과 맞닿아 있는지 함께 살펴보고 싶어요."

"말씀을 들어보니 제 커리어적으로 성장하고 싶은 분야가 팀이나 조직 전체 목표와 이런 부분과 맞닿아 있는 것 같습니다.

"그래서 가능하다면 그 업무를 중심으로 목표를 세우고 싶습니다."

셋째, 개인의 역할과 기대를 명확히 공유한다.

/리더/

"팀원님에게 기대하는 역할과 성과 수준을 명확히 말씀드릴게요."

"올해는 단순 실행뿐 아니라, 기획과 분석까지 주도하는 역할을 기대하고 있습니다."

"이번 프로젝트에서 특히 어떤 부분을 팀원님이 주도하면 좋을지 생각해 봤어요."

/구성원/

"팀장님이 올해 저에게 기대하는 역할이 있을까요?"

"그 역할을 잘 수행하기 위해서 어떤 준비가 필요할지 알고 싶어요."

"그 역할을 하기 위해 필요한 협업 방식이나 의사결정 권한도 함께 정리하고 싶습니다."

넷째, 목표는 구체적이고 측정할 수 있게 세운다.

/리더/

"이 목표는 이런 수치나 결과를 기준으로 보면 어떨까요? 혹시 팀원님이 생각하는 다른 측정 기준이 있을까요?"

"구체적인 성과 지표를 함께 설정해 봅시다. 먼저 의견 있으신가요?"

"무엇이 '성과'라고 판단할 수 있는 구체적인 기준이라고 생각하나요?"

"이 목표는 어느 정도 결과가 나왔을 때 목표 달성이라고 볼 수 있을까요?"

"명확한 측정 기준을 알고 싶습니다."

"제가 생각하기에는 ○○% 정도의 개선이나 ○○건 달성이 현실적이면서 도전적인 수준일 것 같습니다."

다섯째, 스트레치 목표를 설정한다.

"팀원님의 XX 부분에서 성장할 수 있도록 도움이 될 만한 과제가 있습니다."

"이번엔 이런 부분에서 기존 역할을 확장해서 이런 부분을 직접 리드하면 어떨까요?"

"이 목표는 XX 부분에서 팀원님의 경력 개발에도 큰 도움이 될 수 있다고 생각합니다."

"저는 이런 부분에서 좀 더 도전하고 싶습니다."

"도전적인 목표인 만큼, 중간 점검 시 함께 방향을 점검할 수 있으면 좋겠습니다."

"각각 목표에 대한 가중치는 어느 정도 되는지 궁금합니다. 특히 '상' 레벨의 목표에 대해서요."

여섯째, 목표 설정은 협의를 통해 만든다.

"이 목표 중 조율이 필요한 부분을 함께 구체화해 봅시다."

"다만 핵심 기준 몇 가지는 팀 전체와의 일관성을 위해 유지되어야 해요."

"팀원님 상황을 반영하면서도 조직 방향에 맞게 이야기 나눠보아요."

"이 목표 중에서 조정 가능한 부분이 있다면 구체적으로 알려주면 좋겠습니다."

"제 상황과 역량을 고려해 일부 목표를 조금 다듬어보면 좋을 것 같습니다. 의견 드려도 될까요?"

"저는 이 목표는 이렇게 수정해 보면 좋을 것 같은데요. 가능할까요?"

목표를 점검하고 평가할 때

김 팀장은 연말 평가에서 팀원 A에게 A, B, C, D 중 C등급을 부여했다. A는 고객 응대 시 기본 매너가 부족했고, 잦은 휴가로 업무 일정이 밀리는 등 책임감 있는 태도를 보여주지 못했다고 판단했다. 작성한 보고서의 품질도 전반적으로 낮았으며, 마감 기한을 지키지 못하는 일이 반복되었다. 김 팀장은 이 모든 요소를 종합해 C등급을 매기는 것이 타당하다고 보았다. 김 팀장은 일이 너무 바빠 이러한 내용을 A에게 구체적으로 전달하지는 못했지만, 그때마다 관련해서 한 마디씩 했기 때문에 A가 잘 알고 있을 것이라 생각했다. 김 팀장은 별도의 피드백 시간을 마련하지 않고, 연말 평가 때 이를 한꺼번에 반영해 등급을 매겼다.

A는 평가 결과에 강하게 반발했다. "왜 내가 C등급입니까? 전혀 납득이 가지 않습니다"며 목소리를 높였고, 평가 기준과 절차에 문제를 제기했다. 김 팀장은 이렇게까지 격한 반응이 나올 줄 몰랐고, 당황한 채 "등급은 바꿔줄 수 없다"는 입장만 반복하며 상황을 진정시키지 못했다.

A의 입장에서 보면 상황은 완전히 달랐다. 평가 결과를 듣는 순간 화가 났고 억울했다. 전혀 납득이 되지 않았다. 물론 1년 동안 완벽했던 것은 아니었다. 바쁜 일정 속에서 실수가 있었고, 컨디션이 안 좋았던 날에는 고객 응대가 매끄럽지 않았던 적도 있었다. 휴가도 몇 번 급히 사용했지만, 정해진 규정 안에서 처리했다. 보고서 품질이나 마감 일정도 크게 문제된 적이 없다고 생각했다. 그런데 김 팀장은 이런 모든 행동과 결과들

을 문제 삼으며, 종합적으로 C등급을 매겼다고 말했다. "그게 이렇게 중요한 평가 요소였다면, 미리 이야기했어야죠." A는 결과 자체보다, 그 결과에 이르기까지 아무런 대화도 없었다는 사실에 더 분노했다. 1년 내내 팀장이 자신을 어떻게 보고 있었는지 알 수 없었고, 바꿀 기회도 없었다. 그런데 연말이 되자 갑자기 점수가 매겨지고, 이미 모든 것은 결정된 상태였다.

중간 점검 대화에서 필요한 요소

많은 리더와 구성원은 연초에 세운 목표를 연말 평가 때까지 중간 점검 없이 그대로 방치한다. 리더와 구성원 모두가 바쁜 일상에 몰두하게 되면, 연말에 갑작스럽게 평가 결과만 주고받는 상황이 벌어진다. 이럴 때 리더는 자신이 그동안 봐왔던 것을 바탕으로 공정한 평가를 했다고 생각하지만, 구성원은 일방적인 통보로 받아들인다. 그렇기 때문에 중간에 최소 1~2번 정도 팀원과 목표를 점검하는 대화 시간을 가져야 한다. 중간 점검 대화에는 다음의 두 가지 요소를 고려해야 한다.

1. 정기적인 중간 점검

연초에 리더와 구성원이 함께 설정한 목표는 시간이 지나며 잊히기 쉽다. 일상 업무에 치이다 보면 구성원의 목표는 우선순위에서 밀려나고, 리더 역시 제대로 진척 상황을 확인하지 못한 채 시간이 흐르는 경우가 많다. 그러다 연말이 되면 목표를 다시 꺼내 급히 맞추려 하거나, 그때 가서야 문제를 지적하게 되는 일이 반복된다.

이러한 상황을 예방하려면 분기별 또는 반기별 중간 점검이 반드시 필요하다. 리더는 목표가 어느 정도 진행되었는지 점검하고, 구성원은 업무 현황을 솔직하게 공유해야 한다. 만약 성과가 기대에 못 미친다면, 무엇이 장애 요인이었는지, 자원이 부족했는지, 혹은 목표 자체의 현실성과 방향이 잘못되었는지를 논의해야 한다.

피드백이 없다면 구성원 입장에서는 '별말 없는 걸 보니 잘하고 있나 보다'라고 생각하기 쉽다. 그러다 연말에 기대보다 낮은 평가를 받으면 억울함과 반발심이 생긴다. 리더 역시 자신이 주니어 시절에 아무런 경고 없이 낮은 평가를 받았을 때 느꼈던 혼란과 당혹감을 기억한다면, 구성원의 마음도 충분히 공감할 수 있을 것이다. 구성원 입장에서도 중간 점검은 자신이 어디쯤 와 있는지를 인식하고, 목표를 향해 더욱 주도적으로 움직이는 기회로 삼아야 한다.

2. 중간 점검 내용의 기록

중간 점검이라는 행위만큼 중요한 것이 그 내용을 정리하고 기록하는 것이다. 이는 리더와 구성원 모두에게 유익하다. 리더에게는 연말 평가 시 객관적 근거가 되고, 구성원에게는 최종 결과가 일회성 의견이 아닌 누적된 소통의 결과라는 신뢰를 준다. 구성원도 최소 2~3차례에 걸쳐 자기 업무 진행 상황을 정리하고 공유하며 리더의 피드백을 기반으로 어떻게 변화했는지 기록한다면, 연말에 자신의 성과를 더 잘 설명할 수 있다.

이렇게 축적된 기록은 리더가 자기 마음대로 평가하는 것이 아니라, 구체적 근거에 기반한 평가라는 인식을 만든다. 결국 중간 점검은 정기적 소통을 통해 리더가 구성원에게 기대하는 바와 실제 성과를 일치시켜

나가는 과정이다. 무엇이 잘되고 있고, 무엇을 개선해야 하는지를 중간 중간 이야기하는 시간을 갖는 것, 그것이 공정하고 납득 가능한 평가를 위한 시작점이다.

연말 평가 대화에서 필요한 요소

이는 그동안 해 온 중간 점검과 피드백 대화를 바탕으로 이뤄지기 때문에 리더 입장에서는 보다 명확하고 객관적으로 평가할 수 있고, 구성원 입장에서도 결과를 보다 쉽게 수용하게 된다. 업무 과정에서 쌓인 정량적·정성적 지표들이 이미 공유되어 왔다면, 연말에는 그 데이터를 바탕으로 성과를 함께 검토하고, 목표 달성 여부를 평가하면 된다. 더불어 연말 평가는 리더와 구성원이 함께 지난 1년을 돌아보고 다음 해의 성장을 설계하는 대화라는 사실을 잊어서는 안 된다. 구체적인 방법은 다음과 같다.

1. 구성원 스스로 자신의 목표 달성을 평가한다.

리더는 연말 평가 대화를 시작하기 전, 구성원에게 먼저 한 해 동안의 업무 성과에 대해 스스로 평가하도록 요청할 수 있다. 미리 "1년 동안 자신의 성과를 평가해서 원온원 면담 시간에 가지고 와주세요. 어떻게 생각하는지, 그 이유까지 함께 가져오세요"라고 요청하면 구성원은 자신의 업무와 성과에 대해 생각할 수 있는 시간을 갖게 된다.

구성원은 자신이 맡았던 일을 정리하면서 목표 달성 여부, 과정에서의 어려움, 잘한 점과 아쉬운 점 등을 자율적으로 되짚어본다. 중간 점검을 통해 받은 피드백과 지표들이 있기에, 그 근거를 바탕으로 자신을 돌아보고 단순히 '나는 잘했다'가 아니라, 무엇을 근거로 그렇게 생각하는지를 이야기할 수 있다. 이 과정은 자신을 좀 더 객관적으로 바라볼 수 있게 만든다.

2. 리더는 중간 점검에서 나눈 객관적인 데이터를 바탕으로 평가한다.

리더는 연말 평가에서 "당신은 C등급입니다"와 같은 일방적인 통보가 아니라, 구체적인 과정과 수치에 근거하여 설명해야 한다. 예를 들어, "올해 초 설정한 ○○목표는 잘 달성되었지만, △△부분은 아쉬움이 남네요. 2분기 점검 당시 달성률이 30%였고, 연말 목표는 70%였는데, 현재 50% 수준이에요. 성과가 개선되긴 했지만, 목표 달성에는 다소 부족했습니다. 그래서 종합적으로 C등급입니다"처럼 구체적으로 이야기할 수 있다.

또한 중간평가 시점에서 이미 한 차례 객관적 점검이 있었기 때문에, 구성원은 그 이후로 자신이 어떤 노력을 기울였는지 스스로 돌아볼 수 있고, 성과를 지속적으로 확인하는 과정에서 최종 결과를 쉽게 인정하고 받아들인다. 단순히 결과만 통보받는 것이 아니라, 성과 과정을 함께 추적해왔기 때문에 평가 자체에 신뢰가 있다.

3. 잘한 부분과 개선이 필요한 부분을 균형 있게 이야기한다.

평가 대화는 부족한 점을 짚는 시간만이 아니라 구성원의 강점과 기여를 확인하고 인정하는 시간이기도 하다. 리더는 "올해 초 설정한 목표 중, 6월 중간 점검에서 이야기했던 ○○프로젝트는 기대 이상으로 잘 마무리

했어요. 특히 △△부분에서의 기여가 정말 돋보였습니다"처럼 구체적인 성과와 기여도를 짚어주는 긍정적 피드백도 함께 해야 한다. 이는 구성원이 어떤 부분에서 의미 있는 성과를 냈는지 분명히 인식하고, 다음에도 유사한 방식으로 기여할 수 있도록 동기를 부여하는 데 유용하다.

구성원은 긍정적 피드백을 통해 자신의 강점이 팀 성과에 어떻게 작용했는지 확인하며, "그 프로젝트에서 얻은 인사이트와 배움은 이후 ○○ 업무에도 적용해 보고 싶습니다"처럼 다음 성과로의 연결 가능성을 이야기할 수 있다.

동시에 리더는 "3월 점검 당시 언급됐던 △△부분은 이후 9월에도 유사한 피드백이 있었는데, 조금 더 보완되었으면 좋겠다는 생각이 들어요"라며 개선이 필요한 영역도 명확하게 짚는다. 단, 이때는 구체적인 예시와 함께 피드백을 주어야 구성원도 쉽게 받아들이고, 평가를 발전의 기회로 삼는다.

4. 향후 성장 방향을 논의한다.

연말 평가는 단순한 성과에 대한 등급 부여로 끝나는 것이 아니라, 미래 성장을 설계하는 대화로 이어져야 한다. 리더는 "내년에는 이 업무를 좀 더 확대해 보는 것이 어떨까요?", "△△부분은 교육으로 보완할 수 있을 것 같아요"처럼 향후 역할 확장과 역량 개발을 제안하며, 구성원이 스스로 성장 계획을 세울 수 있도록 가이드 역할을 해야 한다.

이때 중요한 것은 일방적 방향 제시가 아니라 구성원의 자기 인식을 촉진하는 질문 중심의 대화를 나누는 것이다. 예를 들어, "올해 가장 도전적이었던 프로젝트는 무엇이었나요? 그 프로젝트에서 배운 것은 무엇인가요?", "내년에 도전해 보고 싶은 업무나 배우고 싶은 기술은 무엇인가요?", "△△부분을 개선하기 위해 어떤 자원이 필요하다고 생각하나요?"와 같은 질문으로 구성원의 내적 동기와 관심사를 끌어낼 수 있다.

구성원은 이런 질문을 통해 자신의 경험과 역량을 돌아보며, 어떤 부분에서 성장을 원하고 무엇을 배우고 싶은지 스스로 탐색할 수 있다. 또한 "○○업무에 도전하고 싶습니다. 다만 △△역량이 부족한 것 같아, 관련 교육이나 멘토링을 받아보고 싶습니다"처럼 구체적인 자기계발 계획과 필요 자원을 요청함으로써, 리더와의 논의가 실행 가능한 성장 계획으로 이어질 수 있다.

이상의 과정은 단순한 평가가 아니라, 리더와 구성원이 함께 성장의 방향을 찾아가는 기회다. 평가를 통해 구성원은 자신이 현재 어느 정도 업무를 수행하고 있고, 잘하는 부분과 보완할 부분이 무엇인지를 인식하게 된다. 이러한 자기 이해가 성장의 출발점이며, 이를 바탕으로 어떤 역량을 개발하고 어떤 방향으로 나아갈지 구체적으로 설계할 수 있게 된다. 리더는 그 과정에서 구성원에게 필요한 구조와 기회를 제공하고, 함께 성장의 여정에 동행하는 역할을 한다.

연말 평가 대화에서 필요한 요소를 반영해 리더와 구성원이 구체적으로 대화하는 상황을 구성했다. 이를 통해 리더와 구성원이 연말 평가를 하면서 어떤 방식으로 대화해야 하는지를 참고할 수 있다.

1. 구성원 스스로 자신의 목표 달성을 평가한다.

2. 리더는 중간 점검에서 나눈 객관적 데이터를 바탕으로 평가한다.

3. 잘한 부분과 개선이 필요한 부분을 균형 있게 이야기한다.

4. 향후 성장 방향을 논의한다.

기획팀의 김 팀장은 연말 평가를 앞두고 팀원 A에게 B등급을 줄 예정이지만, 이를 어떻게 전달할지 고민하고 있다. A는 올해 맡은 업무 자체는 성실히 수행했고 결과도 좋았지만, 사무실 내에서 타 부서(마케팅팀) 팀원에게 고성을 지르는 등의 부적절한 태도를 보였다. 김 팀장은 평가에 있어 업무 성과뿐만 아니라 조직 내에서의 협업 자세, 타인을 존중하는 태도 역시 중요한 평가 기준으로 보고 있다. 그렇기에 단순히 '성과만 좋다'는 이유로 높은 등급을 주는 것이 아니라, 종합적인 관점에서 평가를 해야 한다고 생각한다.

1. 목표Goal

김 팀장 : A님, 오늘은 올 한 해 성과를 함께 돌아보면서 연말 평가에 관한 이야기를 나눠 보려 해요.

A : 네, 저도 평가 결과에 대해 이야기하고 싶어요. 제가 어떤 부분에서 잘했고 부족했는지 구체적으로 알고 싶습니다.

김 팀장 : 좋아요. 이번 평가의 배경을 투명하게 설명하고, A님이 자신의 한 해를 돌아보면서 앞으로 어떻게 성장할 수 있을지 함께 이야기해 보고 싶어요.

A : 네, 좋습니다.

합의된 목표

주제: 연말 평가 결과와 성장 방향

목표: 평가 기준을 이해하고, 발전이 필요한 영역과 향후 성장 방법 찾기

2. 현재 상태 파악하기Reality

김 팀장 : 먼저 A님이 생각하기에 올 한 해 스스로에게 어떤 점수를 주고 싶은지, 어떤 부분이 잘됐고 아쉬운 점은 무엇인지 말씀해 주세요. (구성원 스스로 자신의 목표 달성을 평가한다.)

A : 저는 올해 맡았던 프로젝트들을 성실하게 잘 수행했다고 생각해요. 일정도 한 번밖에 어긴 적 없고, 올해 설정한 목표에 대한 결과물도 팀 내에서 좋은 평가를 받았습니다.

김 팀장 : 맞아요. 업무 성과 면에서는 좋은 결과들이 많았어요. 특히 2분기 제품 리뉴얼 프로젝트에서 빠른 대응과 실행력은 매우 인상적이었고, 리서치 기반의 전략 제안도 실제 성과에 도움이 됐습니다. (잘한 부분과 개선이 필요한 부분을 균형 있게 이야기를 나눈다.) 다만, 연초에 우리가 함께 설정한 목표 중 '부서 간 원활한 협업과 커뮤니케이션 개선'이

있었던 것 기억나죠? 여기 평가 항목에 적혀 있습니다.

A : 네, 기억합니다.

김 팀장 : 6월 중간 점검 때, 마케팅팀과 협업할 때 커뮤니케이션 방식에 관해 함께 이야기 나눴어요. 그때 감정적으로 대응하는 부분을 조심하자고 했었죠. 그런데 9월에 마케팅팀 팀원과 협업 중 사무실에서 고성이 오갔던 일이 있었고, 그 후 해당 팀에서 공식적으로 유감의 뜻을 전달했습니다. 이 부분이 조직 내 분위기에 영향을 준 점이 아쉽습니다. (리더는 중간 점검에서 나눈 객관적 데이터를 바탕으로 평가한다.)

A : 네… 그때는 감정적으로 좀 격해졌던 건 인정해요. 그런데 그 상황이 전적으로 제 잘못만은 아니었다고 생각해서요. 저도 억울한 면이 있었고요.

김 팀장 : 맞습니다. 그런 부분은 저도 인지하고 있고, 당시 상황을 양쪽에서 모두 들었습니다. 그래서 평가할 때도 한쪽 입장만 반영하지 않았어요. 다만, 다른 동료들과 함께 일하는 태도와 그 영향도 평가 기준에 포함됩니다. 결과적으로 업무 성과 자체는 긍정적이었지만, 협업 태도에서 개선이 필요하다고 판단해 이번에는 B등급으로 평가하게 되었어요. 우리가 연초에도 '협업 태도는 성과만큼 중요한 평가 요소'라고 분명히 이야기했던 부분입니다.

A : 솔직히 기대보다 낮은 평가라서 좀 당황스럽긴 하네요. 그래도 말씀하신 부분은 이해됩니다. 저도 돌이켜보면 조금 더 침착하게 대응해야 했던 것 같아요. 중간 점검 때도 말씀하긴 했는데 이렇게 중요한 부분인지는 몰랐어요.

김 팀장 : 아, 그 부분은 제가 좀 더 강조해서 말했어야 했네요. 앞으로는 정확하게 평가 기준을 말하고, 어떻게 이해했는지 확인하도록 할게요. 제가 말하고 싶은 건 분명히 A님은 기획력이나 실행력 면에서는 팀 내에서도 좋은 평가를 받고 있어요. 특정 지점에서만 감정 조절이 안 되는 부분이 개선된다면 충분히 다른 분들과 협업하며 더 좋은 성과를 낼 수 있을 거라 생각해요. (잘한 부분과 개선이 필요한 부분을 균형 있게 이야기를 나눈다.)

김 팀장 : 그래서 내년엔 이 강점을 살려보는 건 어떨까 생각해 봤어요. 예를 들어, 크로스 팀 프로젝트에서 매니저 역할을 맡아서 주도적으로 이끌어가는 것도 하나의 방향이 될 수 있을 것 같아요. 어떻게 생각하세요? (향후 성장 방향을 논의한다.)

A : 프로젝트 매니저 역할이요? 그건 해보고 싶긴 한데, 제가 감정 조절 부분에서 아직 부족한데 괜찮을까요?

김 팀장 : 그 부분은 함께 준비해 가면 돼요. 감정 조절이나 갈등 상황 대처는 누구에게나 필요한 역량이니까, 회사에서 제공하는 커뮤니케이션 교육 프로그램이나 코칭 세션도 함께 검토해 보면 좋겠어요. 저도 필요한 지원은 계속 드릴게요. (향후 성장 방향을 논의한다.)

A : 네, 그렇게 하면 좋을 것 같아요.

3. 스스로 성찰하기|Reflection

김 팀장 : 이야기 들어보니, 제가 협업과 태도 측면에서 명확한 기대와 기준을 초기에 충분히 전달하지 못한 것 같네요. 중간 점검 때도 말씀드렸지만, 그게 얼마나 중요한 평가 요소인지 강조가 부족했던 것 같아요. 갈등 상황이 발생한 이후에도 적시에 더 구체적인 피드백을 해야 했는데, 평가 시점에서야 본격적으로 말하게 된 점이 아쉽습니다. 앞으로는 평가 기준을 더 명확히 전달하고, 중간에 필요한 피드백을 즉시 드리도록 하겠습니다.

A : 갈등 상황에서 제 감정 표현 방식이 팀 분위기나 다른 팀원들에게 어떤 영향을 주었는지 제대로 생각해 보지 못했어요. 이 부분에 대해 제 행동이 잘못되었다는 걸 인정하게 되었습니다. 평가 결과를 들었을 때 처음에는 억울했지만 지금은 그 의미를 이해하게 되었어요. 앞으로는 업무 성과뿐 아니라, 다른 사람과 일하는 방식에도 많은 노력을 기울여야겠습니다.

4. 실행 계획 수립Action Plan

김 팀장 : 그럼 내년에는 어떻게 하면 좋을까요? A님이 생각하는 방법이 있나요?

A : 우선 제 말과 행동이 동료와 팀 전체에 미치는 영향을 항상 생각해 보려고 해요. 그리고 갈등 상황에서도 효과적으로 소통할 방법을 찾아 연습하겠습니다.

김 팀장 : 좋습니다. 제가 말씀드린 커뮤니케이션 교육 프로그램은 1분기에 신청할 수 있어요. 그리고 크로스팀 프로젝트 매니저 역할은 2분기쯤 시작해 보면 어떨까요? 그전에 충분히 준비할 수 있도록요.

A : 네, 감사합니다. 준비 잘해서 내년에는 더 나은 모습 보여드리겠습니다.

김 팀장 : 저도 앞으로 평가 기준을 목표 설정 단계에서부터 명확하게 안내하고, 중간에 피드백이 필요한 상황이 생기면 즉시 전달하겠습니다. 그리고 내년에도 정기적으로 원온원 시간 가지면서 함께 성장해나가요.

A : 네, 좋습니다. 감사합니다.

연말 평가 대화에 필요한 요소를 반영한 예시 문장을 준비했으니, 실제 대화에 적용할 수 있도록 연습해 보자.

첫째, 구성원 스스로 자신의 목표 달성을 평가한다.

/리더/

"올해 본인의 업무를 돌아보며 스스로 어떻게 평가하고 있는지 먼저 들어보고 싶어요."

"본인의 올해 목표 달성을 전반적으로 어떻게 평가하세요? 그 이유는 무엇인가요?"

"업무를 진행하면서 의미 있었던 경험이나 아쉬웠던 점이 있다면 무엇인가요?"

/구성원/

"전체적인 수치를 보면 목표 수준에는 도달했다고 생각합니다. 특히 이 부분에서는 팀에 긍정적인 영향을 줄 수 있었던 것 같습니다."

"올 한 해 중 가장 의미 있었던 경험은 ○○프로젝트였습니다. 그 이유는 ~입니다."

"이 부분에서 이러한 수치를 봤을 때 성과가 있었지만, 이 부분은 이러한 점에서 미흡한 점이 있는 것 같습니다."

둘째, 리더는 중간 점검에서 나눈 객관적 데이터를 바탕으로 평가한다.

/리더/

"초기에 설정한 목표와 중간 점검 내용을 기준으로 평가를 정리해 봤습니다."

"이 부분은 중간평가 이후 많이 개선된 게 눈에 띕니다. 다만 특정 항목의 XX 수치를 보면 아직 목표 수준에는 조금 못 미친 것 같아요."

"중간 점검 이후에는 큰 변화가 없었던 것으로 보여요. 그 시점 이후에 어떤 어려움이 있었는지도 함께 이야기하면 좋겠습니다."

/구성원/

"당시에 자원 부족이나 외부 요인이 있었던 건 사실이지만, 좀 더 빨리 도움을 요청하거나, 대응했어야 했다는 생각이 듭니다."

"그렇네요. 중간평가와 지금 상태를 보면 크게 달라지지 않아 보이네요. 말씀하신 것을 제가 놓친 것 같습니다."

"이 부분에서는 중간 평가 이후 개선이 있었다고 생각합니다."

셋째, 잘한 부분과 개선이 필요한 부분을 균형 있게 이야기를 나눈다.

/리더/

"이 부분은 정말 잘했어요. 팀 내에서도 긍정적인 피드백이 많았습니다."

"업무를 진행하면서 팀원님의 세심한 부분을 많이 볼 수 있었습니다. 그 부분을 지속적으로 유지하면 앞으로도 좋은 성과가 날 것으로 예상됩니다."

"반면, 이 영역은 중간에도 피드백을 드렸던 부분인데, 반복적으로 지적되는 패턴은 개선해야 합니다."

/구성원/

"긍정적으로 평가해 주셔서 감사합니다. 그 프로젝트는 많은 애정을 갖고 진행했습니다."

"돌이켜보면 피드백 주신 부분은 저도 미흡했다고 느끼고 있고, 내년에는 좀 더 체계적으로 접근하고 싶습니다."

"업무 진행과정에서 저의 강점과 보완점에 대해서 어떻게 생각하시는지 궁금합니다. "

넷째, 향후 성장 방향을 논의한다

/리더/

"내년에는 어떤 업무나 역할에 더 도전해 보고 싶은가요?"

"개인적으로 내년 성장 목표가 있다면 이야기 나눠보죠."

"올해 아쉬웠던 부분을 내년에 보완하기 위해 어떤 방법을 시도해 볼 수 있을까요?"

/구성원/

"기획 초기 단계부터 참여할 기회가 있다면 도전해 보고 싶습니다."

"○○ 같은 새로운 영역에도 도전해 보고 싶습니다. 그 방향으로 어떤 준비를 하면 좋을지

의견 주시면 감사하겠습니다."

"피드백 주신 부분을 보완하기 위해 교육을 받고 싶습니다."

CHAPTER 4

동기부여 | 스스로 움직이게 만드는 대화

리더는 구성원이 '굳이 시키지 않아도, 알아서 일하면 좋겠다'고 생각한다. 반면, 구성원 입장에서는 '주어진 업무를 성실히 수행하고 있는데도, 왜 자꾸 더 하라고 요구하는 걸까?'라고 생각한다. 특히 요즘은 '워라밸(일과 삶의 균형)'을 중시하는 문화가 자리 잡으면서, 리더는 구성원이 일에 소극적이라고 느끼고, 구성원은 리더의 기대가 과하다고 느낀다.

이런 간극을 좁히기 위해서는 리더와 구성원 모두 서로를 이해하려는 노력이 필요하다. 리더는 단순히 '더 열심히 해라', '더 주도적으로 움직여라'고 말하기보다 구성원 한 명 한 명이 어떤 가치를 추구하고 어떻게 성장하고 싶은지를 이해해야 한다. 사람은 자신의 일이 의미 있다고 느끼고, 그것이 자신의 성장과 연결될 때 진심으로 동기부여된다. 그래야 비로소 누가 시키지 않아도 스스로 움직인다.

실제로 경력에 대한 개념 자체가 변하고 있다. 과거 승진을 중시했던 '정상을 향한 경력Path to the Top'이 이제는 '가슴 뛰는 경력Path with a Heart'으로 대체되고 있다.[8] 새로운 경력 계약은 개인과 조직이 맺는 것이 아니라, '개인 자신'과 '자신의 일'이 맺는 계약으로 바뀌고 있다. 이제 구성원의 성공 기준은 외부에서 오는 것(승진, 돈, 명예 등)이 아닌 심리적 성공

---

8) Hall, D. T. (1996). Protean careers of the 21st century. Academy of Management Perspectives, 10(4), 8-16.

(자기 성장, 학습 즐거움, 일의 의미감 등)과 같은 내부적 기준이 되었다.

이러한 변화 속에서 요즘은 '모티베이션 핏Motivation Fit'이 중요해졌다. 이는 개인의 동기, 즉 무엇이 그 사람을 움직이게 하는가가 조직, 직무, 팀, 혹은 리더십 스타일과 얼마나 잘 맞는가를 의미한다. '이 사람이 이런 환경에서 지속적으로 에너지를 내고 몰입할 수 있을까?'에 대한 질문이 핵심이다.

구성원 또한 자신이 어떤 일에 의미를 두는지, 어떻게 성장하고 싶은지를 구체적으로 생각하고 말해야 한다. 그래야 자신이 원하는 방향으로 적절한 피드백과 지원을 받을 수 있기 때문이다. 물, 단무지, 동기부여의 공통점은 바로 '셀프서비스'다. 인생과 일의 방향을 설정하고, 그 방향으로 나아가기 위해 에너지를 얼마나 활용할지를 다른 사람이 결정하게 두어서는 안 된다. 자기 스스로 커리어의 방향을 찾고, 그 방향을 향해 성장할 수 있도는 방법을 찾아가는 셀프서비스가 필요하다.

물론 조직 입장에서는 전체 조직 혹은 팀과 잘 맞는 인재를 뽑는 것도 중요하지만, 이미 함께하고 있는 구성원의 동기를 파악하고 맞춰가는 노력도 의미 있는 활동이다. 이런 맥락에서 리더와 구성원이 함께 만들어가는 '동기를 향상하는 대화'의 중요성이 강조된다. 이는 일방적 요구나 지시가 아니라 일의 의미, 일에서의 성장, 개인의 비전과 지금 하고 있는 일의 연결고리를 찾아가는 과정이다. 이번 장에서는 동기를 끌어올리는 효과적인 대화를 살펴본다.

첫째, 구성원이 더 주도적으로 일하기를 바랄 때의 대화다. 이를 통해 '어떻게 해야 구성원이 스스로 아이디어를 내고, 자발적으로 움직일 수 있을까'라는 고민의 실마리를 찾을 수 있다. 동시에 이 대화는 구성원이 '내가 맡은 일에서 어떤 가치를 만들 수 있을까', '내가 더 몰입하면서 일하려면 어떤 환경이나 지원이 필요할까'를 스스로 성찰하도록 돕는다.

둘째, 성과가 부족한 구성원을 지원하고 돕는 대화다. 성과가 기대에 미치지 않을 때, 리더는 단순히 결과를 지적하는 것이 아니라 구성원의 현재 상황과 어려움을 공감하며 어떤 지원이 필요한지를 고민해야 한다. 구성원 또한 위축되기보다는 자신의 어려움을 솔직하게 공유하고, 성장 의지를 표현하여 리더와 협력적으로 업무를 개선하는 방법을 찾아갈 수 있다.

동기부여 대화를 통해 리더가 구성원의 원동력을 함께 찾아가고, 구성원이 스스로 자신의 목표를 주도할 수 있다. 이제, 서로의 가능성을 깨우는 대화가 어떻게 만들어지는지 함께 살펴보자.

구성원이 더 주도적으로 일하기를 바랄 때

김 팀장은 요즘 팀원들의 업무 수행 능력에는 큰 문제가 없다고 생각한다. 팀원들은 주어진 업무를 적절히 수행하고, 맡은 일을 잘 해내고 있다. 하지만 가끔 아쉬울 때가 있다. 김팀장은 팀원이 조금 더 주도적으로 움직이고, 더 나은 결과를 내기 위해 자발적으로 고민하고 행동했으면 한다. 예를 들어, 중요한 프로젝트를 진행할 때 시킨 일은 하지만 새로운 아이디어를 제안하거나, 문제가 생겼을 때 능동적으로 해결책을 찾으려는 태도는 부족해 보인다.

김 팀장은 팀원들이 회의 시간에도 아이디어를 적극적으로 내며 참여하는 문화를 만들고 싶다. 하지만 어떻게 해야 할지 잘 모르겠다. 보너스나 승진 같은 보상을 매번 할 수 있는 것도 아니고, 무조건 "더 열심히 하자"고 독려해도 될 것 같지 않다.

팀원들 역시 나름의 고민이 있다. 주어진 업무를 성실히 수행하고 있는데도 팀장이 "조금 더 주도적으로 일하면 좋겠다"고 이야기하니, 당황스럽고 부담스럽다. '나는 지금도 충분히 바쁘고 열심히 일하고 있는데, 어떤 기준에서 주도적이지 않다고 느끼는 걸까?' 구체적인 기준이나 예시가 없어 팀원 입장에서는 뭘 어쩌라는 건지, 추상적 기대만 반복되는 느낌을 받게 된다.

그리고 '주도적으로 일하는 것'의 기준도 모르겠다. 지금 하는 일도 여유 없이 해내고 있는데, 여기에 더해 새로운 아이디어를 내고, 변화도 이끌고, 결과까지 더 좋게 만들어야 한다면 '어떻게 해야 주도적인 걸까' 하는 생각에 혼란스럽다.

몰입을 이끌어 내는 대화에 필요한 요소

동기는 사람을 움직이는 힘이다. 동기에는 '내재적 동기'와 '외재적 동기'가 있다. 내재적 동기는 개인이 스스로 의미를 느끼고 흥미를 가지며 만족감을 얻는 데서 비롯된다. 외부의 보상 없이도 어떤 일 자체가 즐겁고, 성취감을 느끼며, 성장하고 있다는 생각이 들 때 사람들은 자연스럽게 몰입하고 적극적으로 행동한다.

예를 들어, 자신이 관심 있는 분야의 공부를 하거나, 좋아하는 취미 활동을 할 때 사람들은 시간 가는 줄 모른다. 어떤 일이 재미있다고 느낄 때, 새로운 기술을 배우면서 스스로 발전한다고 느낄 때, 혹은 자신의 아이디어가 실제로 적용되어 변화를 만들어내 보람을 느낄 때 사람들은 시키지 않아도 일을 더 하려고 한다.

외재적 동기는 보너스, 연봉 인상, 승진, 상사나 동료의 인정, 불이익 회피 등과 같은 외부 요인에서 비롯된다. 목표를 달성하면 금전적 보상이 있거나, 좋은 평가를 받아 승진 기회가 생기는 것 등이다. 혹은 실수를 하면 감점이 되거나 불이익을 받게 되어서 일을 열심히 하는 것도 외재적 동기의 한 형태다.

리더와 구성원 모두는 지속적 몰입과 성장을 위해 내재적 동기에 주목할 필요가 있다. 물론 외재적 동기도 중요하지만, 이는 자원이 매우 제한적이기 때문에 리더는 구성원이 내재적 동기와 자신의 일을 연결할 수 있도록 지원하는 방법을 고민해야 한다. 구성원 역시 자신의 일이 어떤 가치와 의미가 있는지 스스로 찾으려 노력하고, 자신이 어떤 순간에 몰입하고 성장하는지를 알아야 한다. 이를 위한 대화에는 고려해야 할 다섯 가지 요소가 있다.

1. 언제 일에 재미를 느끼는지 이야기한다.

지금 하고 있는 일을 처음 선택했던 이유가 있을 것이다. 대부분의 경우 그 이유는 재미있고 적성에 맞아서다. 예를 들어, 세일즈 팀원은 사람 만나는 것을 좋아하고, 홍보 및 마케팅 팀원은 새로운 아이디어를 내는 것이 재미있을 수 있다. 인사팀 팀원은 인간에 대한 큰 관심으로 이들을 위한 교육을 기획하고 실행하는 것이, 재무팀 팀원은 숫자를 분석하고 그 안에서 다양한 인사이트를 얻는 것이 재미있을 수 있다.

리더는 구성원에게 "일하면서 가장 몰입했던 순간은 언제였나요?", "가장 좋아하는 업무는 무엇인가요?"라는 질문으로 자신이 재미있어 하고, 관심 있는 부분을 리마인드 할 수 있어야 한다.

팀원도 스스로를 돌아보며 이렇게 말할 수 있다. "저는 고객 반응이 즉각적으로 오는 일이 재미있어요.""기획서를 작성할 때 완성도 있게 정리하는 일이 저랑 잘 맞는 것 같아요." 이런 식으로 자신의 흥미를 찾고 이를 잘 표현하면, 업무 배분이나 관련 기회가 있을 때 리더가 더 적극적으로 도울 수 있다.

2. 일이 자신에게 어떤 의미가 있는지, 어떤 가치를 실현하는지를 이야기한다.

구글의 아리스토텔레스 프로젝트에서 조사한 고성과 팀의 조건 5가지 중 두 개는 '일의 의미Meaning'와 '일의 영향Impact'이다. 일의 의미는 자신의 업무가 개인적으로 의미 있다고 느끼는 것이다. 지금 하고 있는 일이 개인의 가치관과 연결되거나, 자신의 성장과 발전에 기여한다고 느낄 때 업무에 대한 동기가 높아진다. 또한 일에서 개인적 만족감과 목적을 찾을 때 더 높은 몰입을 보여준다. '일이 자신에게 어떤 의미가 있는지를 아는 것'이 중요하다.

일의 영향은 자신의 업무가 회사 또는 더 나아가 사회에 긍정적 영향을 미친다고 느끼는 것이다. 자신이 하는 일이 의미 있는 변화를 만들어 낸다고 생각할 때, 사람들은 더 큰 성취감을 느끼고 업무에 대한 책임감과 열정을 갖게 된다.

이 두 가지는 모두 개인의 가치와 관련 있다. 일의 의미는 자신의 내부에서 실현되는 가치이고, 일의 영향은 외부를 향해 실현되는 가치로 이해하면 된다. 자신의 인생에서 무엇이 중요한지를 알고, 그 가치를 일을 통해 구현하면서 세상에 기여한다고 생각하는 사람은 누구보다 그 일에 자부심과 보람을 느낄 것이다.

리더는 이렇게 물어야 한다. "이 일이 팀원님에게 어떤 의미가 있나요?" "지금 하는 일이 고객, 더 나아가 사회에 어떤 도움을 주고 있다고 생각하나요?" 이는 단순히 일을 '시켜서' 하는 것이 아니라, '왜 이 일을 하는가'라는 본질적 질문에 가깝다.

구성원은 자기 삶에서 중요하게 여기는 가치와 일의 연결점을 찾으려 노력해야 한다. "일을 통해 나는 물론이고 다른 사람들의 성장을 돕고 싶어요." "사람들이 이런 부분에서 편리해지도록 도움 되는 일을 하고 싶어요." "정보를 체계적으로 정리해 이것을 다른 사람에게 제공하는 일이 의미 있다고 생각해요."

리더라면 일의 의미와 영향을 생각할 수 있는 이런 질문을 자신과 구성원에게 꾸준히 해야 한다.

3. 언제 성장한다고 느끼는지 이야기한다.

인간중심 상담 이론을 창시한 칼 로저스는 '실현 경향성Self-Actualizing Tendency[9]'을 이야기하며 인간은 본래 자신의 잠재력을 최대한 발휘하고 성장하려는 기본적 동기를 갖는다고 했다. 모든 인간은 자연스럽게 자신

---

9) Rogers, C. R. (1951). Client-centered therapy: Its current practice, implications, and theory. Boston: Houghton Mifflin.

의 능력을 개발하고, 자아를 실현하는 방향으로 나아간다는 것이다.

특히 요즘 사람들은 자신의 능력을 자유롭게 활용할 기회가 주어졌을 때 더 몰입하고, 새로운 기술을 익히며, 문제를 해결하고, 성과를 내며, 그 과정에서 성취감을 느낀다. 리더는 구성원에게 언제 그리고 어떤 일을 할 때 자신이 성장한다고 느끼는지 묻고, 가능하면 그렇게 할 수 있도록 지원해야 한다.

또한 3장에서 살펴보았듯이 구성원의 성장과 정렬이 되는 도전적인 일을 주면서 구성원 스스로가 계속 발전할 수 있게 도와야 한다. 리더는 이렇게 질문할 수 있다. "요즘 어떤 업무를 하면서 자신이 성장하고 있다고 느끼나요?", "새롭게 배운 기술이나 시도했던 방식 중 무엇이 가장 도움이 되었나요?", "리더로서 내가 어떤 기회를 주면 도움이 될까요?"

구성원도 다음과 같은 대화로 일을 통한 자신의 성장 과정을 돌아볼 수 있다. "고객 제안서를 만드는 것이 처음엔 어려웠는데, 지금은 구조를 잡고, 아이디어를 내는 게 익숙해졌어요." "문제 상황에서 스스로 해결책을 찾았을 때 성취감을 많이 느꼈어요."

이러한 대화를 통해 결국 리더는 구성원의 성장에 도움이 되는 영역에 도전적 과제를 배분하고, 구성원은 자신의 발전을 확인하며 더욱 적극적으로 일을 처리하게 된다.

4. 리더는 구성원의 미래와 현재를 연결하도록 돕는다.

리더는 구성원에게 어떻게 경력을 개발하고 싶은지, 10년 뒤 어떤 모습이 되고 싶은지를 묻는다. 그리고 자신이 그리는 미래 모습에 지금 하고 있는 일이 도움이 되는지, 앞에서 말한 재미, 가치, 성장과 어떻게 연결되는지를 함께 고민해야 구성원의 내적 동기가 살아난다. 만약 구성원의 10년 후 그림이 잘 그려지지 않는다면 더 짧은 미래, 즉 3년 혹은 5년 뒤를 기준으로 상상하게 한다.

리더는 이런 질문을 할 수 있다. "앞으로 어떤 커리어를 가져가고 싶나요?", "10년 후(5년 후) 어떤 모습이 되고 싶어요?", "어떤 방향으로 경력을 개발하고 싶어요?", "원하는 모습으로 가기 위해서 지금 하고 있는 일이 어떻게 도움이 되나요?" 이런 질문은 구성원이 스스로 원하는 미래를 그리면서 현재 업무가 어떻게 연결되는지 생각하도록 돕는다. 지금 하고 있는 업무가 자신의 미래를 만들어가는 데 도움이 된다면 없던 의욕도 생긴다.

구성원은 자신의 미래를 말로 표현하는 연습을 해야 한다. "브랜드 전략을 더 깊게 다루는 전문가가 되고 싶어요." "나중에 ○○팀을 이끄는 팀장이 되고 싶어요. 지금은 역량을 키우는 단계라고 생각합니다." 리더와 이런 이야기를 나누는 순간, 현재의 업무가 단순히 해야 할 일이 아니라 미래를 위한 투자라는 인식이 생긴다.

5. 리더와 구성원 모두 스스로의 동기 상태를 성찰한다.

타인의 동기를 끌어내기 위해서는 먼저 자신의 내면을 들여다보는 일이 선행되어야 한다. 자신이 무엇에 열정을 느끼고, 어떤 방식으로 성장을 추구하는지를 되돌아보는 것이 효과적인 리더십의 출발점이다. 리더 자신은 어떤 가치와 목표에 따라 움직이는지, 현재 얼마나 몰입하며 열정을 느끼고 있는지를 점검해야 진정성 있는 리더십이 가능하다.

리더는 자신의 태도와 에너지를 통해 구성원에게 영향력을 미치기 때문에 스스로 동기부여가 되어 있어야 타인에게도 긍정적 자극을 줄 수 있다. 자신은 동기부여가 되어 있지 않으면서 구성원만을 독려할 수는 없다. 진정성 있는 리더는 스스로 동기가 충만한 사람이다. 리더가 일의 의미를 느끼지 못하고 열정이 없다면, 어떤 메시지도 구성원에게 전달되지 않는다.

구성원 역시 자신의 동기 상태를 수시로 점검해야 한다. "나는 지금 얼마나 일에 몰입하고 있는가?" "일상 업무에서 어떤 의미와 보람을 찾고 있는가?" 이런 질문을 통해 자신의 내적 동기를 인식하고, 리더와 함께 어떻게 하면 지금 하고 있는 일에서 재미, 가치, 성장을 찾을 수 있을지 이야기해야 한다.

몰입을 이끌어 내는 대화의 요소를 반영해 리더와 구성원이 구체적으로 대화하는 상황을 구성했다. 이를 통해 리더와 구성원이 동기 향상을 위해 어떤 방식으로 대화해야 하는지 참고할 수 있다.

1. 언제 일에 재미를 느끼는지 이야기한다.

2. 일이 자신에게 어떤 의미가 있는지, 어떤 가치를 실현하고 있는지를 이야기한다.

3. 언제 성장한다고 느끼는지 이야기한다.

4. 리더는 구성원이 자신의 미래와 현재를 연결하도록 돕는다.

5. 리더와 구성원 모두 스스로의 동기 상태를 성찰한다.

김 팀장은 인사팀 팀장이고 팀원 A는 채용, 입·퇴사 프로세스 운영, 복리후생 처리 등 기본적인 인사 실무를 꼼꼼하게 수행하고 있다. 하지만 김 팀장은 팀원 A가 현재 주어진 업무 처리를 넘어서, HR 제도 개선, 조직문화 프로그램 제안 등 폭넓은 범위에서 적극적으로 기여하기를 기대한다.

1. 목표Goal

김 팀장 : A님, 오늘은 어떤 이야기 나눠보면 좋을까요?

A : 요즘 업무 처리는 잘되고 있는데, 팀장님이 기대하는 게 더 있는 것 같아요. 그 부분이 궁금합니다.

김 팀장 : 아 그래요? 오늘은 업무 점검보다는 A님이 어떤 일에 보람을 느끼고 앞으로 어떤 방향으로 성장하고 싶은지 이야기 나눠보려고 해요. 그리고 제가 기대하는 '주도적 역할'에 대해서도 구체적으로 함께 얘기해 보면 좋겠어요.

A : 네, 좋아요. 사실 '주도적 역할'이 구체적으로 무엇을 뜻하는 건지 궁금했어요.

김 팀장 : 그럼 오늘은 A님이 일할 때 재미와 보람을 느끼는 순간들에 관해 먼저 이야기 나눠보고, 그걸 바탕으로 어떤 일을 더 해볼 수 있을지 찾아보면 좋겠어요.

A : 네, 좋습니다.

합의된 목표

주제: 일에서 느끼는 재미와 보람, 그리고 성장 방향

목표: 주도적 업무 태도를 이해하고, HR 업무 관련 새로운 아이디어 제안 방법 찾기

2. 현재 상태 파악하기Reality

김 팀장 : 요즘 업무는 어때요?

A : 네, 신입 온보딩이랑 경력직 채용이 겹쳐서 좀 정신없긴 했는데, 그래도 잘 정리되고 있어요.

김 팀장 : 네, 항상 업무를 꼼꼼하게 잘 처리해 줘서 고마워요. A님은 평소 어떤 일을 할 때 재미를 느끼나요? (언제 일에 재미를 느끼는지 이야기한다.)

A : 저는 온보딩 자료 만들었을 때가 재미있었어요. '신입 입장에서 어떤 정보가 필요할

까?' 고민하면서 구성하는 게 흥미로웠어요.

김 팀장 : 그 업무 할 때 A님이 신입의 관점에서 생각하고 있다는 게 느껴졌어요. 상대방 입장에서 고민하고 구조를 짜는 과정에 흥미를 느끼는 것 같네요. 어때요?

A : 맞아요. 뭔가 구상하고 틀을 만드는 일이 좋아요.

김 팀장 : 좋아요. 그런 부분은 앞으로 더 전략적으로 성장할 수 있는 좋은 기반이에요. 예를 들어, 온보딩 자료처럼 상대방의 경험을 고려해 체계를 세우는 역량은 조직문화나 제도 개선에도 꼭 필요한 부분이거든요.

김 팀장 : 그럼 A님은 일을 하면서 언제 가장 보람을 느끼세요? (일이 자신에게 어떤 의미가 있는지, 어떤 가치를 실현하고 있는지를 이야기한다.)

A : 누군가 고맙다고 말해줄 때요. 급여나 복지처럼 예민한 이슈에 빠르게 대응해 줬을 때 '정말 감사하다'는 말을 들으면, 내가 누군가에게 실질적인 도움을 주고 있다는 생각이 들어요.

김 팀장 : A님은 언제나 상대방 입장에서 생각하고, 필요한 정보를 명확하고 빠르게 전달하면서 신뢰를 만들어가는 것 같아요. 바로 그 '도움을 주려는 태도'가 A님의 진짜 강점이자 가치라 생각합니다.

A : 저는 HR이 그런 역할이라고 생각해요. 일을 할 때 상대방이 이해하기 쉽게 전달하고, 문제를 빨리 해결해서 도움이 되는 게 중요하다고 생각해요.

김 팀장 : 그럼 이번엔, 어떤 일을 할 때 A님이 성장한다고 느끼나요? (언제 성장한다고 느끼는지 이야기한다.)

A : 최근에 채용공고 문구를 바꾸면서 실험했던 일이요. 기존보다 지원자 관점에서 표현을 고민하고, 결과를 분석한 게 새로웠어요.

김 팀장 : 그런 시도야말로 앞으로 구성원의 경험을 설계하고 개선하는 역할로 나아가는 좋은 디딤돌 같아요. 이렇게 일의 방식을 고민하고, 신뢰를 쌓아가면서 성장하는 A님은 10년 뒤 어떤 모습일까요? (리더는 구성원이 자신의 미래와 현재를 연결하도록 돕는다.)

A : 아직 완전히 정해진 건 아니지만, 인사 제도를 기획하고 개선하는 HR 전문가가 되고 싶어요. 사람들이 더 나은 환경에서 일하도록 돕는 일에 관심이 많아요.

김 팀장 : 정말 좋은 방향이에요. 그러면 지금 하고 있는 일들이 그런 미래의 모습과는 어떻게 연결된다고 생각하세요?

A : 지금은 실무를 하면서 사람들의 실제 요구나 반응을 가까이서 느끼는 과정이라고 생각해요. 이런 경험이 쌓이면 나중에 제도나 정책을 설계할 때 현실감 있는 판단을 할 수 있을 것 같아요.

김 팀장 : 그 현장감이 정말 중요한 기반이 될 거예요. 그럼 그 방향으로 성장하려면, 지금 어떤 걸 더 하면 좋을까요?

A : 사람들 인터뷰를 하다 보면, 회사 제도나 프로그램이 잘 알려지지 않아서 아쉬워하는 경우가 많아요. 사람들이 참여할 수 있는 조직문화 프로그램을 잘 설계해 보면 좋겠다는 생각이 들어요.

김 팀장 : 아주 좋은 아이디어예요. 그런 프로그램은 사람들이 회사와 연결감을 느끼게 해주는 핵심이니까요. A님이 중심이 되어 참여형 조직문화 프로그램을 한번 기획해 보면 어떨까요? 필요하면 제가 자료나 방향을 함께 정리해 볼게요.

A : 네, 해보고 싶어요. 사람들이 더 적극적으로 참여할 수 있는 문화를 만드는 일이라면 정말 의미 있을 것 같아요.

3. 스스로 성찰하기|Reflection

김 팀장 : 오늘 이야기하면서 느낀 점이 있을까요?

A : 저는 팀장님께서 제가 좀 더 미리 고민하고 움직이길 바란다는 걸 이번 대화에서 처음 명확히 알게 되었어요. 그동안 새로운 아이디어나 제안을 하지 않았던 이유가 바빠서라고 생각했는데, 사실 그보다는 어떤 부분에서 어떤 아이디어를 내야 할지 막연했고, 제가 낼

수 있는 아이디어가 괜찮은 수준인지 자신이 없었던 것 같아요. 그리고 이번 대화를 통해 HR 분야에서도 제가 재미와 보람을 느끼는 영역이 있다는 걸 깨달았어요. (리더와 구성원 모두 스스로의 동기 상태를 성찰한다.)

김 팀장 : 저도 오늘 이야기 나눠보니, 제가 '좀 더 주도적으로 해줬으면 좋겠다'고 생각하면서도 정작 A님에게 어떤 영역에서 어떤 구체적인 행동을 기대하는지 명확히 말하지 않았던 것 같네요. 아이디어를 내라고만 하고 리소스를 충분히 제공하거나 시간적 여유를 주지 못했던 것도 있고요. 그리고 A님이 흥미를 느끼는 일이 무엇인지, 어떤 방향으로 성장하고 싶은지를 충분히 이해하지 못하고 있었네요. 앞으로는 A님이 관심 있는 분야에서 주도적인 역할을 할 수 있도록 기회를 만들어드리겠습니다.

4. 실행 계획 수립Action Plan

김 팀장 : 그럼 구체적으로 어떻게 시작하면 좋을까요?

A : 우선 제가 관심 있는 조직문화 프로그램 분야를 좀 더 공부해 보고, 구성원 인터뷰 결과를 정리해서 아이디어를 두세 개 정도 내보겠습니다.

김 팀장 : 좋아요. 그럼 이번 달 안에 아이디어를 가져오면, 제가 검토하고 실행할 수 있는 방향을 함께 정리해요. 그리고 앞으로 월 1회 원온원 미팅 시간에 A님이 일에서 느끼는 재미와 보람, 성장하고 있다고 느끼는 부분들을 계속 이야기 나눠보면 좋겠어요.

A : 네, 좋습니다. 잘 준비하겠습니다.

주도성을 향상하기 위한 대화에 필요한 요소를 반영한 예시 문장을 준비했으니, 실제 대화에 적용해 볼 수 있도록 연습해 보자

1. 언제 일에 재미를 느끼는지 이야기한다.

/리더/

"최근에 '이건 재밌다' 혹은 '이건 내가 잘할 수 있겠다'고 느꼈던 일은 어떤 거였나요?"

"그 일이 재미있었던 이유는 무엇이었을까요?"

"과거에 가장 몰입했던 업무는 어떤 건가요?"

/구성원/

"저는 아이디어를 낼 때나 새로운 방식으로 일할 때 재미를 느끼는 것 같아요."

"저는 변화가 많은 일보다 계획적인 일이 맞는 것 같아요."

"개인적으로 가장 몰입했던 순간은 ○○ 아이디어가 실제로 적용되었을 때였어요."

2. 일이 자신에게 어떤 의미가 있는지, 어떤 가치를 실현하는지를 이야기한다.

/리더/

"팀원님이 하는 일이 다른 사람(고객·동료·팀)에 어떤 변화를 만든다고 느끼세요?"

"지금 하고 있는 일 중에 '가장 보람 있다'고 느끼는 건 무엇인가요?"

"지금 하고 있는 일이 다른 사람과 사회에 어떤 긍정적 영향을 준다고 느끼나요?"

/구성원/

"저는 제가 하는 일이 사용자나 고객에게 ○○한 부분에서 △△한 도움을 줄 때, 의미 있다고 느껴요."

"작은 일이라도 팀에 도움이 되었을 때 자부심을 느낍니다."

"아직 잘 모르겠습니다. 아직은 이 일이 제게 어떤 의미인지 더 탐색해 보고 싶어요."

3. 언제 성장한다고 느끼는지 서로 이야기한다.

/리더/

"일하면서 성장하고 있다고 느낀 적은 언제인가요?"

"도전적으로 느껴졌던 일이 있었다면 무엇인가요?"

"그 도전이 끝난 뒤, 스스로 어떤 점이 달라졌다고 생각해요?"

/구성원/

"○○ 프로젝트에서 맡은 역할은 처음이어서 어려움이 있었지만, 문제를 직접 해결하면서 자신감이 생겼어요."

"그 경험 덕분에 지금은 새로운 일도 두려움보다 기대가 더 커졌습니다."

"앞으로는 좀 더 큰 범위에서 일의 방향을 설계하는 역할에 도전해보고 싶어요."

4. 리더는 구성원이 자신의 미래와 현재를 연결하도록 돕는다.

/리더/

"아직 명확하지 않아도 괜찮아요. 5~10년 뒤쯤 커리어적으로 어떤 모습이 되고 싶어요?"

"지금 하고 있는 일 중 어떤 경험이 그 미래로 가는 데 가장 도움이 될까요?"

"우리 팀에서 하는 일 중에, 어떤 일을 하면 팀원님의 성장 방향과 맞을까요?"

/구성원/

"저는 △△ 분야에서 ○○한 전문가로 성장하고 싶어요."

"지금의 업무가 구성원의 실제 요구를 이해하는 데 도움이 되어서, 제 미래 방향과 이어져 있다고 생각합니다."

"앞으로 어떤 기회를 더 얻을 수 있을지 팀장님과 이야기해 보고 싶어요."

5. 리더와 구성원 모두 스스로의 동기 상태를 성찰한다.

/리더/

"나는 팀원에게 '왜 이 일을 하는지' 물어보기 전에, 나 스스로 그 이유를 분명히 알고 있는가?"

"나는 지금 팀의 목표에 얼마나 몰입하고 있는가?"

"내가 팀원에게 기대하는 만큼, 나 자신도 열정적으로 일하고 있는가?"

/구성원/

"나는 어떤 순간에 내 일이 의미 있다고 느끼는가?"

"요즘 나를 가장 지치게 하는 요인은 무엇인가?"

"지금 내가 하는 일에서 '배움'은 얼마나 일어나고 있는가?"

저성과자를 성장시키고자 할 때

A는 개발팀에서 3년째 근무 중이다. 하지만 최근 도입된 신기술에 대한 이해도가 낮다. 새로운 프로젝트에 투입되었을 때, 다른 팀원들이 하루 만에 해결하는 문제를 사흘 내내 붙잡고 있다. 마감 기한을 넘기고, 완성된 코드마저 버그투성이다. 결국 다른 팀원이 수정 작업을 떠맡는다. 피드백을 할 때도 A의 대답은 늘 같다. "새로운 기술이라 어렵습니다."

김 팀장이 보기에는 A가 단순히 일에 능숙하지 않아서 생기는 문제가 아니다. 새로운 기술을 익히고 배우려는 태도가 부족하고, 자신의 무능과 실수를 대수롭지 않게 생각하는 것이 문제로 보인다. 문제 해결을 위해 학습하거나 보완하려는 모습도 좀처럼 보이지 않는다. 팀장이 모든 것을 하나하나 알려줄 수도 없다. 이런 식으로 계속 하면 A의 업무 지연과 생산성 하락은 불 보듯 뻔하다.

A 입장에서도 할 말은 있다. 처음엔 새로운 기술을 배우면 별 문제가 없을 것 같았다. 하지만 막상 해보니 어려움이 컸고, 여러 번 시도했으나 원하는 결과가 나오지 않았다. 그 과정에서 마감을 놓쳤고, 팀장이 왜 늦냐는 질문을 할 때마다 가슴이 답답했다. 무엇이 부족한지 설명을 들어도 명확히 이해되지 않았고, 피드백대로 노력해도 결과가 달라지지 않았다. 그런 상황이 반복되다 보니 어느 순간부터는 더 시도할 마음 자체가 사라졌다. 결국 '난 안 돼'라는 마음으로 학습의 문을 닫았다.

또 다른 이유는 지금까지 큰 불이익을 경험하지 않았다. 자신이 해야 할 일이 늦어지거나 결과물이 부족해도, 결국 다른 팀원이 나서서 수정하고 마무리했다. 강한 질책이나 배제도 없었다. 그러니 굳이 열심히 학습하고 노력할 이유를 느끼지 못했다. 오히려 "어렵다"고 말하면 상황이 정리되고, 다른 사람이 뒷수습까지 했다. 그렇게 A는 큰 불편을 느끼지 못했기에 새로운 기술을 배우려고 하지 않았고, 일을 적당히 해도 누군가가 마무리해 주겠지 생각하게 되었다.

저성과자의 업무 능력 향상을 돕는 대화에 필요한 요소

저성과자는 보통 주어진 목표를 달성하지 못하거나 마감 기한을 자주 놓친다. 설령 결과물을 제출하더라도 보고서나 산출물의 품질이 낮고, 실수와 오류가 많다. 새로운 과제나 도전에 적극적으로 행동하기보다 회피하는 경향이 강하다. 문제가 생겼을 때 스스로 해결하려고 노력하지 않고 소극적으로 행동한다. 동료와의 협업에서도 문제가 많다. 소통이 부족해 팀워크가 깨지고, 공동의 목표보다는 자신의 역할만을 고집한다. 근태 측면에서도 문제가 있는데, 잦은 지각이나 결근으로 신뢰가 없다.

이처럼 저성과자는 목표 달성, 업무 품질, 태도, 협업, 근태 등 다양한 차원에서 일관되게 부족하다. 하지만 리더가 이들을 단순히 '의지가 없고, 노력을 안 한다'라고 치부해 버리면 문제의 진짜 원인을 놓칠 수 있다.

성과 저하의 원인은 역량 부족, 자신감 부족, 소통 부족, 신뢰 부족, 동기 부족, 자원 부족 등 여러 요소가 얽혀 있기 때문이다. 결국 저성과자를 제대로 이해하려면 성과 부진의 근본 원인을 다각도로 살펴봐야 한다. 우선 블룸버그Blumberg와 프링글Pringle[10]이 설명한 성과 방정식(성과 = 능력 X 의지 X 기회)을 하나씩 살펴보자.

1. 능력Capacity: 할 수 있는 힘

능력은 업무를 효과적으로 수행할 수 있게 하는 생리적·인지적 역량을 말한다. 여기에는 지식, 기술, 지능, 연령, 건강, 교육 수준, 지구력, 체력, 에너지 수준, 운동 능력 등이 포함된다.

실무 현장에서 리더는 구성원의 반복적인 실수나 저조한 성과가 단순한 부주의의 결과인지, 아니면 능력 부족에서 기인한 것인지를 정확하게 판단해야 한다. 예를 들어, 보고서 작성 시 문법 오류나 서식 실수가 잦다면, 이는 단순한 주의 부족일 수 있다. 그러나 보고서의 논리 구조가 항상 혼란스럽고 핵심 메시지를 정리하지 못하는 경우라면, 글쓰기 능력이나 분석력 자체가 부족한 것이다.

또 다른 예로, 판매 실적이 지속적으로 저조한 영업사원이 있다고 하자. 이 사람의 고객 방문 횟수나 연락 빈도가 현저히 낮다면 태도나 성실의 문제일 수 있다. 그러나 고객 응대 과정에서 설득력이 떨어지거나 제품 지식이 부족하다면, 이는 명백히 능력 부족에서 비롯된 성과 저하로 볼 수 있다.

능력에 문제가 있다면 그에 맞는 교육과 훈련, 실습 기회를 제공하여

---

10) Blumberg, M., & Pringle, C. D. (1982). The missing opportunity in organizational research: Some implications for a theory of work performance. Academy of management Review, 7(4), 560-569.

역량을 높힐 수 있도록 도와야 한다. 멘토링, 업무 지식 및 노하우 전달, 외부 교육 등의 기회조차 주지 않고 능력이 향상되길 바랄 수는 없다.

구성원 역시 업무 수행에 필요한 지식과 기술이 충분한지 스스로 점검해야 한다. 부족한 부분이 있다면, 스스로 학습 기회를 달라고 요청하면서 학습 의지를 보여야 하며, 이를 통해 자신의 성과 향상에 대한 가능성을 높여야 한다.

2. 의지|Willingness: 하려는 마음

의지는 업무를 수행하려는 심리적·정서적 특성을 의미한다. 여기에는 동기, 직무만족, 태도, 가치, 지위, 감정, 역할 인식, 직무 몰입, 자아 이미지, 욕구 상태, 성격, 공정성 인식 등이 포함된다.

예를 들어, 어느 구성원이 반복된 프로젝트 실패로 자신감이 떨어져 '어차피 해도 안 된다'는 생각에 빠졌다면, 이는 의지 약화로 볼 수 있다. 또 다른 경우로 구성원이 중요하게 여기는 자율성과 창의성이 강조되지 않는 조직 문화 속에서 지속적으로 통제 받는다고 느낄 때, 업무 의욕이 줄어들기도 한다. 마찬가지로 성과가 공정하게 평가되지 않거나, 상사로부터 노력을 인정받지 못한다고 느낄 때도 의지는 크게 흔들린다.

직무 자체에서 성취감 혹은 의미를 느끼지 못하거나, 동료나 상사로부터 심리적 지지를 받지 못할 때, 조직에 대한 부정적 감정이 쌓이면서 '왜 이 일을 해야 하는가'에 대한 내적 동기가 약화된다.

따라서 리더는 팀원의 의지가 단순히 '열정 부족'에서 비롯된 것이 아니라, 이처럼 심리적·정서적 요인이 복합적으로 맞물려 있음을 인식해야 한다. 리더의 역할은 무엇이 구성원의 의지를 저해하는지 섬세하게 파악하고 경청과 인정, 정서적 지지를 통해 다시 몰입할 수 있는 환경을 조성하는 데 있다.

구성원 역시 자신의 최근 업무 태도를 되돌아볼 필요가 있다. 스스로 일에 몰입하고 있는지, 아니면 동기가 저하되어 의지를 잃었는지를 자각할 수 있어야 한다. 무엇이 자신의 의지 약화에 영향을 주었는지 살펴보는 것이 중요하다.

3. 기회Opportunity: 할 수 있는 여건

아무리 능력과 의지를 충분히 갖추고 있더라도, 환경적 요인이 뒷받침되지 않으면 기대만큼의 성과를 내기 어렵다. 기회는 구체적으로 도구, 장비, 자재, 근무 조건, 동료와 상사의 행동, 조직의 정책과 절차, 정보, 시간, 보수 등을 포함한다.

리더는 구성원이 최상의 성과를 낼 수 있도록 충분한 여건과 자원을 제공했는지를 면밀히 점검해야 한다.

- 업무 지시는 구체적이고 명확했는가?
- 필요한 자료와 정보를 적시에 제공했는가?
- 협업이 필요한 동료나 부서의 지원은 원활했는가?
- 업무 수행에 필요한 도구나 시스템은 제대로 갖춰져 있었는가?
- 근무 환경은 집중할 수 있는 조건이었는가?
- 보상과 인정 체계는 적절한가?
- 업무량이나 일정은 현실적인 수준이었는가?

이러한 질문에 대한 답이 대부분 '아니요'라면, 구성원이 아무리 능력이 뛰어나고 의지가 강하더라도 성과를 내기 어려운 환경이었을 가능성이 높다. 따라서 리더는 단순히 "왜 잘하지 못했나"를 묻기보다, 스스로 "그가 잘할 수 있도록 어떤 조건을 제공했는가"를 먼저 되돌아봐야 한다. 이는 저성과자의 책임을 리더에게 전가하려는 것이 아니라, 성과 창출의 전제 조건이 제대로 마련되어 있는지를 확인하자는 의미다.

구성원 역시 자신의 환경을 객관적으로 돌아볼 필요가 있다. 작업 환경, 리소스, 협업 체계 등 구조적 요인이 성과에 영향을 미쳤다면, 이를 묵묵히 감내하거나 회피하기보다 개선이 필요한 부분을 리더에게 건설적으로 제안하고 도움을 요청하는 태도가 필요하다. 이는 성과 부족의 원인을 환경 탓으로 돌리라는 뜻이 아니다. 오히려 자신이 처한 제약을 명확히 인식하고, 필요한 지원을 적극적으로 요청함으로써 문제를 해결하고 높은 성과를 내겠다는 의지의 표현이다.

위 세 가지 요소들은 서로 곱셈 관계에 있다. 따라서 어느 하나가 0에 수렴하면 전체적인 성과도 0에 가까워진다. 저성과자는 단순히 '일하기 싫어하는 사람'이 아니라 능력, 의지, 기회 중 어느 한 가지 이상이 충분하지 않은 사람일 가능성이 크다. 리더는 구성원과의 대화를 통해 어떤 요소가 부족한지를 파악하고 교육, 훈련, 명확한 목표 제시, 업무 환경 개선, 적절한 피드백 등을 제공하며 구성원이 다시 성과를 낼 수 있도록 도와야 한다.

구성원 또한 자신의 어려움을 숨기기보다 솔직하게 공유하고, 리더와 함께 현실적 해결방안을 모색하려는 태도가 필요하다. 성과가 부족한 상황에서 필요한 것은 비난이나 포기가 아니라, 리더와 구성원이 함께 문제의 원인을 점검하고 해결책을 찾아가는 과정이다. 문제를 정확히 진단하고 상호 신뢰 속에서 개선을 위한 일을 하나씩 해 나갈 때, 개인의 성장과 조직의 성과가 모두 향상된다.

물론 이런 과정이 항상 매끄럽게 흘러가지는 않는다. 때로는 서로가 감당할 수 있는 노력의 한계가 존재하기에, 이를 솔직하게 마주해야 한다. 리더는 자신이 제공할 수 있는 지원의 범위를, 구성원은 자신이 감당할 수 있는 학습과 성장의 의지를 냉정하게 돌아볼 필요가 있다. 이러한 과정을 통해 서로가 어디까지 함께 갈 수 있는지를 가늠해야 하며, 때로는 그 끝에서 '이 관계를 계속 유지하는 것이 맞는가'에 대한 판단이 필요할 수도 있다. 결국은 리더와 구성원이 최선을 다하고, 그 이후 책임 있는 선택을 하는 것이다.

또한 데시와 라이언의 '자기결정성 이론Self-Determination Theory, SDT[11]' 도 저성과자와의 대화에서 고려할 만한 요소다. 이 이론에 따르면 사람들의 동기를 활성화하기 위해서는 자율성, 관계성, 유능성이라는 3가지 심리적 욕구가 충족되어야 한다.

이 욕구들은 인간이 성장하고 내재적 동기를 유지하는 데 필요한 기본 심리 조건으로, 이것이 충족될 때 사람은 자발적으로 몰입하고, 스스로 동기를 회복한다. 따라서 동기가 낮아 보이는 구성원이 있거나, 스스로 일에 집중하기 어려운 상황이라고 느낀다면 이 3가지 욕구가 모두 충족되고 있는지를 함께 점검해 볼 필요가 있다.

---

11) Deci, E. L., & Ryan, R. M. (2000). The" what" and" why" of goal pursuits: Human needs and the self-determination of behavior. Psychological inquiry, 11(4), 227-268.

1. 자율성: 팀원이 자율적으로 선택할 수 있는가?

사람은 자신의 행동이 스스로 선택한 것이며, 그 행위의 기원이 자기 내부에 있다고 느끼고자 하는 욕구를 갖는다. 즉, 행동의 방향과 방식을 외부 강압이나 통제가 아니라 자기 의지 혹은 자기 가치에 의해 규정하려는 기본 심리적 욕구다. 이 욕구가 충족되면 자기 행동을 '내가 원해서 한다'고 인식하여 내재적 동기가 강화된다. 반대로 이 욕구가 박탈되면 행동이 외부 요구나 타인의 판단에 의해 좌우된다고 인식하여 동기가 약화되고 몰입하기 어려워진다.

예를 들어, 리더가 업무 전반을 세세하게 지시하고 매 순간 확인하는 '마이크로 매니징Micro Managing'을 한다면, 구성원은 점차 스스로 사고하고 결정하는 힘을 잃는다. "어차피 다 정해준 대로 해야 하니까", "내가 해도 결국 수정될 테니까"라는 생각이 들면 자율성은 사라지고, 일에 대한 주도성과 책임감도 약화한다.

반대로 스스로 선택할 수 있는 여지와 의견 개진의 기회, 스스로 결정할 수 있는 공간이 주어질 때, 구성원은 자신의 판단에 책임을 지며 훨씬 높은 동기를 보일 수 있다.

2. 관계성: 팀장과 팀원 간의 관계에 신뢰가 있고 소통이 원활한가?

사람은 타인과 정서적으로 연결되고, 존중받으며, 소속되어 있다는 느낌을 경험하려는 욕구를 갖는다. 즉, 중요한 타인(리더, 동료, 구성원)과의 관계 속에서 인정, 지지, 신뢰, 배려를 받고 있다고 느끼려 한다. 이 욕구가 충족되면 조직과 사람들로부터 심리적 안전감과 소속감을 느끼면서 자연스럽게 참여·협력·몰입이 높아진다. 반대로 리더와의 관계가 불신이나 냉소로 채워져 있으면, '어차피 알아주지 않을 것'이라는 마음이 생겨 의욕이 떨어진다.

리더가 진심으로 관심을 보이고, 의견을 존중하며, 결과뿐 아니라 그 과정에서 들인 노력까지 인정해 줄 때 구성원은 자신이 팀의 일부로 존중받고 있다고 느끼며 더 적극적으로 일에 참여한다. 관계성은 곧 '함께하고 싶다'는 마음의 기반이고, 심리적 안정감을 주는 중요한 동기다. 자신의 주니어 시절을 떠올려보자. 리더와 사이가 좋지 않은 상황에서 열심히 일하고 싶었는가?

3. 유능성: 팀원은 자신의 업무를 수행하며 유능하다고 느끼는가?

사람은 주어진 업무를 효과적으로 해낼 수 있고, 성장하고 있다는 경험을 통해 자신의 능력을 확인하고자 하는 욕구를 갖는다. 즉, 환경 속에서 능력 발휘의 기회를 갖고, 적절한 도전과 피드백을 통해 '할 수 있다'고 느끼려는 기본적인 욕구다. 이 욕구가 충족되면 업무 수행에 자신감을 느끼며 더 도전적으로 행동하고, 지속적으로 몰입하려는 자발성이 증가한다. 반대로 욕구가 좌절되면 '나는 못한다', '해도 소용없다'라는 무기력감이 생겨 회피, 포기, 수동성이 증가한다.

유능성은 단순히 결과를 잘 냈을 때만 생기는 것이 아니다. 작은 성취를 인식하고, 그 안에서 배운 점을 스스로 확인할 때 조금씩 자라난다. '완벽히 해냈다'보다 '이전보다 나아지고 있다'는 생각이 지속적인 동기를 만든다.

리더는 구성원이 이런 성취의 경험을 느끼도록 돕는 역할을 해야 한다. 도전적이지만 달성 가능한 과제를 제시하고, 그 과정에서의 노력을 구체적으로 인정하며, 실패조차 성장의 일부로 바라보는 문화를 만들어야 한다. 무엇보다 중요한 것은 구성원이 스스로 '할 수 있다'는 경험을 하도록 돕는 것이다.

이처럼 3가지 심리적 욕구를 함께 고려하면, 리더는 구성원의 낮은 성과를 단순히 '태도의 문제'로만 보지 않고, 무엇이 동기를 저해하고 있는지 그 근본 원인을 더 깊이 이해할 수 있다. 심리학의 '기본적 귀인 오류 Fundamental Attribution Error[12]' 는 사람들이 타인의 행동을 해석할 때 상황적 요인(환경, 제도, 지원 부족 등)보다 개인적 요인(성격, 의지, 동기 등)을 과도하게 강조하는 경향이 있다고 한다. 따라서 리더는 '왜 못했나?'를 묻기보다 '그가 잘할 수 있도록 나는 어떤 환경을 만들었는가?'를 먼저 돌아봐야 한다.

---

12) Ross, L. (1977). The intuitive psychologist and his shortcomings: Distortions in the attribution process. In Advances in experimental social psychology (Vol. 10, pp. 173-220). Academic Press.

코칭 대화 솔루션

이렇게 대화해 보세요

저성과자의 동기를 향상하기 위한 대화에서 살펴보아야 할 요소를 반영해 리더와 구성원이 구체적으로 대화하는 상황을 구성했다. 이를 통해 리더와 구성원이 원온원 면담에서 어떤 방식으로 대화해야 하는지 참고할 수 있다.

1. 성과 방정식: 성과 = 능력 X 의지 X 기회

- 능력: 할 수 있는 힘

- 의지: 하려는 마음

- 기회: 할 수 있는 여건

2. 자기결정성 이론

- 자율성: 팀원이 자율적으로 선택할 수 있는가?

- 관계성: 팀장과 팀원 간의 관계는 신뢰가 있고 소통이 원활한가?

- 유능성: 팀원은 자신의 업무를 수행하며 유능하다고 느끼고 있는가?

김 팀장은 다음 주 회의에서 사용할 전략 보고서를 준비 중이다. 김 팀장은 이 업무를 팀원 A에게 맡겼다. 사실 A는 과거에도 비슷한 보고서를 여러 차례 맡았지만, 자료를 단순히 나열하거나 표면적인 수준에서만 정리해 깊이 있는 분석이 부족하다는 평가를 받아왔다. 그래서 이번에는 달라지기를 바라는 마음으로, 김 팀장은 시간을 따로 내어 보고서의 방향성과 기대 수준을 구체적으로 설명했다.

그러나 며칠 뒤, A가 제출한 보고서를 확인한 순간 김 팀장은 다시 실망했다. 문서의 분량은 늘었지만 내용은 여전히 인터넷에서 쉽게 찾을 수 있는 일반적인 정보들로 채워져 있었고, 그래프와 수치는 정리가 미흡했으며, 무엇보다 핵심 메시지가 없었다.

하지만 김 팀장을 가장 답답하게 만든 것은 A가 여전히 이 업무에 대해 고민하거나 개선하려는 의지를 보이지 않는다는 점이다. 그동안 여러 차례 피드백을 제공하며 기대하는 수준과 방향을 명확히 설명했음에도 불구하고, A는 스스로 변화를 시도하기보다 형식만 채운 채 같은 실수를 반복하고 있다.

1. 목표Goal

김 팀장 : A님, 오늘은 어떤 이야기 나눠보면 좋을까요?

A : 지난번 보고서 관련해서 이야기하고 싶어요. 피드백 받은 부분도 있고, 제가 어려웠던 점도 말씀드리고 싶어요.

김 팀장 : 좋아요. 사실 저도 그 부분 이야기 나눠보고 싶었어요. 오늘은 A님이 업무하면서 어떤 어려움을 겪었는지 진심으로 듣고 싶어요. 그래야 제가 어떻게 도와줄 수 있을지 알 수 있을 것 같아요.

A : 네, 저도 제 어려움을 솔직하게 말씀드리고, 필요한 부분에 대해 조언이나 도움을 받고 싶어요.

김 팀장 : 그럼 오늘은 업무 진행할 때 겪는 어려움의 원인을 함께 파악하고, 앞으로 보고서 수준을 어떻게 향상할 수 있을지 방법을 찾아보면 좋겠어요.

A : 네, 좋습니다.

합의된 목표

주제: 보고서 작성 시 겪는 어려움 나누기

목표: 보고서 수준을 향상하는 방법 찾기

2. 현재 상태 파악하기 Reality

김 팀장 : 지난번 보고서 작업하면서 뭐가 가장 어려웠는지 이야기해 볼까요? (능력: 할 수 있는 힘)

A : 네… 자료는 열심히 모았는데, 정작 핵심을 어떻게 정리해야 할지 감이 잘 안 잡히더라고요. 분석보다 정리 위주로만 진행했습니다.

김 팀장 : 그렇구나. 분석할 때 어떤 점이 가장 막혔는지 구체적으로 떠오르는 게 있어요?

A : 비슷한 보고서를 해본 적이 없어서 기준을 잘 모르겠더라고요. 팀장님이 기대하는 분석 수준에 맞추기가 어려웠어요. 어떤 기준으로 해야 할지 막연했고, 이게 충분한 수준인지도 자신이 없었어요.

김 팀장 : 음, 이해돼요. 그런 상황이면 누구라도 헷갈릴 수 있죠. 그럼 보고서를 분석하고 인사이트를 도출하는 부분에 대해서는 어떤 마음이었어요? (의지: 하려는 마음)

A : 솔직히 처음에는 의욕이 있었는데… 이전에 피드백을 자주 받다 보니까 '괜히 또 틀릴까 봐' 조심스러워졌어요. 그래서 익숙한 방식으로만 하게 됐어요. 피드백이 반복될수록 자신감이 떨어지고, 어떻게 해도 부족할 것 같다는 생각이 들었어요.

김 팀장 : 그럴 수 있어요. 피드백이 쌓이면 스스로 위축되기도 하죠. 저는 A님이 못해서가 아니라, 충분히 더 잘할 수 있다고 생각해서 맡긴 거였어요. 혹시 진행하면서 참고할 자

료나 시간이 얼마나 더 필요했어요? (기회: 할 수 있는 여건)

A : 마감이 좀 촉박해서 검토할 시간이 부족했고, 참고할 만한 예시도 못 찾았어요. 어떤 참고 자료나 구체적 사례가 도움이 되는지 잘 모르겠고, 어디서 어떻게 구해야 할지도 모르겠더라고요.

김 팀장 : 그렇구나. 그건 제 책임이 크네요. 제가 방향과 기대 수준을 설명하긴 했지만, A 님이 제대로 이해했는지 확인하지 않았던 것 같아요. 다음엔 참고 예시나 기대 수준을 더 명확히 공유할게요. 일정도 더 미리 줘서 맞출 수 있도록 하고, 중간 점검할 시간도 같이 만들어봅시다. 그리고 보고서 작업할 때, 스스로 방향을 정하고 진행하는 게 편한가요, 아니면 중간중간 확인받으면서 하는 게 더 편한가요? (자율성: 팀원이 자율적으로 선택할 수 있는가?)

A : 솔직히 이런 분석 보고서는 중간에 한 번 확인받으면서 하는 게 더 편할 것 같아요. 방향이 맞는지 확인하고 진행하면 덜 불안할 것 같아요.

김 팀장 : 알겠어요. 그럼 다음부터는 초안 단계에서 한 번 체크하고 가는 걸로 하죠. 그리고 혹시 내가 피드백 줄 때, 불편한 점은 없었어요? 우리 사이에 소통이 원활한지도 궁금하거든요. (관계성: 팀장과 팀원 간의 관계에 신뢰가 있고 소통이 원활한가?)

A : 아무래도 제가 잘하지 못한 상황이니까 어렵긴 했던 것 같아요. 저도 이해를 못 했지만, 구체적으로 질문하거나 되묻는 노력을 하지 않았어요. 계속 지적받으니까 팀장님께 질문하는 것도 조심스러워지더라고요.

김 팀장 : 아, 그랬구나. 앞으로는 편하게 질문하고 확인할 수 있도록 할 테니 일하다가 안 풀리는 게 있으면 물어봐요. 그리고 이 업무를 하면서 본인이 잘하고 있다는 느낌은 얼마나 들었어요? (유능성: 팀원은 자신의 업무를 수행하며 유능하다고 느끼는가?)

A : 솔직히 잘하고 있다는 느낌은 별로 안 들었어요. 계속 부족하다는 피드백만 받으니까 제가 이 일을 제대로 할 수 있을까 하는 의구심이 들었어요.

김 팀장 : 그 부분은 제가 놓쳤네요. A님이 잘하고 있는 부분도 분명히 있었는데, 그걸 충분히 말해주지 않았던 것 같아요. 자료 수집이나 정리는 잘했거든요. 앞으로는 잘하고 있는 부분도 같이 말해줄게요. 혹시 처음 이 일을 시작했을 때 어떤 마음이었는지 기억나요? 그때는 어떤 생각으로 이 업무를 했어요?

A : 처음에는 전략 보고서를 제대로 만들 수 있으면 정말 멋질 것 같다는 생각이 들었어요. 팀에 기여하는 느낌도 들고요. 그런데 계속 잘 안되니까 그 마음이 점점 사라졌던 것 같아요.

김 팀장 : 그 마음 정말 소중해요. 초심을 다시 찾을 수 있도록 제가 도와줄게요. 이번 일로 A님이 부족했던 부분도 보였지만, 동시에 다음엔 어떻게 하면 더 잘할 수 있을지도 보였을 거예요. 다음에는 방향을 더 분명히 잡아보고 싶죠?

A : 네, 그러고 싶어요.

3. 스스로 성찰하기|Reflection

김 팀장 : 오늘 이야기 들어보니, 제가 방향과 기대 수준을 설명하긴 했지만 A님이 제대로 이해했는지 확인하지 않았던 것 같아요. 제 머릿속에는 분명했던 기준이 A님에게는 애매하게 들렸을 수 있겠네요. 그리고 그동안 A님이 반복적으로 기대에 미치지 못했음에도, 정확히 어떤 어려움을 겪고 있는지 듣기보다는 보고서만 보고 판단했습니다. A님이 스스로 변화할 수 있도록 제가 더 구체적으로 도와야겠어요. 혹시 오늘 대화를 통해 어떤 걸 배웠나요?

A : 저도 팀장님의 설명을 듣고 완전히 이해하지 못했지만, 구체적으로 질문하거나 되묻는 노력을 하지 않았어요. 피드백을 받을 때마다 위축되었고, 제 입장에서 어떤 점이 어려웠는지를 솔직히 말하지 못했어요. 계속 지적받으니까 더 위축되었던 것 같습니다. 앞으로는 팀장님과 대화를 통해 잘 모르는 부분을 명확히 하고 도움을 받아야겠다는 생각이

들어요.

4. 실행 계획 수립Action Plan

김 팀장 : 그럼 앞으로 어떻게 하면 좋을까요? A님이 생각하는 방법이 있어요?

A : 우선 업무를 맡을 때 '이 업무의 핵심은 무엇인가?'를 먼저 생각해 보겠습니다. 그리고 업무 방향이 불분명하거나 이해가 어려울 때는, 제가 이해한 내용을 팀장님께 설명해 보는 방식으로 확인하겠습니다.

김 팀장 : 좋은 방법이에요. 그리고 피드백 받을 때도 참고할 만한 사례나 자료가 있는지 요청해요. 제가 구체적인 예시를 줄게요.

A : 네, 그렇게 하겠습니다. 참고 자료 수준으로 업무를 진행하겠습니다.

김 팀장 : 그리고 저는 앞으로 한 달에 두 번 정도 A님과 짧게라도 코칭 시간을 가지려고 해요. 그때 진행 상황도 확인하고, 어려운 점 있으면 같이 풀어가죠.

A : 감사합니다. 이렇게 솔직하게 이야기 나눌 수 있어서 좋았어요. 다음엔 더 잘해보겠습니다.

김 팀장 : 좋아요. 오늘처럼 이렇게 솔직하게 이야기 나눌 수 있어서 저도 고마워요. 이번 경험이 오히려 다음 보고서를 더 잘 만들 수 있는 기반이 될 거예요.

저성과자를 돕기 위한 대화에서 생각해 볼 수 있는 요소를 반영한 예시 문장을 준비했으니, 실제 대화에 적용해 볼 수 있도록 연습해보자.

1. 성과 방정식: 성과 = 능력 X 의지 X 기회

첫째, 능력을 살펴본다

/리더/

"이번 업무를 하면서 가장 막혔던 부분은 어디였나요?"

"이 업무를 더 잘하기 위해 어떤 역량이 보완되면 좋을까요?"

"이 일에 대해 스스로 어느 정도 익숙하다고 느끼세요?"

/구성원/

"이 업무에서 가장 어려웠던 건 구조를 어떻게 잡아야 할지 몰랐던 점이에요."

"제가 개선해야 할 부분을 구체적으로 짚어보고 싶어요."

"이 역량을 키우기 위해 관련 교육이나 코칭이 있으면 좋을 것 같습니다."

둘째, 의지를 살펴본다.

/리더/

"최근에 일하면서 동기나 에너지가 예전과 비교했을 때 어떤 것 같아요?"

"지금 하는 일에서 가장 의미를 느끼는 부분은 무엇인가요?"

"요즘 업무를 하면서 어떤 감정을 주로 느끼나요?"

"최근에 계속 결과가 기대만큼 안 나오다 보니 자신감이 좀 떨어졌어요. 어떤 부분을 개선하면 좋을지 조언을 듣고 싶습니다."

"저는 자율적으로 판단하거나 제안할 수 있을 때 더 동기부여가 되는데, 요즘은 정해진 방식이 많아 조금 답답하게 느껴집니다."

"제가 중요하게 생각하는 건 '의미 있는 일'인데, 지금 하는 일이 팀에 어떤 영향을 주는지 알고 싶어요."

셋째, 기회를 살펴본다.

"이 자료가 도움이 될 것 같아 공유합니다. 참고하세요"

"내가 어떤 방식으로 지원하면 실제로 도움이 될까요?"

"작업 환경이나 시스템에서 불편한 점은 없었나요?"

"기대 수준의 참고자료를 주시면 훨씬 도움이 될 것 같아요."

"중간마다 짧게 피드백을 받을 수 있으면 좋겠습니다."

"업무 일정이 촉박해서, 하루이틀 정도 여유를 두면 더 완성도를 높일 수 있을 것 같아요."

2. 자기 결정성 이론: 자율성·관계성·유능성

첫째, 자율성을 탐색한다.

/리더/

"이 업무를 할 때 팀원님의 의견이 얼마나 반영됐다고 생각하세요?"

"팀원님이 제안한 부분을 이 부분에 많이 반영했습니다"

"어떤 부분에서 본인의 재량권이 더 필요하다고 느끼나요?"

/구성원/

"이번 업무에서 제가 아이디어를 낼 수 있는 부분이 조금 더 있으면 좋겠습니다."

"제가 이런 제안을 해도 되는 건지 확신이 없습니다."

"이 범위에서는 제가 결정을 하고 진행해도 될지 궁금합니다"

둘째, 관계성을 탐색한다.

/리더/

"저와는 어떤 방식으로 소통하는게 가장 편한가요?"

"제가 어떻게 하면 더 신뢰감을 줄 수 있을까요?"

"업무적으로든 개인적으로든 제가 더 관심을 가져주면 좋을 부분이 있나요?"

/구성원/

"항상 격려해 주셔서 일할 때 힘이 나는 것 같습니다. 감사합니다"

"팀장님이 진심으로 제 입장을 이해해 준다는 느낌을 받을 때 신뢰가 생깁니다."

"팀장님과 한 달에 한 번은 일대일 면담을 하고 싶습니다"

셋째, 유능성을 탐색한다.

/리더/

"이번 업무에서 팀원님의 이런 부분이 특히 돋보였어요."

"이번 업무에서 이전보다 나아진 점은 무엇이라고 생각하세요?"

"어떤 일을 할 때 '내가 이걸 잘하고 있구나'라고 느끼나요?"

/구성원/

"처음에는 어려웠는데, 이제는 이 부분을 스스로 해낼 수 있게 되어 뿌듯합니다."

"제가 잘하는 영역에서 더 기여할 수 있는 기회가 있으면 좋겠어요."

"구체적으로 어떤 점을 잘했는지 피드백을 받으면 자신감이 생겨요."

CHAPTER 5

권한위임 | 믿고 맡기는 대화

리더는 구성원이 책임감을 갖고 주도적으로 일하도록 신뢰를 기반으로 권한을 위임하는 사람이다. 이는 리더의 업무 부담을 줄이기 위한 것이 아니라 구성원에게 의사결정, 책임, 성장의 기회를 함께 부여하려는 리더십 방식이다.

하지만 구성원의 역량과 의지, 역할과 책임에 대한 구체적인 파악 없이 권한위임이라는 명목으로 일을 떠넘기는 것은 방임에 가깝다. 리더는 구성원을 제대로 이해한 후 적절히 일을 맡기고, 권한위임을 통해 그들의 성장을 지지해야 한다. 이번 장에서는 권한위임이 필요한 두 가지 상황에서 어떻게 대화를 설계할 수 있는지 살펴본다.

첫째, 구성원이 저연차일 때의 권한 위임 대화다. 경험이 부족한 구성원에게 권한을 주는 일은 리더에게도 부담스럽다. 실수에 대한 불안감이 있고, 결국 그 일이 다시 리더에게 돌아올 것이라는 우려가 있다. 이럴 때는 작은 단위의 권한부터 위임하면서 구성원이 스스로 판단하고 실행하는 경험을 쌓도록 하는 것이 좋다. 단, 무작정 일을 시키는 것이 아니라 구성원의 책임과 역할 범위, 필요한 지원이 무엇인지 충분히 설명하고 이해시킨 후 과업을 부여해야 한다. 구성원 역시 경험 부족을 이유로 소극적으로 임하기보다 주어진 범위 내에서 어떻게 업무를 수행할 수 있을지 고민하고 시도하겠다는 태도가 필요하다.

둘째, 구성원이 고연차일 때의 권한 위임 대화다. 충분한 경력과 역량을 갖춘 구성원에게는 '어떻게'보다 '무엇을' 해야 하는지 명확히 밝히고, 큰 틀에서의 목표와 방향을 제시하며, 권한의 폭을 넓혀주는 것이 효과적이다. 리더는 '감독자'가 아니라 '파트너'가 되고, 통제보다는 정기적인 피드백과 논의를 통해 함께 고민한다는 태도를 가져야 한다. 구성원 또한 자신의 계획과 결정을 리더와 공유하면서 지속적으로 조율해 나가는 것이 바람직하다.

권한위임의 목적은 일을 통해 구성원을 성장시키는 데 있다. 리더는 각 구성원의 경험과 역량 수준에 맞춰 접근 방식을 달리하되, 공통으로 구성원이 '신뢰받고 있다'고 느낄 수 있도록 대화의 토대를 마련해야 한다.

저연차 구성원에게 일을 맡기는 대화

김 팀장은 1년 차 사원 A에게 프로젝트를 맡겼다. 자율성이 중요하다고 생각해 "알아서 진행하세요"라고 말하며 능동적으로 일할 수 있는 환경을 만들어줬다고 생각했다. 하지만 기대만큼의 결과가 나오지 않았다. 자율성을 줬음에도 A는 여전히 지시를 기다리거나, 일을 어떻게 진행해야 할지 몰라 머뭇거리는 경우가 많았다. 김 팀장은 이런 상황이 답답하면서도 무엇이 문제인지 의아했다. '요즘 젊은 친구들이 원하는 대로 자기가 알아서 일하게 해 줬는데, 뭐가 문제지?' 어떻게 해야 팀원이 맡은 일을 제대로 처리하면서 업무 능력도 키워갈 수 있을지 김 팀장은 고민에 빠졌다.

한편, 1년차 팀원 A는 혼란스럽다. 처음 프로젝트를 맡았을 때는 '나를 믿고 맡긴 것' 같아 기대가 컸고 의욕도 생겼지만 막상 일을 시작하려니 무엇부터 해야 할지 막막했다. 명확한 방향 없이 스스로 판단하려 했지만, 자신의 방향이나 방식이 맞는지 확신할 수 없었다. 실수할 것 같아 걱정되었고, 괜히 잘못 건드렸다가 혼날 수 있다는 생각에 두려운 마음도 생겼다. 차라리 구체적인 지시가 있었다면 더 빠르게 일을 처리했을 것이라고 생각했다.

저연차 구성원에게 권한을 위임하는 대화에서 필요한 요소

권한위임은 구성원에게 의견 표현의 기회와 의사결정 참여의 기회를 제공함으로써 스스로 주도적으로 일할 수 있는 환경을 만드는 방법으로, 단순한 업무 분담을 넘어 업무 수행 범위를 넓히고, 판단과 실행의 책임을 맡기는 과정이다. 권한위임은 위계적인 조직구조에서 흔히 발생하는 정보의 병목 현상이나 느린 의사결정 문제를 해결하기 위해 사용되며, 구성원의 전문성을 살리고 스스로 동기를 느끼게 함으로써 직무 만족도와 성과 향상을 끌어내는 데 초점이 맞춰져 있다. 따라서 권한위임은 구성원이 일을 '내 일'처럼 느끼게 만들고, 일을 통해 성장할 수 있도록 돕는 중요한 리더십 전략이다.

구성원에게도 권한위임은 '일이 늘었다'는 의미가 아니라, 자신이 결정하고 책임질 수 있는 일을 받았다는 의미다. 그러나 권한위임 과정이 제대로 설계되지 않거나 일방적으로 이뤄진다면, 리더는 '위임했는데 왜 못하지?'라는 답답함을 느끼게 되고, 구성원은 '던져놓고 나 몰라라 하시네?'라고 생각하며 불안감을 느낄 수 있다.

허쉬와 블렌차드의 '상황적 리더십 이론Situational Leadership Theory[13]'은 리더십에 있어서 정답은 하나가 아니며, 상황에 따라 적절한 리더십 스타일이 달라져야 한다고 설명한다. 이 이론의 핵심은 구성원의 성숙도에 따라 리더가 어떻게 행동해야 하는지가 달라진다는 것이다. 여기서 성숙도는 두 개의 축으로 이루어지는데 단순히 나이나 경력이 아니라, '업무를 수행할 수 있는 능력(역량)'과 '자발적으로 하려는 의지(동기)'를 말한다.

김 팀장의 고민처럼, 1~2년차 팀원에게 단순히 자율성을 주고 일을 맡겼을 때 원하는 결과가 나오지 않는 것은 구성원의 현재 성숙도를 파악하지 않았기 때문이다. 특히 구성원이 아직 경력 초반이고, 해당 업무에 대한 경험과 역량 혹은 자신감이 부족하다면 리더와 구성원은 각자의 입장에서 다음과 같은 4가지 요소에 맞춰 대화를 시도해야 한다.

1. 역량과 준비 상태를 파악한다.

연차가 낮은 1~3년차 팀원은 사람마다 이해도와 업무 숙련도가 다를 수 있어서, 충분한 대화를 통해 업무를 얼마나 잘 알고 있는지, 역량은 어느 정도인지 파악하는 것이 중요하다. 질문이 많거나 일을 시작하는 데 시간이 오래 걸리는 팀원이라면, 그 사람은 아직 해당 업무를 충분히 숙지하지 못했을 가능성이 있다. "이 일을 몇 년 정도 했죠?", "이 업무에 대

---

13) Hersey, P., & Blanchard, K. H. (1997). Situational leadership. In Dean's Forum (Vol. 12, No. 2, p. 5).

해 전체적으로 얼마나 파악하고 있다고 생각하나요? 그렇게 생각하는 이유는 무엇인가요?", "스스로 느끼기에 이 일에 대한 자신감은 어느 정도인 것 같아요?" 등의 질문으로 팀원이 이 일을 얼마나 경험했는지, 이 일에 대한 자신감은 어떤지, 이 일에 대한 지식 및 역량 수준은 어느 정도인지를 파악해야 한다. 또한 일을 진행하는 과정에서는 팀원의 장단점을 잘 관찰하고 그에 맞는 피드백을 주는 것도 필요하다.

팀원은 자신이 어느 정도 준비되어 있는지, 어떤 부분이 낯선지를 스스로 점검하고 "이건 처음 해보는 일이라 조금 헷갈립니다", "이 부분은 익숙하지 않아서 더 배우고 싶습니다"와 같이 솔직하게 팀장에게 밝혀야 한다. 자신의 부족함을 숨기지 말고 정확히 말해야 팀장도 제대로 도와줄 수 있다.

2. 업무의 목적, 대상, 방식을 명확히 공유한다.

리더는 구성원에게 업무를 맡길 때 단순히 '이거 하세요'가 아니라 일을 왜 해야 하고(목적, Why), 무엇을 해야 하며(대상, What), 어떻게 하는지(방식, How)에 관해 구체적으로 알려줘야 한다.

규범적으로는 이 일을 어떤 목적으로 해야 하는지, 이 일을 통해 핵심적으로 달성하고자 하는 것이 무엇인지, 그래서 무엇을 해야 하는지, 전체 흐름에서 팀원의 역할을 설명한다. 예를 들어, "이번에는 리스트 관리를 맡기려고 합니다(What). 이 일은 불량률을 줄이고 출하 전 손실을 최소화하는 것이 핵심입니다(Why). 그래서 이런 절차와 방식으로 실행해야 합니다(How)"라고 설명한다.

실전적으로는 어떤 절차로 해야 하는지, 주의해야 할 포인트는 무엇인지, 자신의 노하우까지 함께 설명해 주어야 한다. 예를 들어 기본적으로 일주일에 몇 번 무엇을 하고 어떻게 보고해야 하는지, 문제가 발생했을 때는 보통 어떻게 대응해야 하는지에 대한 팁도 구체적으로 설명한다. 또한 실무적인 노하우도 공유한다. 파일·폴더 관리 팁이라든지, 협업 시 유의사항, 자주 발생하는 실수 등을 이야기하여 구성원이 유연하게 대처할 수 있도록 한다.

특히 구성원이 한 번도 해보지 않은 업무라면, 전체 그림부터 세부 단계까지 한 번에 이해할 수 있게 설명하는 것이 중요하다. 그래야 구성원도 해당 업무에 대한 막연한 기대 없이 높은 이해도를 바탕으로 자신감을 가지고 일을 시작할 수 있다.

구성원은 리더의 말을 제대로 이해하지 못할 경우 "제가 이해한 걸 다시 설명해 볼게요. 맞는지 확인 부탁드립니다"와 같은 방식으로 업무의 목적과 방식을 제대로 이해했는지 점검해야 한다. 또한 절차, 주의사항, 협업 팁 등 구체적인 내용이 부족할 경우 "기존에 이 업무를 했을 때 어떤 방식이 가장 효과적이었나요?"와 같은 질문으로 업무를 꼼꼼히 챙길 필요가 있다.

3. 구성원의 이해도에 따라 점진적으로 위임한다.

리더가 충분히 설명했다고 해서 구성원이 그것을 완전히 이해했을까? 그렇지 않은 경우가 많다. 그래서 리더는 설명을 마친 후 "이해한 대로 다시 말해 볼래요?" 혹은 "이해한 걸 바탕으로 어떻게 진행할 생각인가요?"라는 질문으로 구성원의 이해 여부를 점검하는 것이 좋다. 이런 과정을 통해 구성원이 어떤 부분을 놓치고 있는지 파악할 수 있고, 오류를

방지하거나 필요한 설명을 추가할 수도 있다.

이런 과정에서 중요한 것은 '점진적 위임'이다. 권한을 구성원의 준비 정도에 맞춰 '단계적으로' 위임하는 것이다. 처음에는 구체적으로 설명하고 도와주되, 점점 더 스스로 판단하고 결정할 수 있는 여지를 주면서 위임하는 것이 바람직하다.

권한위임을 받은 구성원은 이를 단순히 '맡겨졌으니 혼자 해야 한다'고 생각하기보다 이해가 안 된 부분에 관해서는 질문하고 도움을 요청하며 일을 하나씩 추진하는 자세가 필요하다. 혹시라도 리더의 위임이 혼란스럽다면 "이 부분은 진행하면서 확인받아도 될까요?", "중간에 체크 포인트를 만들고 싶어요"라고 말하며 적극적인 피드백을 받으려고 노력해야 한다.

4. 심리적 안전감을 조성하며 감정적 지지를 잊지 않는다.

리더가 업무를 잘 배분하고 설명하는 것도 중요하지만, 그에 못지않게 구성원의 감정 상태나 심리적 부담을 배려하는 태도를 가져야 한다. 특히 경험이 적은 저연차 구성원은 '이 일을 잘 해낼 수 있을까?'라는 불안감, '실수하면 어떻게 하지?'라는 부담감을 안고 있을 가능성이 크다.

예를 들어, 팀원이 실수하면 "이걸 왜 이렇게 했어요?"라고 묻기보다 "이 부분을 이렇게 처리한 이유를 알고 싶어요" 혹은 "이 부분은 조금 다르게 접근하면 좋을 것 같아요. 같이 한번 다시 볼까요?"처럼 공감과 협력의 태도로 피드백을 줘야 한다.

또한 리더는 구성원의 실수를 '그럴 수 있다'고 이해하는 자세로 대화해야 한다. 누구나 처음은 어렵다. 자신의 올챙이 적 시절을 떠올리며 당시 팀장에게 바랐던 태도와 자세를 생각하면 도움이 된다.

리더는 구성원의 업무 성과뿐 아니라 정서적 안전감도 함께 챙겨야 한다. 사람들은 심리적으로 안전하다고 느껴야 실수를 두려워하지 않고 더 편하게 질문하고 대화를 시도한다. 이는 결국 팀 전체의 성장으로 이어진다. 간단한 예로, "처음 하는 일이라 어렵죠? 잘하고 있어요, 궁금한 건 언제든 물어보세요"라는 말 한마디가 구성원에겐 큰 힘이 된다. 이런 섬세한 말과 태도에서 신뢰와 심리적 안정감이 쌓인다. 리더의 격려와 존중이 느껴지는 순간, 구성원도 더 편하게 자신의 어려움을 드러낼 수 있다.

구성원은 자신이 아무리 노력해도 잘 모를 때는 이를 감추기보다 적극적으로 질문하거나, 도움을 요청해야 한다. 이것은 '실력 없음'의 표현이 아니라 성장을 위한 태도다. 물론 구성원 자신이 미리 충분히 고민하거나 알아보지도 않고 계속되는 질문을 통해서만 답을 알아가려고 하는 의존적 태도는 지양해야 한다.

저연차 구성원을 위한 권한위임 대화에서 살펴보아야 요소를 반영해, 구체적인 대화 상황을 구성했다. 이를 통해 리더와 구성원이 원온원 면담에서 어떤 방식으로 대화해야 하는지 참고할 수 있다.

1. 역량과 준비 상태를 파악한다.

2. 업무의 목적, 대상, 방식을 명확히 공유한다.

3. 구성원의 이해도에 따라 점진적으로 위임한다.

4. 심리적 안전감을 조성하며 감정적 지지를 잊지 않는다.

김 팀장은 자신이 담당하던 고객을 이제 1년차인 팀원 A에게 맡기는 것을 고려 중이다. 하지만 A는 현재 맡고 있는 고객과 관련된 일을 처리하는 과정에서 종종 실수한다. 관련 업무 절차를 몇 차례 알려줬음에도 그것과 다르게 진행한 경우도 있다. 솔직히 김 팀장은 A가 의지는 있지만 능력이 부족하다는 생각이 든다. 아직 이 친구에게 새로운 고객 일을 줘도 될지, 아니면 기존 고객들만 관리하게 할지 확신이 서지 않는다. 어떻게 대화해야 할까?

1. 목표 Goal

김 팀장 : A님, 요즘 고객사 주문 건은 좀 어때요? 처음 맡았을 때보다 얼마나 익숙해진 것 같아요?

A : 넉 달 정도 했어요. 처음보다는 많이 익숙해졌는데, 그래도 아직 프로세스가 정확히 다 숙지가 안 되어 있는 것 같아요. 이 부분을 명확하게 이해하고 싶어요.

김 팀장 : 그렇구나. 어떤 부분이 특히 어렵게 느껴지나요?

A : 고객 요청이 예상 못 한 방향으로 바뀔 때마다 좀 헷갈릴 때가 있어요. 샘플 승인 이후에 어떤 절차로 넘어가야 하는지 순서가 확실하지 않을 때가 있거든요.

김 팀장 : 음, 그 부분 중요한데. 사실 저도 최근에 A님 업무를 보면서 프로세스 부분을 좀 더 명확하게 정리해 알려줘야겠다고 생각했어요. 오늘 그 부분 같이 점검해 보면 어떨까요? 앞으로 업무 범위도 조금씩 넓혀가려면 지금 기본을 확실히 해두는 게 좋을 것 같아요.

A : 네, 좋아요. 저도 확실히 짚고 넘어가고 싶었어요.

합의된 목표

주제: 현재 고객 업무 프로세스 이해도 점검

목표: 업무 절차를 명확히 이해하고, 앞으로 업무 범위 확대를 위한 준비하기

2. 현재 상태 파악하기 Reality

김 팀장 : 그럼 최근에 진행했던 고객사 프로젝트 있잖아요. 그때 어떤 순서로 진행했는지 이야기해 줄 수 있을까요? A님이 어디까지 이해하고 있는지 제가 파악하고, 제 설명이 부족했던 부분도 같이 점검해 보려고요. (역량과 준비 상태를 함께 파악한다.)

A : 지난주 건 말씀하시는 거죠? 고객이 여름 시즌 셔츠 샘플 확인해 달라고 해서, 저는 생산팀에 바로 의뢰해서 시제품 만들고, 사진을 찍어서 보냈어요. 그런데 고객이 '원단이 다

르다'고 하면서 다시 수정 요청을 했어요.

김 팀장 : 아, 그 건. 혹시 샘플 제작 전에 원단 승인은 받았나요?

A : 아… 그 절차를 빼먹었나 봐요. 저는 샘플 요청이 바로 제작 의뢰인 줄 알았거든요.

김 팀장 : 그렇구나. 사실 우리 OEM 쪽 일은 고객 요구가 수시로 바뀌기도 하니까 헷갈릴 수 있어요. 그런데 샘플 제작 전에 원단 승인 절차를 꼭 거쳐야 해요. 왜냐하면 고객이 지정한 소재 테스트와 색상 견본 확인이 끝난 다음에만 샘플이 진행돼야 하거든요. 원단이 승인되지 않은 상태에서 샘플을 만들면 시간과 비용 낭비가 크고, 고객 신뢰도 떨어져요. 그래서 앞으로는 고객 승인 단계별로 체크리스트를 먼저 확인하고, 승인 후에 생산팀에 요청을 해야 해요. (업무의 목적, 대상, 방식을 명확히 공유한다.)

A : 아, 그래서 순서가 중요했구나. 이제 이해됐어요.

김 팀장 : 제가 방금 설명한 걸 바탕으로, A님이 이해한 전체 흐름을 한번 정리해 볼 수 있을까요? (팀원의 이해도에 따라 점진적으로 위임한다.)

A : 네, 우선 고객이 원단 견본과 색상을 승인하면, 그다음에 샘플 제작 요청을 하고, 샘플 피드백을 받은 뒤에 본 생산으로 넘어가는 거죠? 그리고 모든 변경 사항은 생산 전에 다시 고객 확인을 받아야 하고요.

김 팀장 : 맞아요, 아주 잘 정리했네요. 사실 저도 몇 번 설명했다고 생각했는데, 오늘 이야기해 보니까 제가 일정에 쫓겨서 좀 빨리 넘어간 부분이 있었던 것 같아요. A님이 질문할 시간도 충분히 안 줬고요.

A : 아니에요, 제가 잘 모를 때 그냥 넘어간 게 문제였던 것 같아요. 팀장님이 너무 바빠 보이셔서 질문하기도 어려웠거든요.

김 팀장 : 아, 그랬구나. 앞으로는 절차나 고객 피드백이 애매하면 바로 물어봐요. 혼자 판단하기보다 같이 점검하는 게 훨씬 안전하고, 그게 배우는 과정이니까요. 제가 바빠 보여도 언제든 물어봐요. 그게 제 역할이고, A님이 제대로 배워야 제가 더 많은 일을 맡길 수

있으니까요. (심리적 안전감을 조성하며 감정적으로 지지한다.)

A : 네, 알겠습니다. 이제는 고객 요청을 받으면 바로 제작이 아니라, 승인 절차와 일정 체크부터 먼저 하겠습니다.

김 팀장 : 좋아요. 이런 식으로 하나씩 확실하게 익혀가면, 앞으로 더 다양한 고객들도 맡을 수 있을 거예요.

3. 스스로 성찰하기|Reflection

김 팀장 : A님, 오늘 대화에서 배운 것이 있다면 뭘까요?

A : 음… 제가 팀장님이 설명할 때 더 명확히 이해하려고 적극적으로 질문하지 않았던 것 같아요. 저는 다 알아들었다고 생각하고 진행했는데, 알고 보니 놓친 부분이 있더라고요. 앞으로는 제가 이해했다고 생각해도 한 번 더 확인해야겠어요. 그리고 일하면서 팀장님께 정기적으로 피드백을 받아야겠다는 생각이 들었어요.

김 팀장 : 맞아요, 그거 중요해요. 저도 오늘 이야기하면서 생각해 보니, 제가 설명하긴 했지만 A님이 제대로 이해했는지 확인하지 않았던 것 같아요. A님이 어느 정도 알고 있을 거라고 가정하고 주기적으로 피드백도 안 줬고요. 솔직히 바쁘다는 핑계로 A님한테 충분한 시간을 안 준 것 같네요. 그래서 A님이 일을 잘 못한다고만 생각했는데, 사실 제가 팀장으로서 A님에 대해 잘 모르고 있었던 거죠.

A : 아니에요, 제가 더 적극적으로 물어볼걸 그랬어요.

4. 실행 계획 수립Action Plan

김 팀장 : 그럼 앞으로 어떻게 하면 좋을까요? 우선 A님부터 어떻게 할 건지 말해볼래요?

A : 일의 목적, 대상, 방식을 명확히 이해하면서 진행하겠습니다. 그리고 앞으로 일을 하다가 이해가 안 되는 부분이 있으면 팀장님께 질문하거나 도움 요청하겠습니다.

김 팀장 : 좋아요. 그럼 저는 A님에게 전체적인 그림을 설명하고 구체적으로 꼼꼼하게 업무 절차를 알려줄게요. 그리고 업무 매뉴얼을 같이 만들어보면 어떨까요? A님이 참고할 수 있도록요.

A : 네, 그러면 정말 도움이 될 것 같아요. 그럼 다음 주 금요일까지 제가 초안 만들어서 보내고 그 부분에 대해 피드백 받겠습니다.

김 팀장 : 그리고 앞으로 한 달에 한 번 정도 원온원 미팅을 통해 업무 체크하죠. 그때 A님이 헷갈리는 부분이나 어려운 점도 같이 얘기하고요. 이렇게 기본을 확실히 다지면서 하나씩 업무 범위를 넓혀가 봐요.

A : 네, 감사합니다. 그렇게 하면 훨씬 좋을 것 같아요.

저연차 팀원과 함께하는 권한위임 대화에 필요한 요소를 반영한 예시 문장을 준비했으니, 실제 대화에 적용해 볼 수 있도록 연습해 보자.

첫째, 역량과 준비 상태를 함께 파악한다.

/리더/

"지금까지 맡아본 일 중에서 가장 자신 있던 건 뭐였어요?"

"요즘 일하면서 잘 되는 부분이랑 아직 헷갈리는 부분이 있다면 뭐가 있을까요?"

"스스로 생각하기에 이 업무에 대한 지식, 스킬, 역량은 어느 정도라고 생각하세요?"

/구성원/

"저는 이 일을 X년 정도 진행했습니다."

"전체 흐름은 이해했는데, 세부적인 실행 방법에 있어서는 아직 명확하지 않습니다."

"이번 업무는 새롭지만, 시도해 보고 싶은 마음이 큽니다."

둘째, 업무의 목적, 대상, 방식을 명확히 공유한다.

/리더/

"이 업무는 ~라는 목적이 있고, 그 부분이 핵심이에요."

"이 일을 단계별로 정리해 보면 전체적인 흐름이 한눈에 보일 거예요. 같이 짚어볼까요?"

"예상 밖의 상황이 생기면 우선 어떤 기준으로 판단하면 되는지도 알려드릴게요."

/구성원/

"이 일이 팀의 목표에 어떤 부분을 차지하는 걸까요."

"이 업무를 할 때 가장 주의 깊게 봐야 할 부분이 뭔가요?"

"만약 예상치 못한 상황이 생기면 어떤 우선순위로 판단하면 좋을까요?"

셋째, 구성원의 이해도에 따라 점진적으로 위임한다.

/리더/

"지금까지 이해한 내용을 한번 말해볼래요? 같이 정리해 보죠."

"이번엔 제가 옆에서 같이 보고, 다음 번엔 혼자 해보는 걸로 해볼까요?"

"어려운 부분은 중간중간 알려 주면 제가 바로 도와드릴게요."

/구성원/

"제가 이해한 걸 한번 정리해서 말씀드릴게요. 맞는지 확인 부탁드려요."

"중간 점검 포인트를 미리 정해두면 진행하면서 덜 불안할 것 같아요."

"이 정도 진행했을 때 한 번 확인받아도 될까요?"

넷째, 심리적 안전감을 함께 조성하며 감정적으로 지지한다.

/리더/

"처음엔 누구나 시행착오를 겪어요. 괜찮아요."

"제가 처음 이 일을 했을 때도 비슷하게 어려웠어요. 충분히 이해해요."

"제가 옆에서 일을 하면서 보고 있으니까 너무 부담 갖지 말아요."

/구성원/

"처음이라 긴장되지만, 해보면서 배우고 싶어요."

"실수해도 괜찮다고 말씀해 주셔서 마음이 편해졌어요."

"이해가 안 되는 부분을 솔직히 말해도 괜찮다는 게 큰 도움이 됩니다."

고연차 구성원에게 일을 믿고 맡기는 대화

김 팀장은 7년차 이 과장에게 일을 맡길 때 중요한 부분을 놓치는 건 아닐까 싶어, 업무 지시를 더 세세하고, 더 꼼꼼하게 챙긴다. 어떤 순서로, 어떤 기준으로 일해야 하는지를 구체적으로 설명하고 중간중간 진행 상황도 점검한다. 김 팀장은 완벽하게 일이 처리되어 제대로 된 성과를 내야 한다는 압박감이 있다.

그래서 불안감이 크고, 결국 이 과장에 대한 구체적이고 꼼꼼한 확인과 간섭으로 이어진다. '이 과장을 믿긴 하지만, 내가 이렇게 챙겨야 더 좋은 결과가 나오지'라는 생각이다. 그런데 문제는 이 과장이 이런 방식을 부담스러워하거나 내심 불편해한다는 점이다.

이 과장도 김 팀장의 마음을 모르는 건 아니다. 중요한 프로젝트이고, 팀장으로서 책임감을 느끼기 때문에 꼼꼼하게 확인하는 것이라 이해한다. 하지만 7년차가 된 지금, 사소한 업무 순서나 결정 기준까지 일일이 지시받고 매일 보고하는 상황이 부담스럽다. 자신의 경험과 전문성이 존중받지 못한다는 느낌이 든다. 김 팀장이 수시로 진행 상황을 묻고 피드백을 주는 방식이 통제처럼 느껴진다. 이미 자신이 알아서 충분히 판단할 수 있는 사안까지 매번 확인받을 때면, '내가 이 정도도 못한다고 생각하는 건가, 나를 못 믿나?' 하는 서운함에 자존심이 상하기도 한다.

고연차 구성원에게 권한을 위임하는 대화에서 필요한 요소

고연차 구성원에게 권한위임을 하기 쉬운 이유는 기본적으로 업무에 대한 숙련도와 이해도가 높기 때문이다. 보통 5년 이상 경력의 구성원이라면 실무 경험을 통해 업무 프로세스에 대한 이해도가 높고, 문제 해결 능력이나 상황 판단력도 1~3년차 팀원에 비해 상대적으로 뛰어난 편이다. 그래서 이들에게는 다른 방식의 접근이 필요하다. 전체적인 방향과 목표를 공유하고 의사결정과 실행 권한의 범위를 넓혀서 위임하는 방식이 더 적합하다. 이때 리더는 '어떻게 하라(How)'보다는 '무엇을 해야 하는지(What)'와 '전반적인 방향성'을 중심으로 메시지를 명확하게 전달해야 한다.

고연차 구성원 입장에서도 이렇게 해야 자신의 경험과 전문성이 존중받는다고 느끼면서, 스스로 세운 전략에 맞춰 일을 진행하게 된다. 특히 이전에 주도적으로 일했거나 책임을 맡았던 경험이 있으면, 스스로 일을 끌어가는 데 익숙하고 자신감도 갖고 있을 수 있다.

하지만 리더와 구성원 모두 조심해야 할 점이 있다. 경력이 많더라도 새로운 조직에 들어온 경우, 조직 문화나 업무처리 방식이 익숙하지 않아 예상치 못한 어려움을 겪기도 한다. 리더로서는 해당 구성원이 현재 회사의 분위기와 업무를 충분히 이해하고 있는지, 지금의 환경에서 주도적으로 일할 준비가 되어 있는지를 점검해야 한다. 단순히 경력만 보고 '알아서 잘하겠지'라고 단정 짓기보다는 구성원에게 "이런 업무는 이전에 어떻게 진행했나요?", "우리 회사에서는 이런 업무를 이런 방식으로 진행해요"라고 안내하는 것이 필요하다. 경력직 팀원 입장에서도 과거와 다른 환경이라는 걸 받아들이고, 필요한 정보나 기준이 불명확할 경우 먼저 묻고 맞춰가는 적극적인 자세가 필요하다.

리더가 고연차 구성원에게 권한을 위임할 때 효과적으로 활용할 수 있는 6가지 요소를 살펴보자.

1. 리더는 위임할 업무와 직접 수행할 핵심 업무를 구분한다.

팀장의 역할은 자신이 모든 일을 직접 처리해서 성과를 내는 것이 아니다. 팀장은 팀원들의 역량을 최대한 활용해서 팀 전체의 성과를 만들어내는 것이 중요하다. 혼자서 일을 잘하는 실무자에서 팀을 이끄는 리더로 전환될 때, 가장 중요한 변화는 바로 이 관점의 전환이다. '내가 직접 하면 더 빠르고 정확하게 할 수 있다'는 생각에서 벗어나, '팀원들이 성장하고 주도적으로 일할 수 있는 기회를 제공하는 것'이 더 큰 가치를 만든다는 사실을 이해해야 한다.

리더십의 본질은 '모든 일을 직접 처리하는 것'이 아니라, 조직의 성과 극대화를 위해 어떤 자원을 어디에 집중할지 구분하는 것이다. 따라서 리더는 자신이 반드시 해야 할 핵심 업무와 위임할 업무를 체계적으로 구분해야 한다. 이를 통해 리더는 본연의 역할인 방향 설정과 전략적 의사결정에 집중하고, 구성원은 과업을 실행하면서 성장의 기회를 얻는다.

업무를 구분할 때는 '중요도'와 '긴급성' 두 가지 기준을 활용하는 것이 효과적이다. '아이젠하워 매트릭스Eisenhower Matrix'는 이 두 축을 기준으로 리더가 어떤 업무를 직접 수행하고, 어떤 업무를 위임해야 하는지를 판단하도록 돕는다.

리더는 회사의 비전과 전략 방향에 맞춰 팀이 어디에 집중해야 하는지 결정하고, 팀의 목표를 설정하며, 우선순위를 정하고, 전략적 의사결

	긴급함	긴급하지 않음
중요도 높음	가장 먼저 직접 처리해야 할 핵심 업무 (리더가 직접 하거나 부분적 위임)	계획적으로 챙겨야 할 전략적 업무 (리더가 직접 하거나 부분적 위임)
중요도 낮음	위임할 수 있는 업무	가능하면 줄이거나 제거할 업무

정 및 방향성 조율 등의 업무는 반드시 자신이 직접 수행해야 한다. 이러한 업무는 팀의 성과뿐 아니라 조직 전체의 방향과 직결되므로 리더의 판단과 실행이 필수적이다. 또한 이 과정에서 리더는 팀원들과 방향성을 공유하고, 공감대를 형성함으로써, 구성원이 자신이 맡은 역할의 의미를 명확히 이해하도록 이끌어야 한다.

반면 전략 방향이 정해진 후, 그에 따라 진행되는 실행 중심의 과제(시장 조사 및 자료 취합, 데이터 분석, 보고서 초안 작성, 세부 일정 관리, 결과 정리 등)는 구성원에게 위임하는 것이 바람직하다. 이러한 구조를 통해 리더는 전략적 사고와 의사결정에 집중하고, 구성원은 구체적인 실행을 통해 업무 경험과 주도성을 쌓을 수 있다. 특히, 중요도와 긴급성이 모두 높은 일이나 중요도는 높지만 긴급성이 낮은 업무에 대해서도 어떤 부분을 위임할지 세밀하게 검토해야 한다. 중요한 일이라도 세부 실행 단위로 쪼개어 일부를 위임하면, 구성원에게 도전의 기회를 제공하면서 리더의 부담도 줄일 수 있다. 이때 업무 목록을 만들어 위 매트릭스에 적어가며 판단하는 것이 바람직하다.

구성원 역시 수동적으로 업무를 기다리기보다 스스로 도전하고 싶은 과제나 더 책임지고 싶은 영역을 고민하여 리더에게 제안하는 태도를 가질 필요가 있다. 이는 리더가 구성원의 역량을 더 깊이 이해하고, 권한위임을 통해 성장 기회를 맞춤형으로 제공하는 데 도움이 된다.

2. 구성원의 경험과 성장 가능성을 고려해 '도전의 기회'를 준다.

업무를 위임할 때는 일이 적은 구성원이 아니라, 해당 업무를 가장 효과적으로 수행할 수 있는 사람을 선정해야 한다. 이를 위해 업무의 성격과 난이도, 요구되는 역량을 살피고, 구성원 각각의 경험·강점·성장 단계를 함께 고려해야 한다. 평소 구성원을 잘 관찰해 왔다면, 누가 어떤 상황과 업무에서 몰입하고 성과를 내는지 알 수 있다. 권한위임은 팀원의 성장 가능성을 극대화하기 위한 전략적 선택이기도 하다. 따라서 리더는 단순히 '누가 시간이 되는가'가 아니라, '누가 이 일을 가장 잘 하며, 이를 통해 더 크게 성장할 수 있는가'를 기준으로 위임 대상을 결정해야 한다.

리더는 구성원이 이미 잘할 수 있는 일뿐 아니라, 새로운 도전을 통해 성장할 수 있는 영역을 파악하고 있어야 한다. 특히 고연차 구성원이나 핵심인재에게는 단순한 실행 과제가 아닌 '리더가 되는 경험'를 제공하는 것이 중요하다. 이는 조직의 미래 리더로 성장할 수 있도록 '책임의 무게'를 경험하는 과정이다. 예를 들어, 프로젝트 운영 경험이 많은 고연차 구성원에게는 프로젝트 전체의 방향을 설계하고 후배를 코칭하며 리딩하는 역할을 부여한다. 특정 분야의 전문성을 가진 구성원에게는 해당 영역의 개선 과제나 신규 프로세스를 주도적으로 설계하고 실행하는 기회를 제공하는 것처럼 위임의 목적을 '경험 확장'과 '리더십 역량의 강화'에 두어야 한다.

앞서 4장에서 다룬 동기부여의 원리처럼, 구성원에게 일을 맡길 때는 그의 비전이나 장기적 성장 목표와 연결될 수 있는 과업을 부여하는 것 또한 중요하다. 지금 당장은 다소 버거워 보일 수 있지만, 적절한 지원과 피드백이 함께 제공된다면, 이는 구성원의 역량을 한 단계 끌어올리는 결정적 성장의 계기가 된다. 권한위임은 팀원의 역량을 키우는 과정이다. 적합한 사람에게, 적절한 타이밍에, 도전적 업무를 맡기면서 성장을 돕는 것, 이게 바로 리더의 전략적 위임이다.

3. 업무 목적, 대상, 기대를 전달하고 목표를 함께 설정한다.

권한위임은 리더가 구성원에게 의미 있는 과업을 맡김으로써 도전 기회와 성장 경로를 열어주는 것을 목적으로 한다. 리더는 구성원이 스스로 주도적으로 일할 수 있도록 '왜 이 일을 하는가(Why)', '무엇을 해야 하는가(What)', '어떤 성과를 기대하는가(Expectation)'를 명확하게 전달해야 한다.

앞서 저연차 팀원에게 설명했던 것처럼 리더는 구성원이 업무의 배경과 의도를 충분히 이해하도록 도와야 한다. 해당 일이 조직의 목표나 팀의 전략과 어떻게 연결되는지를 설명해야, 구성원이 주도적 사고로 과업의 의미를 인식하고 높은 책임감을 갖는다. '무엇을 해야 하는가(What)'에 대한 구체적인 범위와 역할을 정리하고, 구성원은 이를 바탕으로 실행 방안(How)를 스스로 구체화해야 한다. 저연차 구성원에게는 일을 어떻게 해야 하는지 알려줬다면, 고연차 구성원에게는 이러한 부분을 스스로 생각하고 진행하게 해야 한다. 또한 리더는 단순한 결과물뿐 아니라 성과 수준, 일정, 협업 방식 등 구체적인 기대치를 구성원과 공유해야 한다. 구성원은 리더의 기대를 정확히 이해하고 실행 계획과 리스크 관리 방안까지 제시할 수 있도록 노력해야 한다.

리더는 방향과 기대를 제시하고, 구성원은 현실적 실행 계획과 세부 목표를 논의하고 조율하는 과정에서 '리더가 시켜서 하는 일'이 아니라 '내가 리딩하는 일'이라는 주인의식을 가지게 되고, 리더는 구성원의 의견을 반영함으로써 실행력과 몰입도를 높일 수 있다. 효과적인 권한위임에서 중요한 것은 리더가 제시한 목표를 구성원이 어떻게 달성할 것인지 함께 논의하고 세부 실행 목표를 조율하는 것이다.

예를 들어, 리더가 "3분기까지 신규 고객 확보율을 20% 향상해야 합니다"라는 목표를 제시하면, 구성원은 "현재 리소스와 시장 상황을 고려할 때, 먼저 기존 고객 추천 프로그램을 강화하여 1분기 10%, 그 다음 직접 마케팅으로 2분기 추가 10%를 달성하는 방식은 어떨까요?"처럼 구체적인 실행 전략과 단계별 목표를 제안할 수 있어야 한다. 이렇게 큰 목표는 리더가 제시하되, 그것을 달성하는 방법과 과정은 구성원의 의견을 반영해 함께 만드는 것이 바람직하다.

이러한 과정을 통해 구성원은 목표 설정 단계부터 참여함으로써 '지시받은 일'이 아닌 '내가 만든 목표'라는 인식을 갖게 되고, 리더는 현장의 실질적 상황을 반영한 달성 가능한 목표를 수립할 수 있다. 또한 최종 결과뿐 아니라 중간 마일스톤도 함께 정해야, 구성원은 방향을 잃지 않고 일을 일관되게 진행할 수 있고, 리더는 적절한 시점에 필요한 지원을 할 수 있다. 결국 함께 설정한 목표는 구성원의 성장과 팀의 성과를 동시에 끌어내는 강력한 동력이 된다.

4. 판단 기준과 역할의 경계를 분명히 한다.

권한위임이 효과적으로 이루어지려면 업무를 맡기는 것보다 더 중요한 것이 있다. 바로 '판단 기준'과 '역할의 경계'를 명확히 하는 것이다. 리더가 아무리 의미 있는 과업을 위임하더라도, 구성원이 어디까지 스스로 결정할 수 있고 어떤 부분에서 보고나 승인을 받아야 하는지 모른다면 일의 속도와 품질이 모두 떨어진다. 그래서 리더는 구성원이 바로 실행에 옮길 수 있도록 명확하고 구체적인 정보를 제공해야 한다. 앞서 말한 업무 목적, 기대 성과, 마감 기한, 주요 일정, 필요 자료, 참고 정보, 협력 부서, 이해관계자 등을 미리 자세히 알려주는 것이다. 이러한 정보가 명확히 공유되어야 구성원이 혼란 없이 업무를 시작하고 진행할 수 있다.

무엇보다 중요한 것은 '어디까지 스스로 판단할 수 있는지'와 '어떤 경우에는 반드시 보고해야 하는지'의 경계를 분명히 하는 것이다. 리더는 구성원이 업무를 진행하면서 매번 확인을 요청하지 않고도 스스로 판단할 수 있도록 구체적인 의사결정 기준을 제시해야 한다.

예를 들어, 예산 집행의 경우 "xx만 원 이하의 비용은 자율적으로 집행하되, 그 이상은 사전 승인을 받으세요"처럼 명확한 금액 기준을 제시해야 한다. 외부 이해관계자와의 소통에 있어서는 "일상적 커뮤니케이션은 자유롭게 진행하되, 계약 조건 변경이나 새로운 약속은 반드시 사전에 공유해주세요"와 같이 상황별 기준을 정해야 한다. 업무 진행 과정에서는 "우리 팀 내부에만 영향을 미치는 일정 조정이나 업무처리 방식의 개선은 자율적으로 결정하고, 다른 팀과 관련되거나 전체 프로젝트 일정에 영향을 주는 변경 사항은 함께 논의합시다"처럼 영향 범위에 따른 기준을 명확히 해야 한다. 또한 리스크 수준에 따라 "실패해도 쉽게 되돌릴 수 있는 실험적 시도는 바로 실행하고, 되돌리기 어렵거나 고객 만족도에 직접 영향을 주는 사안은 사전에 상의해 주세요"라고 안내하는 것이 바람직하다.

이렇게 명확한 기준이 제시되어야 구성원은 스스로 책임감을 가지고 판단할 수 있고, 리더 역시 불필요한 개입 없이 신뢰를 바탕으로 위임을 유지할 수 있다. 일을 맡긴 후 구성원이 자율적으로 처리한 결과에 대해 "왜 내 허락 없이 했느냐"고 질책하는 리더가 종종 있다. 이는 구성원의 문제가 아니라, 처음부터 권한의 범위와 판단 기준을 명확히 전달하지 않은 리더의 책임이다. 따라서 리더는 처음부터 "이 부분은 자율적으로 결정해도 좋고, 이 단계에서는 반드시 보고해 주세요"처럼 구체적인 가이드를 제시해야 한다.

판단 기준과 역할의 경계를 명확히 하면, 구성원은 리더의 지시를 기다리는 수동적인 자세에서 벗어나 자율성과 책임감을 기반으로 일하는 주체적 구성원으로 성장할 수 있다. 리더 역시 구성원의 판단을 신뢰하며 보다 전략적인 업무에 집중할 여유를 확보하게 된다.

5. 리더는 실행 자원을 제공하고 구성원은 이를 기반으로 확장한다.

아무리 유능한 구성원이라 하더라도 필요한 정보나 도구가 부족하면 업무를 제대로 수행하기 어렵다. 따라서 리더는 업무를 맡기기 전에 업무에 필요한 자료, 레퍼런스, 연락처, 관련 시스템 접근 권한 등 실무 수행에 필요한 기반 자원을 제공해야 한다. 또한 진행 과정에서 팀원이 막히는 부분이 생겼을 때는 적극적으로 조언하고 조율해야 한다. 권한위임에는 실행 가능한 구조와 환경이 필요하다. 권한위임의 본질은 '방임'이 아니라 '지원 속 자율'이다. 즉, 리더는 구성원이 스스로 판단하고 실행할 수 있도록 실행 가능한 구조와 환경을 조성하는 조력자가 되어야 한다.

한편 구성원 입장에서도 필요한 자원이 있으면 바로 요청하고, 혼자 해결할 수 없는 문제가 발생하면 빠르게 공유해 협조를 구해야 한다. 주도적으로 일한다는 것은 모든 일을 혼자 해결한다는 뜻이 아니다. 필요한 자원을 스스로 확보하고 이를 전략적으로 활용해 목표를 달성하는 과정 전체를 책임지는 것이다.

6. 상황을 정기적으로 점검하고 피드백을 통해 함께 완성한다.

위임은 리더와 구성원이 함께 성과를 만들어가는 공동의 과정이지만, 모든 결과의 최종 책임은 리더에게 있다. 따라서 리더는 권한위임 후 나 몰라라 하는 것이 아니라, 끝까지 관심을 갖고 업무가 올바른 방향으로 진행되고 있는지 지속적으로 확인하고 피드백을 줘야 한다.

중간 점검은 상대를 믿지 못해서가 아니라 더 좋은 결과를 함께 만들기 위함이다. 업무가 완료된 후에도 단순히 결과만 평가할 게 아니라 업무에 대한 접근 방식, 판단 근거, 어려움 등 전체 과정을 함께 돌아보며 피드백 해야 한다. 권한위임은 리더와 구성원이 함께 책임지고, 함께 성과를 만들어가는 일이라는 점을 잊지 말아야 한다.

고연차 구성원에게 권한위임 하기 위한 대화에서 살펴보아야 할 요소를 반영해 구체적으로 대화하는 상황을 구성했다. 이를 통해 리더와 구성원이 원온원 면담에서 어떤 방식으로 대화해야 하는지 참고할 수 있다.

1. 리더는 위임할 업무와 직접 수행할 핵심 업무를 구분한다.

2. 구성원의 경험과 성장 가능성을 고려해 '도전의 기회'를 설계한다.

3. 업무 목적, 대상, 기대를 전달하고 목표를 함께 설정한다.

4. 판단 기준과 역할의 경계를 분명히 한다.

5. 리더는 실행 자원을 제공하고 구성원은 이를 기반으로 확장한다.

6. 상황을 정기적으로 점검하고 피드백을 통해 함께 완성한다.

김 팀장은 업무를 웬만하면 스스로 다 처리하는 편이다. 팀원에게 맡기면 시간도 오래 걸리고, 결과 수준도 자신이 하는 것에 비해 떨어지기 때문이다. 지난번에도 A차장에게 일을 줬다가 답답하고 속이 터질 뻔한 적이 있었다. 결과도 마음에 들지 않아 결국 김 팀장이 다 고쳐서 마무리했다. 그래서 그런지 요즘 너무 바쁘고 정신이 없다. 팀장으로서 자신이 해야 할 일을 하지 못하고 계속 실무에 머무르고 있는 것 같다. 이제는 업무를 좀 위임하고 싶은데 어떻게 해야 할까?

1. 목표Goal

김 팀장 : A차장님, 요즘 업무는 어때요? 바쁘죠?

A : 네, 그런 편이에요. 그런데 사실 요즘 제가 하는 일들이 반복적인 것이 많아서요. 기획이나 리딩할 수 있는 일을 하고 싶다는 생각을 하고 있었어요.

김 팀장 : 아, 그런 생각을 하고 있었군요. 먼저 그렇게 얘기하니 너무 반갑네요! 저도 최근 팀에서 여러 업무를 해내는 걸 보면서, 차장님이 이제 좀 더 전략적인 역할을 해볼 수 있는 시점이라고 느꼈거든요. 그럼 오늘은 제가 차장님께 위임하려고 하는 업무에 대해 배경을 설명하고, 목표와 범위도 같이 정해보면 좋겠어요.

A : 네, 좋습니다. 구체적으로 어떤 일을 맡게 주실지 궁금하네요. 제가 어디까지 자율적으로 결정할 수 있는지에 대한 기준도 알고 싶고요.

김 팀장 : 맞아요, 그 부분 중요하죠. 그럼 오늘 그 얘기 나눠봐요.

합의된 목표

주제: 새로운 업무 위임과 역할 확대

목표: 업무를 위임하며 배경을 알려주고, 목표와 범위 정하기

2. 현재 상태 파악하기|Reality

김 팀장 : 사실 우리 팀이 이제 다음 단계로 성장하려면, 팀원들도 각자 더 높은 수준의 역할을 맡아볼 필요가 있다고 봐요. 단순 품질 검토나 일상 점검 업무도 중요하지만, 차장님 같은 경우는 이제 프로젝트 단위로 품질 시스템을 개선하는 과제에 도전해 볼 시점이라고

생각해요. 이번에 우리가 추진하는 '공정 개선을 위한 품질 관리 프로젝트'가 있어요. 여러 공정 단계에서 발생하는 품질 이슈를 체계적으로 정리하고, 재발 방지 프로세스를 만드는 게 핵심인데, 이 프로젝트를 차장님이 맡아서 관리해 보면 어떨까 합니다. (리더는 위임할 업무와 직접 수행할 핵심 업무를 구분한다.) (업무 목적, 대상, 기대를 전달하고 목표를 함께 설정한다.)

A : 공정 관련 이슈는 지금까지도 계속 접해왔던 부분이라 익숙하지만, 프로젝트 전체를 이끌어본 경험은 없어서 약간 긴장되긴 하네요. 과연 제가 잘할 수 있을까 하는 부담감도 있고요.

김 팀장 : 그럴 수 있어요. 그런데 차장님이 공정 관리 쪽에 강점이 있고, 소통도 명확하게 하는 편이라 이번 프로젝트 담당자로 잘 맞을 거라고 봤어요. 그래서 처음에는 제가 방향을 같이 잡아줄 거고, 일정 관리나 중간보고는 정해진 틀 안에서 진행할 수 있도록 지원할게요. 이번 프로젝트가 차장님이 전략적 사고와 리더십을 키우는 좋은 기회가 될 거예요. (구성원의 경험과 성장 가능성을 고려해 '도전의 기회'를 설계한다.)

A : 네, 그렇게 말씀해 주시니까 부담보다는 기대감이 생기네요. 일정이나 주요 체크포인트는 제가 먼저 계획을 세워보고 검토받는 방식으로 하면 될까요?

김 팀장 : 좋아요. 프로젝트의 목적, 주요 결과물, 의사결정 범위, 필요한 리소스는 제가 미리 정리해서 알려줄게요. 예를 들어, 공정 개선 방향이나 프로세스 설계는 차장님이 주도적으로 결정하되, 예산이 500만 원 이상 들어가거나 타 부서와의 협의가 필요한 사안은 저와 먼저 상의해 주세요. 이런 식으로 판단 기준을 명확히 해두면 차장님도 편하게 진행할 수 있을 거예요. (판단 기준과 역할의 경계를 분명히 한다.)

A : 아, 그렇게 기준이 명확하면 확실히 일하기 편하겠네요.

김 팀장 : 그리고 프로젝트 진행하는 데 있어서 팀장님에게 필요한 자료나 과거 사례, 타 부서 협조, 추가 예산, 참고 자료 등과 같은 게 있으면 제가 찾아서 지원하겠습니다. 필요

한 리소스가 있으면 언제든 말해요." (리더는 실행 자원을 제공하고 구성원은 이를 기반으로 확장한다.)

A : 네, 감사합니다. 그럼 진행 중에 이슈가 생기면 바로 공유하고, 중간 점검은 어떻게 하면 좋을까요?

김 팀장 : 일주일에 한 번은 서면 보고로 진행 상황을 공유하고, 2주에 한 번은 30분 정도 미팅하면서 단계별로 조율해요. 결과뿐 아니라 과정도 같이 리뷰하면서 방향을 계속 다듬어 나가면 좋겠어요. (상황을 정기적으로 점검하고 피드백을 통해 함께 완성한다.)

A : 네, 알겠습니다.

3. 스스로 성찰하기|Reflection

김 팀장 : 그런데 차장님, 오늘 대화에서 어떤 생각이 들었어요?

A : 저도 한 단계 업그레이드될 수 있는 업무를 원했는데, 그런 부분을 팀장님께 미리 요청하지 못했던 것 같아요. 이번 대화를 통해 기회가 생겼고, 팀장님이 설명해 주신 업무 듣고 나니 해보고 싶다는 생각이 들었어요. 저도 어느 정도 업무에 대한 판단력과 경험이 쌓였으니, 그 정도 업무는 제가 스스로 처리할 수 있을 것 같아요. 그리고 권한위임에는 권한도 중요하지만 그에 대한 책임도 있다는 걸 알게 됐어요.

김 팀장 : 맞아요, 그거 중요해요. 저도 오늘 이야기하면서 생각해 봤는데요. 그동안 제가 실무를 하다 보니까 차장님한테 이런 기회를 충분히 드리지 못했던 것 같네요. 차장님이 이번에 이 프로젝트 잘 해내시면, 앞으로 더 다양한 역할도 맡아볼 수 있을 거예요.

A : 말씀 들으니 저도 더 책임감이 생기네요.

4. 실행 계획 수립|Action Plan

김 팀장 : 그럼 구체적으로 어떻게 시작하면 좋을까요?

A : 우선 위임받은 업무의 목적과 목표를 정확히 이해하고, 다음 주 금요일까지 실행 계획을 세워보겠습니다. 준비하면서 궁금한 점도 정리해서 미팅을 요청하겠습니다.

김 팀장 : 좋아요. 그럼 미팅 때 업무 전반에 대해 자세히 설명할게요. 프로젝트 목적, 주요 결과물, 의사결정 범위, 필요한 리소스 이런 것들요.

A : 네, 감사합니다. 이번 프로젝트 잘해보겠습니다.

김 팀장 : 이번 프로젝트가 차장님의 성장에 중요한 계기가 될 거예요. 제가 바로 뒤에서 지원할 테니 걱정하지 말고 잘해봐요.

고연차 구성원과의 권한위임 대화에 필요한 요소를 반영한 예시 문장을 준비했으니, 실제 대화에 적용해 볼 수 있도록 연습해 보자.

첫째, 리더는 위임할 업무와 직접 수행할 핵심 업무를 구분한다.

/리더/

"이번 팀 프로젝트에서 이 부분은 제가 맡고, 이 부분은 팀원님이 맡아주세요."

"전략 조율이나 외부 협업은 제가 맡을 테니, 내부 실행과 관리 부분을 주도해 주세요."

"중요하고 긴급한 사안은 제가 보겠지만, 실행 업무는 팀원님께 전적으로 맡기겠습니다."

/구성원/

"이 업무 중 제가 주도적으로 할 수 있는 부분을 정리해 보고 싶습니다."

"전략적 판단이 필요한 순간엔 사전에 상의드리고, 구체적인 실행은 제가 하겠습니다."

"팀장님이 다른 부분에 집중할 수 있도록, 이 부분은 제가 주도적으로 처리하겠습니다."

둘째, 구성원의 경험과 성장 가능성을 고려해 '도전의 기회'를 설계한다.

/리더/

"그동안의 경험이 이번 프로젝트에 큰 자산이 될 것 같습니다."

"이번 과업을 통해 팀원님의 전문성을 한 단계 확장할 수 있기를 기대합니다."

"지금까지의 강점을 기반으로, 조금 더 도전적인 역할을 맡아보는 건 어떨까요?"

/구성원/

"새로운 영역이지만 배우면서 성장하고 싶습니다. 도전해 보겠습니다."

"이번 기회를 통해 제 역할의 폭을 넓혀보고 싶습니다."

"이번 프로젝트가 제 전문성 확장에 도움이 될 수 있을 것 같아요."

셋째, 업무 목적, 대상, 기대를 전달하고 목표를 함께 설정한다.

/리더/

"이번 일을 맡긴 이유는 이 프로젝트가 조직의 핵심 변화와 연결되어 있기 때문입니다."

"최종 성과는 이 정도 수준을 기대하는데요. 현실적으로 어떻게 접근하는 게 가장 좋은지 의

견 주세요."

"팀원님의 의견을 듣고 조율하면서 최종 목표를 구체화하고 싶어요."

/구성원/

"이 업무가 조직 목표에 어떤 영향을 주는지 좀 더 구체적으로 알고 싶습니다."

"이 프로젝트의 핵심 성과 지표는 어떻게 설정하면 좋을까요?"

"업무의 목적과 기대 결과를 기준으로 계획을 세워보겠습니다."

넷째, 판단 기준과 역할의 경계를 분명히 한다.

/리더/

"이 범위에서는 구성원님의 판단을 전적으로 신뢰하겠습니다."

"다만 주요 결정은 사전에 공유하고, 필요 시 의견 교환 후 진행하면 좋겠습니다."

"경계가 애매한 부분은 미리 정리해 두어 혼선을 줄입시다."

/구성원/

"제가 독립적으로 판단할 수 있는 범위를 구체적으로 정리해 보겠습니다."

"결정 과정에서 어떤 정보나 데이터는 반드시 공유되어야 할까요?"

"외부 변수로 판단이 달라질 경우엔 어떤 절차로 상의드리면 될까요?"

다섯째, 리더는 실행 자원을 제공하고 구성원은 이를 기반으로 확장한다.

/리더/

"진행 중 추가 지원이 필요하면 언제든 말씀해 주세요."

"리소스나 인력이 부족한 부분이 있다면 우선순위를 함께 조정하죠."

"내부 협업이 필요한 부분은 제가 관련 부서와 연결해 드리겠습니다."

/구성원/

"필요한 자료나 지원이 있으면 바로 요청하겠습니다."

"예상되는 어려움이 있으면 미리 상의드리겠습니다."

"현재 리소스로 진행 가능한 범위를 먼저 파악해 보고 말씀드리겠습니다."

여섯째, 상황을 정기적으로 점검하고 피드백을 통해 함께 완성한다.

/리더/

"지금까지의 진행상황을 함께 점검해 보죠."

"진행 중 판단이 필요한 부분이 있으면 함께 검토하겠습니다."

"완료 후에는 전체 과정을 돌아보며 다음 단계 개선 포인트를 정리해 봅시다."

/구성원/

"진행 경과를 공유하고 싶습니다. 방향이 맞는지 의견 부탁드립니다."

"이 부분의 접근 방식을 리뷰해 주시기 바랍니다."

"정기적인 체크 포인트를 만들어서 함께 점검하면 좋을 것 같습니다."

CHAPTER 6

갈등관리

리더와 구성원이
다시 연결되는 대화

일을 하다 보면 갈등을 피할 수 없다. 리더와 구성원 간의 관계가 불편해질 수도 있고, 구성원들 사이에 문제가 생기기도 한다. 이럴 때 단순히 문제를 해결하는 데만 집중하기보다 그 안에 담긴 생각과 감정, 그리고 관계를 이해하려는 노력이 필요하다. 갈등은 한 쪽의 문제가 아니다. 서로 다른 입장과 기대, 표현 방식이 만나는 지점에서 생기는 자연스러운 현상이다. 따라서 갈등 상황에서는 상대방을 이해하려 노력하고 관계를 개선하겠다는 태도가 중요하다.

리더는 자신의 관점이나 감정을 점검하는 동시에, 구성원 각각의 입장과 배경을 열린 태도로 들어야 한다. 마찬가지로 구성원도 리더의 의도와 맥락을 이해하려 노력할 때, 갈등은 오히려 관계를 단단하게 만드는 기회가 된다. 이번 장에서는 두 가지 주요 갈등 상황에 대한 대화를 살펴본다.

첫째, 리더와 특정 구성원 간의 갈등 상황이다. 리더는 먼저 자기 기준, 감정, 관점을 성찰해야 한다. 구성원 입장에서는 리더의 기대와 피드백이 때때로 일방적이거나 과도하게 느껴진다. 따라서 리더는 '자신과 의견이 달라서, 혹은 업무 스타일이 달라서 구성원을 오해하고 있는 것은 아닌가?'라는 마음으로 자신을 돌아볼 필요가 있다. 이것이 관계 회복의 실마리를 찾는 첫걸음이다.

구성원 입장에서도 리더가 어떤 책임과 압박 속에서 의사결정을 하는지, 어떤 기준과 우선순위로 팀을 리딩하려는지 이해하려 노력해야 한다. 또한 갈등이 있을 때 리더의 잘못과 실수만을 찾아낼 게 아니라 자신의 태도를 먼저 돌아보려는 노력이 필요하다.

둘째, 구성원 간 갈등 상황에서 리더의 중재 대화다. 이런 상황에서 리더는 심판이 되면 안 된다. 구성원 입장에서는 갈등 상황에서 누가 '옳고 그른지'를 판단하는 사람보다, 자신의 이야기를 솔직하게 꺼낼 수 있는 사람, 자신의 이야기를 제대로 들어주는 사람이 필요하다. 리더는 갈등을 안전하게 드러낼 수 있는 심리적 안전감을 만들고, 구성원 간 공동 관심사를 확인하면서 협력을 촉진하는 조력자 역할을 해야 한다.

갈등 상황에서 구성원 역시 '더 효과적으로 일할 수 있는 방법'을 고민하며 대화에 참여해야 한다. 때로는 감정이 상한 상태에서 상대와 협업을 지속하는 것이 쉽지 않지만, 조직이라는 맥락 안에서는 갈등을 풀고 함께 일하는 방법을 찾아야 할 책임이 각자에게 있다. 리더가 개입해서 해결해 주기를 바라기보다 스스로 관계를 회복하고자 하는 의지를 갖는 것이 중요하다.

리더는 갈등의 본질을 들여다보고, 건강한 대화를 통해 신뢰와 협력의 문화를 만들어갈 수 있어야 한다. 구성원도 자신의 입장을 표현하고, 상대의 입장을 이해하려는 노력으로 갈등 해결 역량을 강화해야 한다. 이러한 관점에서 팀 내 갈등 상황을 어떻게 마주하고, 대화를 통해 어떻게 풀어갈 수 있을지에 대한 구체적인 접근법을 살펴본다.

리더와 구성원 간 갈등을 회복하는 대화

김 팀장은 요즘 팀원 A와의 관계가 불편하다. A는 팀의 일원으로서 맡은 바 역할을 제대로 수행하지 않고, 업무 태도도 나쁘다. 김 팀장이 업무와 관련된 지시나 피드백을 전달하면 A는 반응이 없거나 마지못해 듣는 듯한 표정으로 일관한다. 김 팀장은 A가 자신을 무시하는 것 같은 느낌을 받을 때가 많아 기분이 나쁘다. '일도 못 하면서 태도까지 안 좋으니 참 마음에 안 든다'는 생각이다. 대신 다른 팀원들과는 잘 지내는 것 같은데, 유독 자신에게만 불만이 있는 것 같다. A와 대화를 시도하고 싶지만, 괜히 긁어 부스럼을 만드는 것처럼 상황이 더 악화되지 않을까 걱정이다.

A도 김 팀장이 불편하다. 김 팀장은 대화를 하기보다 지적부터 하는 경우가 많고, 그럴 때마다 자신이 매번 부족한 사람이 되는 것 같다. 김 팀장의 피드백은 언제나 틀린 부분을 바로잡는 데 집중되어 있고, 과정이나 노력을 인정하는 경우가 드물다. 그러다 보니 A는 김 팀장이 자신을 좋아하지 않는다는 생각이 들고, 무엇을 해도 긍정적으로 보지 않을 것 같다는 생각이다. 그래서 A는 김 팀장과 눈을 마주치거나 직접적인 대화를 피하려는 경향이 생겼다. 심지어 김 팀장이 말을 걸까 봐 눈치가 보이고, 굳이 보고할 일이 없으면 슬쩍 자리를 피하게 된다. 회의에서도 김 팀장이 발언할 때는 의식적으로 반응을 줄이고, 궁금한 점이 있어도 질문을 하지 않는다. 자신이 하는 말이 또 다른 지적으로 돌아올까 봐 조심스러워진 것이다.

리더와 구성원 간 갈등 해결 대화에서 필요한 요소

리더는 특정 구성원의 일 처리가 항상 기대에 못 미친다는 생각이 들면, 그 사람과 대화를 할 때 뭔가 불편하다. 심지어 태도까지 좋지 않다고 판단하면 그 사람을 볼 때마다 자기도 모르게 부정적 감정이 올라오고 표정 관리가 되지 않는다.

이런 상황에서 리더는 스스로에게 이런 질문을 해야 한다. 구성원과의 관계가 불편한 것이 정말 그 사람의 책임일까?

- 나는 리더로서 그 사람과의 관계에서 어떤 책임이 있을까?
- 나는 리더로서 어디까지 책임을 져야 할까?
- 나는 그 사람과 어떤 관계를 맺고, 어떻게 함께 일하고 싶은가?
- 나와 그 사람과의 갈등이 조직 전체에 어떤 영향을 미치는가?
- 나와 그 사람이 대화를 통해 진심으로 얻고자 하는 건 무엇인가?

이는 리더로서 구성원과의 관계에서 자신의 역할과 영향력을 돌아보는 질문이다. 불편한 관계 속에서 상대만 탓할 것이 아니라 자신이 책임질 부분이 있다면 회피하지 않고 성찰해야 한다.

구성원 역시 마찬가지다. 갈등 상황에서는 리더가 자신을 싫어하거나 신뢰하지 않는 것처럼 느낄 수 있다. 하지만 갈등을 무조건 리더의 탓으로만 돌리거나 감정을 쌓아두는 것은 도움이 되지 않는다. 구성원 역시 스스로에게 물어야 한다.

- 나는 리더와 어떻게 일하고 싶은가?

- 나의 행동이나 반응이 리더, 우리 팀에 어떤 영향을 미치는가?

- 지금 이 관계에서 내가 바라는 것은 무엇이며, 그것을 위해 내가 할 수 있는 것은 무엇인가?

리더와 구성원 서로가 각자의 자리에서 관계를 돌아보고 책임을 인식하려고 노력해야, 갈등 해소의 실마리를 찾을 수 있다. 서로를 바꾸려 하기보다, 관계 안에서 자신의 역할을 먼저 성찰하는 것이 진짜 변화의 출발점이 된다. 다음의 4가지 요소를 확인해 보자.

1. 확증편향을 점검한다.

갈등 상황에서 리더와 구성원은 모두 자기 관점에 갇혀 상대를 오해하거나, 상대를 왜곡된 시선으로 바라보기 쉽다. 이때 가장 흔히 나타나는 심리적 경향이 '확증편향[14]'이다. 이는 자신이 이미 믿고 있는 생각 혹은 신념을 강화하는 정보만 선택적으로 받아들이고, 반대되는 정보는 무시하거나 축소해서 해석하는 심리적 경향을 말한다. 즉, 자신이 맞다고 믿으면 그 믿음을 강화하는 정보만 눈에 들어오고, 반대되는 정보는 인식하지 못하거나 보더라도 무시하는 것이다.

예를 들어, 김 팀장이 A를 성실하지 않다고 생각한다면 A가 잠시 커피를 마시고 있는 모습조차 '일을 안 하고 놀고 있다'고 해석할 가능성이 높

---

14) Mynatt, C. R., Doherty, M. E., & Tweney, R. D. (1977). Confirmation bias in a simulated research environment: An experimental study of scientific inference. Quarterly Journal of Experimental Psychology, 29(1), 85-95.

다. 반대로 A가 열심히 일하는 모습을 보더라도 무시하거나 당연하다고 치부한다. 반면, 긍정적으로 평가하는 팀원이 커피 마시는 모습을 보면 '잠깐이라도 쉬어야지, 평소에 잘하니까'라고 생각한다. 이렇게 같은 행동에 대한 해석이 사람에 따라 달라진다.

확증편향은 구성원에게도 똑같이 나타난다. 김 팀장이 자신을 싫어한다고 느낀 A는 김 팀장이 아무리 진심으로 자신의 성장을 위해 좋은 피드백을 전달해도 또 자신만 지적한다고 부정적으로 받아들이고, 작은 칭찬이나 격려에도 '빈말, 형식적인 말'이라며 의미를 축소하거나 무시하게 된다. 심지어 아무 의도가 없는 팀장의 무표정한 얼굴이나 짧은 말투도 차갑고 비난하는 태도로 해석한다.

이처럼 팀장과 팀원이 서로를 이미 '이런 사람'이라고 규정한 상태에서 관계를 바라보기 시작하면, 실제 행동보다 '내가 보고 싶은 것만 보는' 악순환이 반복된다. 여기에 '필패 신드롬Set Up To Fail Syndrome[15]' 이 작동하기도 한다. 이는 리더가 구성원을 무능력하고 나쁜 태도를 가졌다고 믿으면, 실제로 그 사람의 성과가 점점 나빠지는 현상을 말한다. 리더는 특정 구성원이 무능력하다고 '생각'하는 순간 무의식적으로 그 사람에게 곱지 않은 시선을 보내고, 말투도 날카로워지며, 의미 있는 일보다는 단순한 업무를 주는 경우가 많다. 해당 구성원은 이를 느끼고 '어차피 인정받지 못하니까 열심히 해도 소용없다'는 생각에 동기를 잃고 무기력해진다. 이렇게 되면 성과가 떨어지고 리더는 다시 자신이 맞았다는 생각을 강화한다.

---

15) Harvard Business Review, The Set-Up-To-Fail Syndrome, by Jean-François Manzoni and Jean-Louis Barsoux, From the Magazine (March–April 1998)

또한 구성원의 입장에서 리더가 자신을 싫어한다고 믿으면, 그런 생각을 강화하는 단서만 보게 되고, 리더의 노력이나 배려를 제대로 인지하지 못한다. 그렇게 서로의 확신이 굳어지고 그에 따라 말투, 표정, 업무 태도 전부가 영향을 받으면서 실제 관계가 더욱더 어려워진다.

결국 갈등을 풀기 위해서는 리더와 구성원 모두가 상대를 보는 자신의 시선을 돌아볼 필요가 있다. '지금 보고 있는 것이 전부일까? 혹시 보고 싶은 것만 보고 있지는 않은가?'라는 질문에 대답하면서 내면을 성찰하는 것이 확증편향을 넘어서기 위한 방법이다.

2. 자신의 기준을 생각한다.

리더는 '팀원은 이래야 한다', '일은 이렇게 해야 한다', '소통은 이런 방식이어야 한다'는 등의 기준을 자신도 모르게 갖고 있는지 돌아볼 필요가 있다. 사람들은 모두 다르다. 일에 대한 태도나 삶의 가치관도 그렇다. 실제 업무에 직접적인 지장을 주지 않음에도 불구하고, 자신의 기준에 부합하지 않는다고 느낄 때 부정적 선입관 혹은 감정이 생기지는 않은지 성찰해야 한다.

예를 들어, 리더는 회사 업무를 우선시하고, 구성원은 개인 시간을 중요하게 여길 수 있다. 혹은 빠르고 명확한 보고를 중시하는 리더가 있는 반면, 신중하고 조심스러운 커뮤니케이션을 추구하는 구성원이 있을 수 있다. 이런 차이는 '맞고 틀림'의 문제가 아니라 '다름'의 문제다. 그럼에도 불구하고 자신이 정해 놓은 방식과 다르면, 어느 순간 '무책임하다', '예의 없다', '태도가 나쁘다', '일을 못 한다'라고 단정 지었던 건 아닌지 돌아봐야 한다.

구성원의 경우 리더의 기준이 유연하지 않다고 느껴지면 그의 말과 행동에 반발심이 생기고 그와 거리를 두게 된다. '왜 나는 아무리 해도 인정받지 못하지?', '내가 능력이 그렇게 부족한가?' 하는 의문 속에서 자율성과 동기를 잃고, 형식적 반응만 하게 된다. 많은 경우 리더가 자신이 원하는 업무 결과, 업무처리 방식에 대한 기준을 명확히 말하지 않고서, 알아서 그 기준에 맞춰야 한다고 생각한다. 당연히 구성원은 그 기준을 모른 채 나름의 방식으로 열심히 일한다. 하지만 실망하고 못마땅해하는 리더의 모습을 보며 구성원은 혼란스러워진다.

리더와 구성원이 함께 갈등 없이 일하기 위해서는, 서로의 차이를 파악하고 이해하며 맞춰가려는 태도와 노력이 필요하다. 리더는 자신의 기준을 구성원에게 강요하지 않도록 주의해야 하고, 구성원은 자신의 방식이 팀 전체의 흐름과 충돌하지는 않은지 열린 자세로 돌아봐야 한다.

서로의 기준, 일하는 방식, 말하는 스타일을 모르면 오해가 쌓인다. 이와 관련하여 서로가 지속적으로 소통한다면, 상대에 대한 이해도가 높아지고, 함께 일하는 과정에서의 신뢰와 협력도 자연스럽게 깊어진다. 서로의 다름을 인정하고 꾸준히 소통할 때, 갈등이 줄고 건설적인 에너지가 생긴다.

3. 판단보다는 호기심을 갖는다.

앞서 살펴본 바와 같이 우리가 누군가를 불편하게 생각하는 이유는 대부분 상대를 판단할 때 자신의 생각에 맞추기 때문이다. 리더라면 지금 자신이 옳다고 느끼는 생각만 고수하는 것은 아닌지 돌아봐야 한다. 자신만이 옳다고 생각하면 대화는 닫힌다. 반대로 상대가 옳을 수 있다는 호기심 어린 태도는 대화를 연다.

예를 들어, 리더가 "왜 그렇게 밖에 일을 못 하나?", "왜 그런 식으로 말하지?"라는 판단으로 접근하면, 대화는 공격과 방어전이 된다. 반면 "이런 방식으로 진행한 배경이 궁금해요", "그 말에 어떤 의미가 담겨 있었는지 듣고 싶어요"와 같은 열린 질문은 상대가 자신을 표현할 수 있는 공간을 제공한다. 판단은 관계를 막고, 호기심은 관계의 문을 조금씩 연다.

구성원 또한 리더를 향해 "왜 나만 싫어하지?", "왜 저렇게 예민하지?", "왜 나만 자꾸 지적하지?"처럼 상대의 의도를 추측하거나 단정 지으면 안 된다. 특히 리더의 말투, 표정, 피드백을 '자신만 미워한다'는 시선으로 해석하면, 오해가 반복되고 관계는 점점 더 멀어진다. 하지만 호기심을 품고 "팀장은 어떤 생각으로 이런 피드백을 했을까?", "어떤 결과를 기대하고 이 이야기를 하는 걸까?"라고 한 번 더 생각하거나 조심스럽게 물어봐야 한다. 때로는 단지 타이밍이 안 좋았거나, 말로 표현되지 않은 기대가 있을 수 있다. 물어보지 않으면 상대의 진짜 마음을 알 수 없다. "왜 저래?"라고 말하며 멈추지 말고 "무슨 이유인가요?"라는 질문으로, 판단보다 호기심을 먼저 가져야 한다.

4. 해결보다 연결을 우선한다.

갈등 상황에서 대화를 시작할 때 우리는 '이 문제를 빨리 해결해야 한다'는 압박을 느낀다. 특히 리더 입장에서는 팀 내 갈등이 업무에 나쁜 영향을 미칠까 봐 걱정되어 빠른 조치를 취하려고 하고, 구성원 입장에서도 불편한 상황이 길어지는 것을 피하고 싶어 얼른 마무리 짓고자 한다. 그러나 갈등 대화의 본질은 즉각적 해결이 아니라 서로를 이해하고 관계를 회복하는 것에 있다.

문제를 풀어가는 과정에서 가장 필요한 것은 '무엇이 맞는지'가 아니라 '서로가 어떤 마음이었는지'를 이해하는 태도다. 상대가 느꼈던 감정, 어려움, 입장을 충분히 듣고 "그럴 수 있겠네요", "그 상황이라면 그렇게 느낄 수 있겠어요"라고 공감하는 말이 어떤 논리적 해결책보다도 훨씬 강한 힘을 갖는다.

리더로서 '왜 이런 일이 생겼는가'를 따지기보다 구성원이 어떤 감정을 겪었는지 진심으로 들어야 한다. 그 순간 구성원은 '문제로 여겨지는 사람'이 아니라 '이해받는 존재'가 된다. 그래야 마음을 연다. 반대로 구성원 역시 리더가 갈등 상황에서 느꼈던 어려움이나 책임의 무게를 들으려고 노력해야, '팀장과 팀원'이 아니라 '사람 대 사람'의 관계로 팀장을 대할 수 있다.

사람들은 해결책을 제시하는 것보다 자신의 이야기를 들어주길 원한다. 충분히 이해받았다는 느낌이 들면 문제가 자연스럽게 해결되기도 한다. 연결은 신뢰를 만들고, 신뢰는 문제 해결의 토대가 된다. 중요한 것은 갈등 상황에서 '누가 옳은가', '어떻게 정리할까'보다, 서로가 연결될 수 있는 지점을 찾는 것이다. 연결에 집중할수록 앞으로 생길 수 있는 오해와 갈등은 줄어든다.

리더와 구성원의 갈등 회복 대화에서 살펴보아야 할 요소를 반영해 구체적으로 대화하는 상황을 구성했다. 이를 통해 리더와 구성원이 원온원 면담에서 어떤 방식으로 대화해야 하는지 참고할 수 있다.

1. 확증편향을 점검한다.
2. 자신의 기준을 생각하다.
3. 판단보다는 호기심을 갖는다.
4. 해결보다 연결을 우선한다.

김 팀장은 다음 주에 팀원들이 퇴근 후 업무 관련 교육에 참여하기를 원한다. 이 교육은 업무 수행에 있어 매우 중요한 내용으로, 참여한 시간만큼 휴가를 쓸 수 있다. 그런데 팀원 A가 교육 며칠 전, 개인 사정으로 참석할 수 없다는 메일을 보냈다. 김 팀장은 메일을 받고 화가 났지만, 감정을 다스린 후 차분하게 이야기하는 것이 좋겠다고 판단하여 즉시 대화를 신청하지는 않았다. 하지만 계속 나쁜 감정이 남아 있다.

1. 목표Goal

김 팀장 : A님, 잠깐 이야기 나눌 수 있을까요? 지난번 교육 관련해서 메일 주셨잖아요.

A : 네, 팀장님. 혹시 무슨 일이세요? 제가 뭐 잘못한 게 있나요?

김 팀장 : 아니요, 잘못했다기보다는 그 메일을 보고 여러 가지 생각이 들어서요. 직접 이야기 나누는 게 좋겠다고 생각했어요. 음, 앞으로 비슷한 상황이 생겼을 때 어떻게 대화하면 서로에게 좋을지 같이 얘기해 보면 어떨까 해서요.

A : 아, 네. 알겠습니다.

합의된 목표

주제: 교육 불참 상황에서의 커뮤니케이션

목표: 교육에 참여하지 못하는 사정이 생겼을 때, 대화 방법 정하기

2. 현재 상태 파악하기Reality

김 팀장 : 그날 개인 사정이 있다고 했는데, 어떤 상황이었는지 좀 더 듣고 싶어요. (판단보다는 호기심을 갖는다.)

A : 네, 그날은 개인 일정이 미리 잡혀 있었고, 중요한 일이라 빠질 수가 없었어요. 메일로 먼저 말씀드렸으니까 괜찮을 거라고 생각했어요.

김 팀장 : 그랬군요. 사실 그 교육이 워낙 중요한 내용이라서, 그 주에 모두가 들었으면 하는 생각이 있었거든요. (자신의 기준을 생각한다.)

A : 아, 저도 그 교육을 중요하게 생각하지 않았던 건 아니에요. 다만 퇴근 후 시간이기도 하고 자율적인 분위기라고 느껴서 이번엔 빠져도 괜찮겠다고 판단했어요. 다음에 같은 교육이 있으니 그때 들으면 된다고 가볍게 생각했던 것 같아요.

김 팀장 : 음, 그랬군요. 교육에 대해 제가 충분히 설명을 안 한 것 같네요. 혹시 메일로 보

낸 이유가 있을까요?

A : 솔직히 대면으로 말씀드리는 게 좀 어렵기도 해서 메일을 보냈어요. 메일로 상황을 설명했으니 충분히 이해하실 거로 생각했거든요.

김 팀장 : 그렇게 생각했군요. 사실 저는 메일을 받고 좀 의아했어요. 평소에는 업무할 때 직접 얘기하는 편이잖아요. 그래서 뭔가 일방적으로 전달받는 느낌이 들더라고요. (확증 편향을 점검한다.)

A : 아, 그렇게 느끼셨구나. 그건 제가 생각 못 한 부분이네요. 지금 돌이켜보면 저도 조금 더 확인해야 했다는 생각이 드네요.

김 팀장 : 이야기를 들어보니 저도 교육의 중요성을 충분히 설명하지 못했던 것 같아요. 앞으로는 교육 목적이나 내용을 직접 안내할게요. 또 메일이나 공지 외에도 구두로 전달하려고 해요. 그래서 혹시 불참이나 다른 일정이 생기면, 가능하면 메일보다는 얼굴 보고 이야기 하면 어떨까요? 그래야 저도 상황을 더 명확하게 이해할 수 있을 것 같아서요.

A : 네, 알겠습니다 팀장님. 앞으로는 그렇게 해볼게요.

3. 스스로 성찰하기|Reflection

김 팀장 : A님, 오늘 대화하면서 어떤 생각이 들었어요?

A : 불참 의사를 메일로 먼저 알렸지만, 직접 말로 설명했으면 더 좋았겠다는 생각이 들었어요. 교육의 중요성과 맥락을 충분히 이해하지 못한 채 제 입장에서만 판단했던 것 같아요. 사실 교육에 불참한다는 걸 대면으로 이야기하는 게 불편해서 이메일을 보냈던 건데, 이런 방식이 더 오해를 만들 수 있다는 걸 알게 됐어요. 팀장님이 이런 상황에서 구두로 이야기하는 걸 원하니, 앞으로 그렇게 소통하도록 노력해야겠어요.

김 팀장 : 고마워요. 저도 이번 기회로 팀원들과의 소통 방식이나 교육 목적에 대한 공감대가 충분히 형성되었는지 돌아보게 됐어요. 사실 이야기를 나눠보니 교육 불참 자체보다

이메일로 전달받은 방식에서 제가 좀 서운했던 것 같네요. 저는 이런 일은 얼굴 보고 이야기하는 게 맞다고 생각하는 편이고, A님은 메일이 더 편하다고 느끼는 거였네요. 이런 차이를 이해하게 됐어요.

4. 실행 계획 수립Action Plan

김 팀장 : 그럼 앞으로 어떻게 하면 좋을까요?

A : 앞으로는 교육의 중요성과 목적을 제대로 파악하겠습니다. 그리고 부득이한 불참이 생기면, 이에 대한 논의를 메일보다는 대면으로 하겠습니다.

김 팀장 : 좋아요. 저는 앞으로 팀원들에게 교육의 필요성과 목적을 명확히 공유할게요. 그리고 특정 상황이 발생했을 때 이메일보다 먼저 대화하자고 협의하겠습니다. 교육 자료는 정리해서 공유할게요. 궁금한 내용이 있으면 언제든 편하게 이야기해요. (해결보다 연결을 우선한다.)

A : 감사합니다, 팀장님. 이렇게 이야기 나누니까 오히려 마음이 한결 편해졌어요.

김 팀장 : 저도요. 이렇게 얘기해서 좋았어요.

리더와 구성원 갈등 회복 대화에서 필요한 요소를 반영한 예시 문장을 준비했으니, 실제 대화에 적용해 볼 수 있도록 연습해 보자.

첫째, 확증편향을 점검한다.

/리더/

"내가 이 사람을 평소 어떤 이미지로 보고 있었을까?"

"이번 일에서 내 선입견이 영향을 준 건 아닐까?"

"먼저 '이 사람은 항상 이런 식이야'라고 단정해 버린 건 아닐까?"

/구성원/

"나는 리더를 어떤 시각으로 바라보고 있었을까?"

"리더는 '나를 싫어한다'는 생각이 과장된 건 아닐까?"

"리더의 긍정적 의도보다 감정만 보고 판단한 건 아닐까?"

둘째, 자신의 기준을 생각한다.

/리더/

"나는 어떤 기준으로 일을 판단하고 있었을까?"

"내 방식이 '정답'이라고 믿고 강요한 건 아닐까?"

"구성원의 일하는 스타일이나 속도를 충분히 이해하려 했을까?"

/구성원/

"나는 어떤 가치나 기준을 중요하게 생각해 왔나?"

"내 기준이 리더의 기대와 어떻게 달랐을까?"

"나의 방식이 상대방에게 명확하지 않을 수 있었겠다"

셋째, 판단하기보다 호기심을 갖는다.

/리더/

"그때 어떤 상황이었는지 조금 더 듣고 싶어요."

"그런 판단을 하신 이유가 궁금합니다."

"그 상황에서 어떤 제약이나 고민이 있었는지 들어보고 싶어요."

/구성원/

"팀장님께서 어떻게 생각하는지 궁금합니다."

"제가 너무 제 입장에서만 판단한 건 아닌가 싶어요."

"팀장님의 관점을 조금 더 이해하고 싶습니다."

넷째, 해결보다 연결을 우선한다.

/리더/

"그 상황이 쉽지 않았을 것 같아요. 충분히 이해됩니다."

"말해줘서 고맙습니다. 덕분에 저도 더 이해하게 됐어요."

"지금 이 대화가 서로를 더 알아가는 계기가 되었으면 합니다."

/구성원/

"리더님 입장에서도 답답하셨을 것 같아요."

"그때 제 행동이 오해를 살 수 있었다는 걸 이제 알겠어요."

"그렇게 느끼셨을 수도 있겠네요. 이해됩니다."

구성원 간 갈등을 조율하는 대화

김 팀장은 최근 두 팀원 간의 갈등으로 고민이 많다. A와 B는 협업이 필수적이지만, 서로의 관계가 좋지 않아 업무가 원활하지 않다. A는 B가 업무 능력이 부족하고 책임감이 없어서 불만이고, B는 A의 태도가 너무 거칠어서 불만이다. 현재 A와 B는 눈조차 마주치지 않고 말도 거의 섞지 않는다. 김 팀장은 두 사람이 갈등을 풀고 다시 협력할 수 있도록 중재하려 노력하지만, 생각보다 상황이 쉽게 나아지지 않아 답답하다. '이대로 두면 팀 전체 분위기는 물론 성과에도 나쁜 영향을 미칠 텐데, 누구의 편도 들지 않으면서 어떻게 중립적으로 조율해야 할까? 어떻게 하면 두 사람이 서로 협력하며 일하고 성과를 내게 할 수 있을까?'와 같은 고민이 깊어진다.

A, B 역시 업무가 부담스럽고 일이 힘들게 느껴진다. 관계가 불편하니 대화를 안 하게 되고, 그러다 보니 일도 잘 안된다. 처음에는 단순한 의견 차이라고 여겼지만, 점점 감정의 골이 깊어지면서, 이제는 같은 공간에 있는 것만으로도 긴장되고 피곤하다. 하지만 한편으로는 이렇게 계속 피할 수만은 없다는 걸 잘 알고 있다. 같이 일해야 하는 상황이라 더 답답하고 어쩔 줄 모르겠다. 자신의 일 처리 방식이나 태도를 좀 바꾼다 하더라도, 상대가 어떻게 반응할지 모르겠다.

구성원 간 갈등 조율 대화에서 필요한 요소

리더는 구성원 간의 갈등 상황에서 한쪽의 말이나 주장에만 귀 기울이지 말고, 균형 잡힌 시선으로 문제를 봐야 한다. 또한 갈등의 본질을 파악하고, 구성원 각자가 그 상황에서 어떤 입장과 감정이 있는지 이해하려고 노력해야 한다.

리더가 공정하다는 확신이 없으면 문제의 당사자들은 쉽게 방어적으로 변하거나 대화 자체를 회피한다. '팀장님은 저 팀원 말만 듣네', '팀장님은 저 팀원 편인가 보네'라는 의심이 들면, 아무리 말해도 소용없을 것이라는 생각에 대화는 겉돈다. 리더는 구성원 각자의 의견이 무시되지 않고, 편안하고 안전하게 말할 수 있는 공간을 제공해야 한다.

이런 갈등 상황에서는 보통 개별 대화에서 공동 대화로 이어지는 단계적 접근이 필요하다. 구성원 역시 감정이 격해진 상태에서 곧바로 상대와 대면하는 것은 부담스럽고 위협적으로 느껴진다. 따라서 리더는 초반에 구성원 각자의 이야기를 개별적으로 듣고 나서, 각자의 감정을 정리하고 표현할 수 있는 기회를 제공하는 게 바람직하다. 이런 과정이 구성원에게는 자신의 감정과 반응을 돌아보고, 왜 그렇게 느꼈는지 성찰하는 시간이다. 다음의 5가지 요소를 고려하며 대화를 시작하자.

1. 공정함에서 신뢰가 시작된다.

갈등 상황에서 리더는 두 당사자의 입장을 공정하게 경청해야 한다. 어느 한쪽의 말만 듣고 판단하면, 다른 구성원은 리더에 대한 신뢰를 잃고 대화를 꺼린다. 특히 리더가 특정 사람의 말에만 귀를 기울이면, 그 사람은 점차 리더에게 의존하게 되고, 스스로 문제를 해결하기보다 리더에게 책임을 떠넘기려는 태도를 보일 수 있다. 반대로 자신의 입장이 충분히 반영되지 않는다고 느끼는 사람은 소통을 포기하거나 방어적으로 대화하게 된다.

리더는 스스로 공정하다고 생각할 수 있지만, 실제로 그렇게 행동하고 있는지를 늘 점검하고 성찰할 필요가 있다. 각각의 입장을 진지하게 듣고 중립적인 태도로 이해하며, 다양한 맥락까지 공감할 때 구성원들은 '공정하게 대우받고 있다'는 인식을 갖는다. 이때 비로소 리더를 신뢰하고 자신의 생각과 입장을 솔직하게 표현한다.

겉으로 드러난 말이나 행동만 보고 섣불리 판단하기보다 왜 그런 말과 행동을 하게 되었는지 이해하려는 태도가 중요하다. 전체적인 맥락과 배경을 들어야 진짜 문제를 볼 수 있다. 예를 들어, 한 팀원이 회의 중 짜증 섞인 말투로 다른 사람의 말을 자르며 의견을 제시했다고 하자. 겉으로는 무례하고 감정적인 행동처럼 보이지만, 어쩌면 그는 며칠째 과중한 업무로 지쳐 있었고, 이미 여러 차례 수정 요청이 반영되지 않아 좌절감을 느꼈을지도 모른다. 리더라면 그 사람의 힘든 상황과 감정에 먼저 공감해야 한다.

2. 서로에게 중요한 이슈를 명확히 한다.

갈등 상황에서 리더는 본질을 정확히 파악하기 위해, 각 구성원이 실제로 무엇을 문제로 느끼는지 표현하는 기회를 주어야 한다. 이는 단순히 갈등의 내용을 드러내는 것을 넘어, 스스로 문제를 말로 정리하고, 생각을 명확히 하며, 상대의 입장을 직접 들으면서 오해를 줄이고 이해의 폭을 넓히는 과정이기도 하다.

예를 들어, "두 분이 각각 생각하는 갈등의 핵심은 무엇인가요?", "이 상황에서 가장 어려웠던 점은 무엇이었나요?"와 같은 질문으로 구성원 각자의 관점을 구체적으로 말할 수 있도록 돕는다. 또한 "이 상황을 해결할 의향이 있나요?", "앞으로 어떤 관계를 기대하나요?"와 같은 질문은 갈등에 대한 태도와 기대를 점검하는 기회를 제공한다.

이 과정에서 리더는 상대방을 비난하지 않으면서 자신의 입장을 표현하도록 돕는 역할을 해야 한다. 예를 들어, "두 분 모두 서로를 비난하지 말고 자신의 입장에서 이야기 해봅시다"라고 말하거나, 한 팀원이 "나를 매번 중요한 회의에서 배제해서 기분이 나쁩니다"라고 말하면, 리더는 "당신은 중요한 논의에 충분히 참여하지 못했다고 느끼는군요"처럼 상대를 공감해야 한다.

또한 구성원이 각자 자신의 이야기를 충분히 할 수 있는 환경을 만드는 것도 중요하다. 리더는 발언 순서를 조정하고, 시간을 균형 있게 배분하며, 어느 한쪽의 말에 감정적으로 반응하지 않고, 두 사람의 이야기를 끝까지 들을 수 있도록 관리해야 한다. 필요할 경우 대화의 흐름을 정리해 논점이 감정적 충돌로 번지지 않도록 조율하는 것도 필요하다.

이러한 과정을 통해 구성원들은 자신이 왜 불편했는지를 명확히 인식하고, 동시에 상대의 관점과 감정을 새롭게 이해하는 기회를 갖게 된다.

3. 공통의 목표를 찾는다.

갈등이 계속될수록 두 사람 모두 상대의 태도나 말투에 집중하고, 문제의 본질보다는 감정 충돌로 흐르기 쉽다. 이럴 때 리더는 갈등 해소 방향을 '누가 맞고 틀리냐'가 아니라 '무엇을 함께 이루고자 하느냐'로 전환해야 한다.

이를 위해 "이 문제를 해결하는 것이 서로에게 각각 어떤 이유에서 중요할까요?", "이 갈등이 지속될 때, 어떤 점이 본인의 일에 방해가 되나요?"와 같은 질문을 던지면서, 각자에게 갈등 해결의 의미를 말하게 하면서 '더 나은 협업 관계 맺기', '성과 내기'와 같은 중요한 목표가 있음을 서로가 깨닫게 만들어야 한다.

또한 리더는 두 사람의 차이보다 공통점을 발견하도록 돕는 역할에도 관심을 가져야 한다. 둘 다 지금보다 나은 협업을 원한다는 사실을 강조하며, 함께 바라는 지점을 찾아주는 것이다. 예를 들어, 두 사람 모두 프로젝트의 성과를 중요하게 생각하거나, 팀 분위기를 무겁게 만들고 싶지 않다는 공통된 마음을 확인시켜 주는 것이다.

구성원 입장에서도 이러한 대화를 통해 '서로가 친구처럼 친밀할 필요는 없지만, 함께 일하며 성과를 내야 한다는 공통의 목적은 있다'는 사실을 다시 떠올리게 된다. 그러면 현재의 갈등이 자신의 목표에 어떤 영향을 미치는지를 자연스럽게 성찰하는 기회가 된다. '이대로는 자신도 불편하고, 결국 자신의 일에도 좋지 않겠다'는 인식이 생기면, 문제를 대하는 태도가 달라진다.

결국 리더가 공통의 관심사와 목표를 발견하도록 이끌 때, 갈등은 단순한 대립이 아니라 함께 해결해야 할 공동의 과제로 전환된다. 이 지점에서부터 두 사람은 비로소 같은 방향을 바라볼 수 있고, 갈등 해결의 실마리가 생긴다.

4. 해결을 위한 실행 계획을 세운다.

공통의 목표를 확인한 뒤에는, 실제로 갈등을 어떻게 풀어나갈 것인지에 대한 구체적 실행 계획을 함께 세워야 한다. 이 단계에서 리더는 문제를 주도적으로 해결하기보다 당사자들이 스스로 해법을 고민하고 제안할 수 있게 대화의 방향을 열어주는 역할을 한다. 예를 들어, 리더는 "이 문제를 풀기 위해 앞으로 어떤 노력이 필요할까요?", "서로 협업하기 위해 어떤 방식이 도움이 될까요?"와 같은 질문으로 구성원 스스로 실질적 대안과 행동 방안을 말하게 한다. 이런 질문은 구성원이 단순히 불만을 제기하는 사람이 아니라, 문제 해결을 위한 책임감을 스스로 가져야 함을 일깨워 준다.

또한 "우리가 팀 성과를 위해 공동의 책임을 지고 가장 효과적으로 행동한다면 무엇을 해야 할까요?"와 같이 팀 전체의 관점에서 문제를 바라보게 하는 질문을 던짐으로써, 갈등을 개인 간의 대립이 아닌 팀 차원의 과제로 확장할 수 있다. 이는 갈등의 책임이 구성원 모두에게 있다는 인식을 갖게 한다. 물론 구성원 입장에서는 이런 과정이 다소 부담스러울 수 있다. 그러나 동시에 스스로 상황을 바꿔나갈 수 있는 기회이기도 하다. 감정이 어느 정도 정리되고, 리더가 자신의 말을 존중한다는 신뢰가 형성되면 구성원은 자신이 해볼 차례라는 태도를 갖게 된다.

단, 실행 계획이 추상적이거나 모호하면 흐지부지되기 쉽다. 따라서 구체적이고 실행 가능한 합의로 연결하는 것이 중요하다. "의견 차이가 있을 때는 상황에 대한 질문을 먼저 합니다. 그리고 상대의 말을 끝까지 듣고 나서 이야기를 이어갑니다", "일정 관련 내용은 반드시 캘린더에 등록해 투명하게 공유합시다"처럼 명확한 기준과 행동 지침을 함께 정하는 것이다. 이런 실천 계획은 구성원 모두가 갈등을 단지 '풀자'고 말하는 데 그치지 않고, 실제로 다른 방식으로 일하겠다는 의지를 행동으로 옮기는 출발점이 된다.

5. 피드백을 나누고 성장으로 이어간다.

대화의 목적을 갈등 해소에 국한시키지 말고 성장의 기회로 삼으려는 태도가 필요하다. 구성원들이 서로의 차이를 이해하고, 그 경험을 통해 함께 성장할 수 있도록 이어가야 한다는 말이다. 리더는 대화 후 각 구성원이 어떤 부분에서 더 나아질 수 있을지 함께 고민하고, 적절한 피드백을 통해 이번 경험을 성장의 기회로 전환해야 한다.

구성원 역시 오늘의 대화를 단순한 문제 해결이 아니라 자신을 돌아보는 성찰의 시간으로 삼아야 한다. 갈등 속에서 자신의 언어와 태도, 감정 반응을 되짚어보며 앞으로의 관계를 더 건강하게 만들 방법을 찾아보는 것이다. 리더가 "오늘 대화를 통해 어떤 점이 가장 인상 깊었나요?", "무엇을 새롭게 느꼈나요?"라고 질문하면, 구성원은 자연스럽게 자신의 감정과 배움을 정리하게 된다. 이런 질문을 통해 구성원은 "상대의 입장을 조금 더 이해하게 되었다"는 말을 하기도 하는데, 이는 서로에 대한 마음의 문이 조금씩 열리고 있음을 보여주는 신호다.

결국 리더는 단순한 중재자나 판결자가 아니라, 조직이 더 건강하고 성숙하게 작동하도록 돕는 촉진자이어야 한다. 갈등을 피하거나 덮기보다 그것이 안전하게 드러날 수 있는 구조를 만들고, 그 과정에서 신뢰와 성찰, 성장을 확장하는 문화를 만드는 것, 그것이 리더의 중요한 역할이다.

두 팀원 간의 갈등을 조율하기 위한 대화에서 살펴보아야 할 요소를 반영해 구체적으로 대화하는 상황을 구성했다. 이를 통해 리더와 구성원들의 대화에서 어떤 방식으로 대화해야 하는지 참고할 수 있다.

1. 공정함에서 신뢰가 시작된다.
2. 서로에게 중요한 이슈를 명확히 한다.
3. 공통의 목표를 찾는다.
4. 해결을 위한 실행 계획을 세운다.
5. 피드백을 나누고 성장으로 이어간다.

김 팀장은 팀원 두 명이 서로 불편한 관계를 유지하고 있어 업무 성과에 부정적 영향을 주는 것 같아 걱정이다. A는 B의 업무 처리 방식이 미숙해 자신이 피해를 본다고 생각한다. B는 A가 자신을 대하는 태도가 나쁘다고 생각한다. 김 팀장이 보기에 A는 조금 감정적으로 B를 대하는 것 같아 B가 안쓰럽게 느껴진다. 중재를 시도했지만 두 사람 사이의 감정의 골이 깊어 쉽게 해결되지 않는다.

1. 목표Goal

김 팀장 : 두 분 다 시간 내줘서 고마워요. 요즘 협업 중에 좀 어려운 부분이 있는 것 같아서 이렇게 같이 이야기하는 시간을 갖게 되었어요.

A : 네, 팀장님.

B : 네…

김 팀장 : 오늘은 두 분이 어떻게 하면 좀 더 편하게 같이 일할 수 있을지 이야기 나눠보면 좋겠어요. 제가 판단하거나 누굴 탓하려는 게 아니라, 앞으로 우리가 어떻게 일할 수 있을지 실질적인 방법을 찾아보고 싶어요.

A : 네, 저도 대화를 통해 같이 일할 수는 있다는 최소한의 기준을 찾고 싶어요.

B : 저도요. 지금처럼 계속 가면 안 될 것 같아요.

김 팀장 : 좋아요. 그럼 오늘은 서로의 입장을 이해하고, 협업 방법을 찾아보죠.

합의된 목표

주제: 두 팀원 간의 협업 어려움

목표: 서로의 입장을 이해하고, 협업 방법 찾기

2. 현재 상태 파악하기Reality

김 팀장 : 먼저 두 분이 각각 어떤 이슈가 있다고 느끼는지 들어보고 싶어요. A님부터 말해볼래요? (서로에게 중요한 이슈를 명확히 한다.)

A : 저는 B님과 일하면서 솔직히 답답한 부분이 많았어요. 업무 실수가 반복되고 일정 조율이 잘 안 되다 보니, 저까지 피해를 보고 있거든요. 초반에는 말도 좀 했지만, 아무리 말해도 바뀌지 않으니까 점점 말을 세게 하게 됐고, 지금은 솔직히 얘기해도 안 바뀔 거라고 포기하게 된 상태예요.

김 팀장 : B님은 어떠세요?

B : 저는… 솔직히 A님이 저한테 말을 너무 강하게 해서 힘들었어요. 저도 부족하다는 걸 알고 있고 개선하려고 노력하는데, A님은 늘 짜증스러운 말투로 다그치니 기분이 나빠요. 요즘은 아예 말을 섞지 않으려고 피하게 되고, 같이 일하는 게 너무 힘들어요.

김 팀장 : 두 분 다 나름대로 어려운 점이 있었던 것 같아요. 지금은 대화가 거의 단절된 상태로 보이는데, 각자 어떤 입장에서 이 문제를 보고 있는지 조금 더 나눠볼까요?

A : 저는 솔직히 책임감이 부족하다고 느꼈어요. 같은 실수를 반복하고, 문제가 생겨도 사과도 없고, 결국 제가 수습하는 일이 많았거든요. 일할 때마다 저만 더 부담이 생기는 것 같고, 결국 그 책임은 제가 다 지게 된다는 생각에 짜증이 났어요.

B : A님이 본인 속도가 빠른 건 생각 안 하는 것 같아요. 저도 제 방식으로 하고 있는데, 문제가 생기면 대화보다는 바로 비난부터 하니까, 같이 일하는 게 어렵게 느껴졌어요.

김 팀장 : 두 분 이야기를 들어보면, A님은 일이 차질 없이 진행되길 바라는 마음에서 답답함을 느꼈고, B님은 존중받으며 함께 일하고 싶은 마음에서 상처받은 것 같아요. 표현 방식은 달랐지만, 사실 두 분 다 좋은 결과를 내고 원활하게 협업하고 싶다는 마음이 있는거네요. 그렇다면 이 문제를 해결해야 하지 않을까요? (공통의 목표를 찾는다.)

A : 이렇게 대화 없이 계속 가면 프로젝트가 제대로 진행되지 않을 것 같아요. 저 혼자 다 감당할 수도 없고요.

B : 저도요. 지금처럼 불편한 관계가 계속되면 일도 꼬이고, 팀 전체에도 영향이 갈 것 같아요.

김 팀장 : 그러니까 A님은 일이 제때 진행되길, B님은 좋은 분위기 속에서 협업하길 바라는 거네요. 결국 두 분 다 팀이 잘 돌아가야 한다는 공통된 목표를 가지고 있는 거예요. 우리 모두의 목표는 '서로 협력해서 팀이 좋은 결과를 내는 것'이네요.

A, B : 네.

김 팀장 : 그런데 오늘 대화를 하면서 느낀 점이 있을까요? 서로에게든, 스스로에게든. (피드백을 나누고 성장으로 이어간다.)

A : 전에는 'B님은 일을 제대로 안 한다'는 생각만 했는데, 제가 말이나 태도를 거칠게 했던 게 결국 관계를 끊어버리는 방식이 되었고, 그건 저에게도 도움이 되지 않는다는 걸 이제야 알 것 같아요. 앞으로는 불만이 있더라도 어떻게 표현해야 상대도 받아들일 수 있을지 고민해 봐야겠어요.

B : 처음엔 A님이 너무 심하게 반응한다고만 생각했는데, 저도 계속 실수를 반복해 왔던 건 사실이고, 그게 A님에게 큰 스트레스였다는 걸 인정하게 됐어요. 이제는 저도 제 역할에 대해 좀 더 책임감을 가져야 하고, 기대에 맞는 결과를 보여줄 수 있도록 노력해야겠어요. 성과를 내야 하는 게 우리 모두에게 중요하니 이 부분을 생각해서 제가 어떻게 개선할지 방법을 찾아봐야겠어요.

김 팀장 : 저도 오늘 두 분 이야기 들으면서 생각해 본 게 있어요. 그동안 제가 이 상황을 제대로 보지 못했던 것 같아요.

(속마음: 사실 B님이 위축된 모습에 나도 모르게 그쪽 이야기에 더 귀를 기울이고 있었던 건 아닌지 돌아보게 됐다. A님은 그런 내 태도에 서운함을 느꼈을 수도 있고, 팀장으로서 내가 공정하게 보이지 않았을 수도 있다. B님의 업무 미숙함에 대해서는 충분히 짚지 못한 채, A님의 태도만 문제 삼았던 건 아닌가. 그렇게 하다 보니, B님의 실수가 반복되었고 A님은 자신만 책임지는 상황에 불만을 점점 더 쌓아왔다. 한편 B님에게도 명확한 기대와 책임을 이야기해야 하고, 동시에 A님에게도 감정 표현 방식에 대한 개선이 필요하다는 점을 분명히 전달해야겠다. 결국 팀장인 나는 한 쪽에 치우치지 않고 공정하게 이 상황을 바라보는 게 무엇보다 중요하며, 이 갈등이 두 명 모두에게 성장의 기회가 되도록 하는 게 내

역할이다.) (공정함에서 신뢰가 시작된다.)

김 팀장 : 앞으로는 두 분 모두에게 명확한 기대를 전달하고, 서로가 성장할 수 있도록 지원하는 게 제 역할인 것 같습니다.

4. 실행 계획 수립Action Plan

김 팀장 : 그럼 지금 상황을 조금이라도 개선하기 위해, 우리가 함께 해 볼 방법에는 어떤 게 있을까요? 두 분이 직접 생각해 보면 좋겠어요. (해결을 위한 실행 계획을 세운다.)

A : 업무 진행 중 불만이나 문제가 생길 경우, 말투나 태도에 주의하며 건설적으로 표현하는 방법을 익히겠습니다. 그리고 먼저 일정을 공유받기만 기다리지 않고, B님과 주간 단위로 진행 상황을 점검하는 시간을 만들어보겠습니다.

B : 네 그게 좋을 것 같아요. 이번 주 수요일부터 오전 9시 30분에 간단히 공유하면서 시작하면 좋을 것 같아요. 저는 일정이나 업무에 변경이 생기면 바로 A님께 알려드리겠습니다.

김 팀장 : 좋아요. 아주 구체적이네요. 그리고 제가 1개월간은 두 분의 업무 과정에 개입해서 중재하는 역할을 하겠습니다. 업무적으로 제가 해결해야 하는 부분이 있으면 지원할게요. 다음 주에 오늘 약속이 어떻게 진행되고 있는지 함께 점검해 보죠. 필요하면 언제든 이야기해 주세요.

A, B : 네, 감사합니다.

김 팀장 : 고맙습니다. 두 분 모두 솔직하게 이야기해줘서 감사해요.

팀원 간 갈등 조율 대화에 필요한 요소를 반영한 예시 문장을 준비했으니, 실제 대화에 적용해 볼 수 있도록 연습해 보자.

첫째, 공정함에서 신뢰가 시작된다.

/리더/

"각자의 어려움을 먼저 들어보고 싶어요."

"서로의 이야기를 끊지 않고 끝까지 들어주는 걸 함께 약속했으면 합니다."

"어느 한쪽의 편을 들기보다, 함께 해결책을 찾는 자리로 만들고 싶어요."

/구성원/

"그때 저의 상황과 느꼈던 감정에 대해 이야기해 보겠습니다."

"함께 이야기할 기회를 주셔서 감사합니다."

"현재 상황이 너무 답답해서 솔직하게 말씀드리고 싶습니다."

둘째, 서로에게 중요한 이슈를 명확히 한다.

/리더/

"그때의 상황과 감정을 구체적으로 말씀해 주시면 이해가 쉬울 것 같습니다."

"무엇이 가장 불편했고, 어떤 부분이 반복되면 힘들다고 느끼셨나요?"

"이 갈등의 본질이 '일의 방식'인지, '소통의 방식'인지 함께 짚어보죠."

/구성원/

"제가 힘들었던 건 업무 처리 방식에서 기대와 달랐기 때문이에요."

"상대방의 태도가 반복되면서 점점 피하게 됐던 것 같습니다."

"저도 제 의도가 오해받았던 부분이 있어서 힘들었어요."

셋째, 공통의 목표를 찾는다.

/리더/

"이 문제를 해결하는 게 각자에게 어떤 의미가 있을까요?"

"이 갈등이 풀리면 팀워크나 성과 측면에서 어떤 변화가 생길까요?"

"둘 다 말을 들어보니 이런 공통의 목표가 있네요."

/구성원/

"이 부분이 잘 해결되면 저한테는 ○○ 부분이 도움 될 것 같습니다."

"이 관계가 회복되면, 일도 훨씬 수월해질 것 같습니다."

"저도 좋은 성과를 내고 싶고, 그러려면 협력이 필요하다고 생각해요."

넷째, 해결을 위한 실행 계획을 세운다.

/리더/

"앞으로 비슷한 상황이 생기면 어떻게 대응하면 좋을까요?"

"서로가 소통할 때 지키면 좋을 원칙을 정해볼까요?"

"구체적으로 '이건 이렇게 하자'라는 합의를 만들면 좋겠습니다."

/구성원/

"앞으로 진행 상황을 주기적으로 공유하겠습니다."

"불편한 부분이 생기면 쌓아두지 않고 바로 말씀드릴게요."

"피드백을 주고받을 때 표현 방식을 서로 합의하면 좋을 것 같아요."

다섯째, 피드백을 나누고 성장으로 이어간다.

/리더/

"오늘 대화를 통해 새롭게 느낀 점이 있나요?"

"이번 상황을 통해 서로 배운 점이나 변화가 있다면 공유합시다."

"저도 오늘 대화를 통해 리더로서 저의 역할도 돌아보게 되네요."

/구성원/

"오늘 대화를 통해 제 말하는 방식을 다시 돌아보게 됐습니다."

"상대의 생각을 듣게 되고 나에 대해 어떻게 느꼈는지 알게 되어 도움이 됐어요."

"혼자 고민하기보다 이렇게 이야기로 풀 수 있어서 도움이 됐어요."

CHAPTER 7

변화관리

새로운 관계에서
신뢰를 쌓는 대화

19세기 영국의 생물학자 찰스 다윈은 '살아남는 종은 강하거나 똑똑한 종이 아니라, 변화에 가장 잘 적응하는 종이다'라고 말했다. 이처럼 변화에 적응하는 것은 선택이 아니라 생존의 조건이다. 시장은 유기체처럼 끊임없이 변한다. 그 안에서 조직뿐 아니라 팀과 개인 모두 지속적으로 생존하기 위해서는 변화에 민감하게 반응하고 능동적으로 적응해야 한다.

리더에게 변화는 리더십의 책임을 새롭게 일깨우는 계기다. 새로운 팀을 맡거나, 기존의 팀 구조를 개편하는 경우 리더는 '방향 설정', '팀 안정화' 등의 중요한 과제를 안게 된다. 동시에, 구성원에게도 큰 변화가 생긴다. 익숙했던 구조나 방식이 바뀌고, 낯선 사람과 새롭게 협업해야 하고 맞춰가야 하기 때문이다. 여기서는 변화의 두 가지 상황에서 리더가 나눠야 할 대화에 관해 이야기하고자 한다.

첫째, 팀을 맡은 신임 리더의 상황이다. 업무 환경도 낯설고, 조직을 이끄는 리더십 또한 새롭게 학습해야 할 과제다. 이 시기에 리더는 '조직이 나아가야 할 방향'과 '각자의 역할'을 함께 정리하고, 서로에 대한 기대를 경청하는 대화를 통해 신뢰의 기반을 쌓아야 한다.

둘째, 서로 다른 조직이 통합되는 경우다. 겉으로는 하나의 조직이 되었지만, 서로 다른 문화와 관점이 충돌하면서 일시적으로 긴장감이 생긴

다. 이럴 때 리더는 구성원 각자가 품고 있는 불안과 우려를 잘 들어줘야
한다. 구성원 역시 과거의 방식만 고집하기보다는 새로운 팀이 함께 창
출할 수 있는 가치에 집중해야 한다. 리더와 구성원 모두 자신이 지켜야
할 가치를 명확히 하면서도, 함께 변화시켜 갈 부분에 대해서는 열린 자
세를 유지해야 한다.

변화는 늘 불확실성을 동반한다. 하지만 불확실성을 버티는 힘은 시스
템이나 전략이 아닌 리더와 구성원의 신뢰와 대화에 있다.

신임 리더로서 구성원과 신뢰를 쌓는 대화

김 팀장은 신임 팀장이다. 이번에 처음 팀장이 되어 설레기도 하지만 그
만큼 긴장도 된다. 이제 막 출발선에 선 그는 팀원들에게 믿음을 주는 팀
장이 되고 싶고, 존중받는 리더로 성장하고 싶다.

'좋은 팀장이 된다는 건 구체적으로 어떤 모습일까?', '신뢰를 얻는 리더
십은 어떻게 만들어갈 수 있을까?' 특히 김 팀장은 첫 단추를 잘 끼우는
것이 중요하다는 걸 잘 알고 있다. 그래서 더 고민된다. '처음 만나는 팀
원들에게 무슨 말을 어떻게 건네야 함께 일하고 싶다는 마음을 갖게 할
수 있을까?'

팀원들도 걱정이 많다. 익숙했던 방식과 관계에서 벗어나 낯선 팀장을
맞이하면서 새로운 분위기와 기대 수준을 파악하느라 조심스럽다.

신임 리더가 구성원들과 신뢰를 쌓기 위해 필요한 대화 요소

처음 리더가 되면 누구나 막막함을 느낀다. 업무는 익숙하지만, 마치 전혀 다른 사람이 되어야 할 것 같은 부담감이 찾아온다. '이제는 팀장답게 리더십을 보여야 한다'는 말은 그저 막연하게 들리고, '팀장이 되면 무엇이 달라질까?', '팀원들과는 어떤 이야기를 나눠야 할까?', '어떻게 대화해야 신뢰를 쌓을 수 있을까?' 같은 질문이 머릿속을 맴돈다. 신임 팀장이라면 누구나 한 번쯤 겪는 자연스러운 고민이다.

팀원도 마찬가지다. 새로운 팀장을 맞이하는 일은 절대 가볍지 않다. 새로운 리더가 어떤 사람인지, 어떤 분위기를 만들지 조심스레 살피며 적응하려 한다. '구관이 명관이면 어쩌지'라는 불안감도 생긴다.

그래서 신임 팀장은 취임 초기 팀원 전원과 함께 미팅을 하면서 서로의 기대와 생각을 나누는 것이 좋다. 이런 시간이야말로 팀 전체가 '하나의 팀'으로 나아가기 위한 출발선이다. 다음의 5가지 요소를 살펴보면 그 과정에 도움이 될 것이다.

1. 변화의 배경을 공유하고 이해한다.

조직의 변화 시점에 구성원들이 가장 먼저 느끼는 감정은 '불안감'이다. 리더가 바뀌거나 구조 조정 등의 변화가 생기면, 구성원들은 자연스럽게 '왜 이런 변화가 일어났는가', '이 변화가 내 업무에 어떤 영향을 미치는가', '앞으로 무엇이 어떻게 달라질 것인가' 등의 의문을 갖는다.

이때 신임 팀장이 가장 먼저 해야 할 일은 변화의 배경과 이유를 투명하게 공유하는 것이다. 현재의 변화가 어떤 전략적 방향 속에서 이루어졌는지를 설명해야 한다. 예를 들어, "이번 조직 개편은 우리 사업부가 내년부터 고객 중심의 운영 방식으로 전환하기 위한 준비 단계입니다. 특히 우리 팀은 핵심 고객 데이터를 분석하고 기존 고객뿐 아니라 새로운 고객을 발굴하는 전략을 만드는 중요한 역할을 맡게 됩니다"라고 구체적으로 설명할 수 있어야 한다. 변화의 맥락이 공유되면 불필요한 추측과 소문이 줄고, 구성원들이 느끼는 막연한 불안도 상당 부분 해소된다.

구성원들은 변화의 이유를 스스로 추측하기보다, 적극적으로 질문하고 이해하려는 태도를 갖는 것이 중요하다. 변화의 목적을 이해하면 불안감도 줄어들 수 있다.

2. 변화 속에서의 '새로운 조직의 미션과 비전'을 전달한다.

구성원들은 '새로운 팀장이 왔는데, 이 팀장이 새롭게 정의하는 우리 팀의 방향과 목표는 무엇일까?'라는 궁금증을 갖게 된다. 따라서 새로운 리더는 팀의 존재 이유인 미션과 나아갈 방향, 목표인 비전을 명확히 전달해야 한다.

미션은 우리 팀이 왜 존재하는지, 조직 내에서 어떤 근본적 가치와 역할을 담당하는지를 의미한다. 과거 방식이나 역할에 안주하지 않고, 새로운 환경과 변화된 전략 속에서 해당 팀이 어떤 의미를 지니고 있는지를 재정립해야 한다.

예를 들어, 데이터 분석팀의 신임 팀장이라면 "지금까지는 각 부서가 필요한 데이터를 요청하면 우리가 자료를 정리해 전달했습니다. 하지만 이제는 단순한 자료 제공에서 벗어나려 합니다. 우리 팀은 데이터 분석을 통해 조직의 문제를 먼저 발견하고, 더 나은 의사결정을 가능하게 만드는 역할을 할 것입니다. 예를 들어, 최근 이탈 고객 비율이 높아졌다면 그냥 데이터만 전달하는 것이 아니라 어떤 고객군에서 이탈이 많았고 어떤 패턴이 있는지를 분석해 마케팅팀이나 고객지원팀에 먼저 제안하는 것입니다. 우리 팀은 조직이 고객 중심 전략의 방향을 잡는 데 실질적인 기여를 하는 존재입니다"라고 말할 수 있어야 한다.

이처럼 미션은 단순히 우리 조직이 '무엇을 하는가'를 넘어서, '왜 그것을 하는가', '우리 팀이 없다면 조직에 어떤 공백이 생기는가'를 보여준다.

미션이 '왜 존재하는가'에 대한 답이라면, 비전은 '어디로 가야 하는가'에 대한 구체적인 방향과 목표다. 변화된 환경에서 구성원들은 '그럼 앞으로 우리 팀의 목표는 뭐지?', '무엇을 달성해야 하지?'라는 질문을 할 수 있다. 따라서 신임 리더는 이 시점에 팀의 비전과 그에 따른 목표를 명확히 제시해야 한다.

예를 들어, "우리 팀의 목표는 향후 1년 내에 조직의 모든 주요 의사결정에 데이터 기반 인사이트를 제공하는 필수 파트너가 되는 것입니다. 이를 위해 분기별로 핵심 지표 대시보드를 구축하고, 반복되는 요청은 정기 리포트로 자동화하며, 각 팀과의 정기 미팅을 통해 선제적으로 분석 니즈를 파악하겠습니다"와 같은 내용이 될 수 있다.

이처럼 비전과 목표를 함께 제시하면, 구성원은 자신이 어떤 기준으로 일해야 하는지 명확히 이해하게 된다. 또한 단기적 실행 과제뿐 아니라, 장기적으로 어떤 역량을 발전시켜야 하는지도 자연스럽게 인식하게 된다.

구성원 입장에서도 미션과 비전을 수동적으로 듣기만 해서는 안 된다.

'우리 팀의 미션이 구체적으로 내 업무와 어떻게 연결되는가?', '제시된 비전을 달성하기 위해 내가 갖춰야 할 역량은 무엇인가?', '목표 달성 여부는 어떻게 측정하는가?' 등에 관해 적극적으로 질문하고 이해하려는 태도가 필요하다. 이러한 질문은 팀의 방향성을 구체화하고, 자신의 역할을 명확히 하는 데 도움이 된다.

결국 미션은 팀의 정체성을 세우고, 비전은 그 정체성의 확장 방향을 제시한다. 두 가지가 함께 명확히 공유되고 구성원이 이를 이해하면, 변화의 시기 속에서도 팀은 흔들리지 않고 한 방향으로 나아갈 수 있는 힘을 갖는다.

3. 리더의 기대, 구성원의 기대를 공유한다.

변화의 시기에는 많은 것이 불확실하다. 그렇기에 확실한 부분만이라도 명확히 소통하는 것이 중요하다. 신임 리더가 구성원들에게 어떤 점을 기대하는지 솔직히 이야기하고, 구성원들도 리더에게 바라는 점을 직접 전하는 과정이 필요하다. 아직 서로를 잘 모르기 때문에, 이런 대화가 서로의 스타일을 맞춰가는 출발점이 된다.

예를 들어, 리더는 이렇게 말할 수 있다. "업무 중에 문제가 생기면 주저하지 말고 바로 이야기해주세요. 제가 도울 수 있는 부분이 있다면 최대한 빠르게 지원하겠습니다. 함께 해결하면 좋겠습니다."

구성원 역시 현실적 기대치를 이렇게 전할 수 있다. "실무에서 방향이 애매할 때는 팀장님이 너무 오래 고민하시기보다 빠르게 방향을 정해주시면 좋겠습니다. 일이 쌓인 상황에서 '조금 더 생각해보자'는 말은 오히려 혼란을 가중시킬 수 있습니다. 또 피드백을 주실 때 '틀렸다'보다는

'이 방법이 더 효과적일 것 같다'는 식으로 말하면 더 열린 마음으로 받아들일 수 있을 것 같습니다."

이런 대화를 통해 리더와 구성원은 서로에게 무엇을 기대하는지 명확히 이해하게 되고, 불필요한 오해나 실망을 줄일 수 있다.

4. 변화 이후, 역할과 책임을 다시 정리하고 공유한다.

조직이나 팀 내 변화가 생기면, 구성원들은 자연스럽게 '이제 내 역할은 어떻게 달라질 것인가?', '무엇을 책임져야 하지?'라는 질문을 하게 된다. 이때 역할과 책임이 모호하게 남아 있으면, 나중에 '그건 제가 맡은 줄 몰랐어요', '이건 우리 팀이 하는 건가요?'와 같은 오해나 책임 회피로 이어지기 쉽다. 따라서 변화의 초기부터 각자의 역할과 책임을 구체적으로 조율하고, 그 내용을 명확히 공유하는 과정이 필요하다.

예를 들어, 리더는 이렇게 말할 수 있다. "이번 조직 개편 이후에는 외부 고객 응대를 김 대리가 전담하고, 기존에 김 대리가 맡았던 내부 보고서 작성은 박 주임이 이어받는 구조로 조정했습니다. 박 주임이 작성한 보고서는 제가 직접 피드백하겠습니다. 또한 최 대리는 기획 업무를 맡고, 저는 전체 일정과 리소스를 총괄하겠습니다." 이처럼 구체적으로 역할 변화를 설명하고 실행 기준을 명시하면, 구성원은 자신의 역할과 책임을 명확히 이해할 수 있다.

구성원 입장에서도 변화의 필요성과 자신의 역할을 충분히 이해하고, 모호한 부분이 있다면 적극적으로 질문하는 태도가 중요하다. "보고서 작성이 제 역할로 변경되었는데, 기존 형식 그대로 진행하면 될지, 새롭게 들어가야 할 부분이 있을지 궁금합니다", "고객 응대 관련해서 제가 직접 판단해도 되는 범위를 알려주세요", "이번 역할이 제 성장 방향과 조금 다르다고 느껴집니다. 혹시 조율할 수 있을까요?" 등의 대화를 통해 변화된 환경에 맞게 역할을 재정렬할 수 있다.

이처럼 각자의 역할, 기대되는 책임 수준, 협업 방식 등을 구체적으로 정리하면 불필요한 오해나 책임 회피를 줄이고, 갈등을 예방하는 데 효과적이다.

5. 함께 일하는 방법에 관해 논의한다.

협업의 방식은 리더가 혼자 정해서 통보하는 것이 아니라 함께 만들어가는 합의로 결정되어야 한다. 구성원들과 함께 어떤 태도로 서로를 대할지, 어떤 방법으로 업무를 진행할지, 소통은 어떻게 그리고 얼마나 자주 할지, 피드백은 어떤 형태로 주고받을지를 논의하는 시간 자체가 곧 팀 문화를 형성하는 과정이다.

팀 분위기와 신뢰는 서로를 대하는 태도에서 만들어진다. 예를 들어, "우리 팀 분위기가 어땠으면 좋겠어요?"라는 질문에 '즐겁게 일하기', '서로 도와주기' 등의 답변이 나올 수 있다. 여기에 "즐거운 분위기로 일하려면 무엇이 필요할까요?"라고 물어본다면 '아침에 반갑게 인사하기', '미소 유지하기' 같은 구체적인 실천 방안이 나오기도 한다.

또 다른 예시로, "일하다가 불편하거나 아쉬운 상황이 생기면 서로 어떤 방식으로 말하는 게 좋을까요?", "서로의 의견이 다를 때 감정이 상하지 않도록 이야기하려면 어떤 표현을 쓰면 좋을까요?" 같은 질문을 할 수 있다. 이런 대화를 통해 '서로의 의견을 끝까지 듣기', '비난보다 제안 중심으로 말하기' 등 팀 내에서 지켜야할 태도 원칙을 정할 수 있다.

소통의 빈도와 방식에 관해 이야기한다면 이렇게 물어볼 수 있다. "업무 중 소통은 어떤 채널을 기본으로 할까요? 슬랙, 메일, 회의 중 어떤 게 효율적일까요?", "중요한 변경 사항은 언제, 어떤 방식으로 공유하면 좋을까요?" 이런 대화를 통해 '급한 일정 변경은 슬랙에 먼저 공유하기', '리더와 1:1 미팅을 한 달에 한 번씩 하기', '매주 월요일 오전에 진행 현황 간단히 점검하기' 등의 구체적인 소통 약속을 만들 수 있다.

이렇게 팀의 합의 기준을 함께 세우면 구성원들의 자발적 실천 의지가 높아진다. 그리고 주간회의, 월간회의에서 점검하며 어떤 부분이 잘 지켜지고 있는지, 보완이 필요한 부분은 무엇인지 확인한다. "우리 함께 이렇게 하기로 했잖아요"라며 공동의 기준으로 돌아가 대화하고, 더 추가해야 하는 부분이나 더 이상 필요 없는 부분에 대해 논의하며 업데이트해 간다.

조직 문화는 서로 동의한 원칙과 약속을 지켜가는 경험 속에서 만들어진다. 이런 '합의의 경험과 약속을 지키는 행동'이 바로 팀워크를 단단하게 만든다.

6. 조직의 이해관계자를 파악한다.

조직이 바뀌면 이해관계자도 바뀐다. 특히 신임 리더가 부임하는 경우, 기존에 암묵적으로 형성되어 있던 협업 루틴이나 관계의 흐름이 초기화되는 경우가 많다. 따라서 이 시점에서는 구성원들과 함께 해당 조직의 주요 이해관계자들을 다시 점검하고 재정의하는 작업이 필요하다.

예를 들어, 리더는 이렇게 말할 수 있다. "지금 우리 팀은 마케팅팀, 영업팀, 고객센터 등 다양한 부서와 연결돼 있습니다. 최근에는 경영진에서도 정기 리포트를 요청하는 빈도가 늘어났고요. 앞으로 우리가 누구와 협력해야 할지, 이러한 요청을 어떻게 관리할지 함께 정리해 보면 좋겠습니다." 이렇게 이해관계자들의 존재와 기대를 공유하고 설명하는 것이다.

구성원들도 자신이 실무에서 자주 소통하는 부서나 담당자, 최근 협업 경험에서 느낀 점 등을 적극적으로 공유해야 한다. "영업팀 김 과장님과는 주로 급한 데이터 요청이 많아서 별도 채널을 만들면 좋을 것 같습니다", "고객센터에서는 월말에 요청이 집중되는 경향이 있어요"와 같은 현장의 목소리가 이해관계자 관리 전략을 더 구체화한다.

이해관계자 구조를 명확히 파악하는 이유는 다른 팀과의 관계에서 우리 팀이 어떤 역할을 하는지 알기 위함이다. 관계의 흐름을 알면 우선순위가 더 명확해지고, 효과적인 협업을 위한 전략적 판단이 가능해진다.

새로운 리더와 구성원의 대화에서 살펴보아야 할 요소를 반영해 구체적으로 대화하는 상황을 구성했다. 이를 통해 리더와 구성원들이 어떤 방식으로 대화해야 하는지 참고할 수 있다.

1. 변화의 배경을 공유하고 이해한다.

2. 변화 속에서의 '새로운 조직의 미션과 비전'을 전달한다.

3. 리더의 기대, 구성원의 기대를 공유한다.

4. 변화 이후, 역할과 책임을 다시 정리하고 공유한다.

5. 함께 일하는 방법에 관해 논의한다.

6. 조직의 이해관계자를 파악한다.

국내 대기업에서 일하던 김 팀장은 외국계 회사로 이직했다. 새로 팀을 맡게 되면서 고민이 생겼다. 과거에는 위계질서가 철저히 지켜졌고, 시키면 대부분 그냥 진행했는데, 여기는 좀 더 자유롭게 자신의 의견을 말하는 분위기여서 적응이 어렵다. 업무 진행 방식과 결과물 수준도 기대한 것과 달라 스트레스를 받는다.

1. 목표Goal

김 팀장 : 다들 시간 내줘서 고마워요. 오늘은 우리 팀이 앞으로 어떻게 함께 일하면 좋을지 이야기 나눠보려고 해요.

A : 네, 팀장님. 근데… 솔직히 요즘 좀 혼란스럽긴 해요.

김 팀장 : 혼란스럽다는 게 어떤 부분인가요?

A : 팀장님이 왜 이 시점에 우리 팀에 오게 된 건지, 무엇이 변화되는 건지 잘 모르겠어요. 그리고 기존에 일해왔던 방식도 바꾸려고 하는 것 같은데, 왜 바꿔야 하는지 그 이유를 잘 모르겠어요.

김 팀장 : 그렇게 느꼈군요. 제가 설명이 부족했던 것 같네요. 저도 여러분에게 제가 기대하는 것들을 명확히 알려드리고 싶었어요. 그리고 우리 팀의 문화를 함께 만들고 싶습니다.

A : 네, 저희도 조직의 변화 배경이나 우리 팀의 목표를 알고 싶어요. 팀장님 스타일도 궁금하고, 저희가 기대하는 것도 말씀드리고 싶습니다.

김 팀장 : 좋아요. 그럼 오늘은 조직 변화 방향을 함께 이해하고, 우리의 공동 약속을 정해보죠.

합의된 목표

주제: 새로운 팀의 방향과 일하는 방식

목표: 조직 변화 방향을 이해하고, 공동의 약속 정하기

2. 현재 상태 파악하기Reality

김 팀장 : 먼저 조직이 왜 바뀌고 있는지부터 말씀드릴게요. 회사가 우리 팀에 기대하는 바가 바뀌고 있어요. 특히 지금은 단순히 데이터를 정리하거나 전달하는 수준을 넘어서,

전략적인 판단에 직접 기여하는 역할을 해달라는 기대가 커졌습니다. (변화의 배경을 공유하고 이해한다.)

A : 아, 그래서 최근에 부서별로 데이터 기반 의사결정을 강조하는 거였군요. 그런데 팀장님, 한 가지 여쭤봐도 될까요? 요즘 저희가 작업한 결과물을 가져가면… 음, 뭔가 기대하시는 것과 다른 것 같다는 느낌을 받을 때가 있거든요. 그런데 정확히 어떤 부분이 부족한 건지 알 수 없어서요.

김 팀장 : 그렇게 느꼈군요. 사실 저도 솔직히 말하면, 여러분이 해온 결과물이 제가 기대했던 것과 달라서 조금 당황스러웠어요. 그래서 제가 직접 고쳐서 처리한 적이 있었는데, 그게 오히려 혼란을 준 거네요.

A : 네, 저희 입장에서는 기존 방법도 충분히 좋다고 생각했는데 어떤 부분을 개선하려는 건지 이해가 잘 안됐어요.

김 팀장 : 이해해요. 제가 기준을 명확히 설명하지 않고, 결과만 보고 판단했던 것 같네요. 그래서 오늘 이렇게 이야기 나누려고 한 거예요. 우리 팀의 목표를 명확히 정리하고 싶어요. 이제 우리는 고객 데이터를 기반으로 인사이트를 제시하고, 조직 전체의 판단을 돕는 전략 파트너가 되는 것이 목표입니다. (변화 속에서의 '새로운 조직의 미션과 비전'을 전달한다.)

B : 그렇다면 저희 역할도 바뀌는 건가요?

김 팀장 : 네, 그에 맞춰 각자의 역할도 조금 더 구체화하려고 합니다. A대리는 외부 고객 데이터 분석과 리포트 기획, B사원은 실시간 대시보드 운영과 자동화, C대리는 유관 부서 요청 분석과 일정 관리를 맡아주면 좋겠어요. 저는 전체 방향성과 대외 커뮤니케이션을 맡겠습니다. 이렇게 역할을 나누고 서로 연결되는 부분은 주간 회의에서 조율할게요. (변화 이후, 역할과 책임을 다시 정리하고 공유한다.)

B : 그렇게 정리되면 훨씬 좋을 것 같아요. 저는 예전엔 업무가 좀 애매하게 겹치면서 누

가 책임지는지도 불분명한 경우가 많았거든요.

김 팀장 : 저도 그런 점을 줄이고 싶어요. 그리고 제가 기대하는 업무 기준에 대해서도 명확히 말씀드릴게요. 예를 들어, 리포트를 작성할 때는 단순히 데이터를 나열하는 게 아니라, '이 데이터가 의미하는 바가 무엇인지', '어떤 액션을 취해야 하는지'까지 포함되어야 해요. 그게 제가 기대하는 수준이에요.

A : 아, 그런 기준이 있었군요. 그럼 처음부터 그렇게 말씀해 주시면 저희가 그에 맞춰서 할 수 있을 텐데요.

김 팀장 : 네. 맞아요, 제 실수였어요. 앞으로는 그렇게 하겠습니다. 한 가지 더, 저는 이 팀이 서로 존중하고 피드백을 편하게 주고받을 수 있는 조직이 되기를 기대합니다. 문제를 혼자 끌어안기보다는 서로 말하고 도와줄 수 있는 분위기가 일을 더 효율적으로 하게 만들거든요. 여러분이 저에게 기대하는 점도 있으면 솔직하게 말해주세요. (리더의 기대, 구성원의 기대를 공유한다.)

A : 저는 자율적으로 일하는 건 좋은데, 방향성이 불분명할 때는 결정을 좀 더 명확히 내려주셨으면 해요. 특히 일정이 촉박할 땐 판단이 빨라야 하잖아요.

김 팀장 : 그 부분 충분히 이해돼요. 앞으로는 명확한 기준과 방향을 먼저 제시할게요.

A : 네, 그러면 훨씬 좋을 것 같아요.

김 팀장 : 그리고 우리 팀의 일하는 방식도 정리해 두고 싶어요. 소통할 때 서로 어떻게 하면 효과적일까요? (함께 일하는 방법을 논의한다.)

C : 저희끼리 협업할 때 중간 점검 시간이 있으면 좋을 것 같아요. 각자 진행하던 걸 공유하면서 방향을 같이 조율할 수 있을 것 같거든요. 그리고 업무 시작할 때 배경과 목적을 함께 나누면 서로 이해가 빠를 것 같고요.

김 팀장 : 좋은 제안이에요. 그리고 지금 우리가 자주 협업하는 팀도 정리해 볼 필요가 있어요. 마케팅, 제품기획, CS팀 등은 이제 거의 매주 연락하고 있죠. 이들과의 소통 방식을

우리가 주도적으로 관리해야 할 시점이에요. (조직의 이해관계자를 파악한다.)

A : 특히 마케팅팀은 요청도 많고 일정도 빠듯해서, 아예 정기적인 체크인 시간을 갖는 게 어떨까 싶어요.

김 팀장 : 좋은 제안이에요. 그런 부분도 포함해서 협업 구조를 다시 설계해 보죠.

3. 스스로 성찰하기 Reflection

김 팀장 : 오늘 여러분과 이야기하면서 느낀 점이 있을까요?

A : 처음에는 팀장님이 오신다고 했을 때부터 경계심이 있었던 것 같아요. 제가 이제까지 일했던 방식을 바꿔야 한다는 게 불안했거든요. 그런데 오늘 이야기를 들어보니, 왜 변화가 필요한지 이해됐어요.

B : 처음부터 팀장님과 기대를 맞춰보는 대화를 했더라면 혼란이 덜했을 것 같습니다. 잘 모르면 물어보려는 태도가 더 필요했던 것 같아요. 그리고 저 역시 팀장님에게 무엇을 기대하고 원하는지 명확히 말하지 못한 점이 있었어요. 앞으로는 더 솔직하게 우리가 어떻게 함께 일했으면 좋겠다는 부분을 적극적으로 공유해 가겠습니다.

김 팀장 : 고마워요. 저도 오늘 이야기하면서 많이 배웠어요. 저도 제가 기대하는 바를 명확히 전달하지 않고, 결과만 보고 판단했던 것 같아요. 앞으로는 함께 어떤 팀을 만들고 싶은지, 그렇게 하기 위해 어떻게 행동해야 하는지 솔직하게 이야기하겠습니다.

4. 실행 계획 수립 Action Plan

김 팀장 : 그럼 구체적으로 어떻게 실행하면 좋을까요?

A : 팀 내에서 기대되는 결과물의 수준과 협업 방식에 대해 팀장님과 함께 이야기 나누고, 합의된 기준을 바탕으로 일하겠습니다. 그리고 모두가 함께 정한 약속을 실천하겠습니다.

김 팀장 : 좋아요. 저는 팀의 미션과 비전을 다시 한번 정리해서 공유하겠습니다. 각 팀원

에게 기대하는 역할과 책임을 구체적으로 설명하고, 제가 기대하는 업무 기준도 분명하게 전달하겠습니다. 그리고 정기적으로 원온원 미팅을 하면서 여러분의 어려움도 듣는 자리를 만들겠습니다. 오늘 여러분이 준 의견들이 정말 큰 도움이 됐습니다. 저도 완벽하진 않지만, 여러분과 함께 일하는 방식을 만들어가고 싶습니다. 이런 대화를 정기적으로 나누면서 진짜 팀이 되어가면 좋겠어요.

신임 리더와 구성원과의 대화에 필요한 요소를 반영한 예시 문장을
준비했으니, 실제 대화에 적용해 볼 수 있도록 연습해 보자.

첫째, 변화의 배경을 공유하고 이해한다.

/리더/

"제가 이 팀에 오게 된 건, 조직이 우리 팀의 역할과 방향에 대해 새롭게 기대하고 있기 때문입니다."

"회사가 지금 어떤 전략적 변화를 준비하고 있는지, 그 속에서 우리 팀이 어떤 위치에 있는지 말씀드리고 싶어요."

"왜 변화가 필요한지, 어떤 맥락에서 이런 결정을 했는지, 앞으로 어떻게 바꿔나갈 것인지 등에 관해 공유하고 싶습니다."

/구성원/

"이번 변화의 배경과 이유를 조금 더 듣고 싶습니다."

"팀장님이 생각하는 이번 변화의 핵심 포인트는 무엇인지 궁금합니다."

"조직 전체의 방향이 어떻게 바뀌는 건지 궁금합니다. 우리 팀만의 변화인가요, 아니면 더 큰 흐름의 일부인가요?"

둘째, 변화 속에서의 '새로운 조직의 미션과 비전'을 전달한다.

/리더/

"우리 팀의 존재 이유는 이렇게 새롭게 정의되었습니다. ○○ 부분을 돕는 파트너가 되는 거예요."

"앞으로 우리가 집중하거나 강화해야 할 목표에 대해 함께 논의해 봅시다."

"우리의 목표는 명확합니다. 조직에서 △△가 필요할 때 가장 먼저 떠올리는 팀이 되는 겁니다."

"우리 팀이 조직 안에서 어떤 가치를 만들어 가야 한다고 생각하나요?"

"변화된 환경 속에서 우리 팀의 역할이 어떻게 달라져야 할지 궁금합니다."

"팀의 비전을 들으니 방향은 이해가 되는데, 그걸 달성하려면 우리가 어떤 역량을 더 키워야 할까요?"

셋째, 리더의 기대와 구성원의 기대를 서로 나눈다.

"저는 이 팀이 서로 신뢰하고 솔직하게 의견을 나누는 문화를 만들고 싶습니다. 그래야 앞으로의 업무 성과도 더 높아질 것으로 기대합니다."

"저도 여러분에게 기대하는 점이 있고, 여러분도 저에게 바라는 부분이 있을 거라 생각합니다. 그걸 허심탄회하게 나누면 좋겠어요."

"제가 어떤 방식으로 리더십을 발휘하는 게 도움이 될지, 솔직히 이야기해 주기를 바랍니다."

"팀장님이 생각하는 좋은 팀의 모습에 대해 듣고 싶습니다."

"소통이나 피드백에서 팀장님께 바라는 점이 있습니다."

"실수했을 때 바로 혼내시기보다 왜 그런 실수가 나왔는지 함께 짚어 주시면 배울 점이 더 많을 것 같아요."

넷째, 변화 이후, 역할과 책임을 다시 정리하고 공유한다.

/리더/

"이번 변화로 인해 일부 역할이나 책임이 달라질 수 있습니다."

"처음부터 명확히 정리해 두면 나중에 혼란이나 오해를 줄일 수 있습니다."

"역할이 겹치거나 비는 부분이 있었다면 이번 기회에 조율해 봅시다."

/구성원/

"새 구조에서 팀 내 어떤 역할들이 필요한지 궁금합니다."

"이전과 달라지는 부분을 구체적으로 알고 싶습니다."

"제가 맡은 업무가 팀 목표 달성에 어떻게 기여하는지 연결점을 알면 더 동기부여가 될 것

같습니다."

다섯째, 함께 일하는 방법에 관해 논의한다.

/리더/

"우리 팀이 일하는 방식을 정리해 두면 협업이 훨씬 효율적일 것입니다."

"팀원 간에 어떻게 소통하면서 일하면 좋을까요?"

"서로 갈등이 생겼을 때 어떤 식으로 풀어가면 좋을까요?"

/구성원/

"회의와 피드백 방식을 함께 정하면 좀 더 명확하고 효율적으로 일할 수 있을 것으로

보입니다."

"협업 중 불편했던 부분을 솔직히 나누면 더 나은 방식을 찾을 수 있을 것 같습니다."

"일할 때 지켜야 할 태도나 기본 원칙을 함께 세우고 싶습니다."

여섯째, 우리 팀의 이해관계자들을 파악한다.

/리더/

"지금 우리 팀이 가장 많이 연결된 대상이 누구인지 함께 정리해 봅시다."

"최근 협업이 잦은 부서나 고객은 어디인지 공유하고 싶습니다."

"외부 팀과 협업할 때 어려웠던 점이나 개선할 부분이 있다면 이야기해 주세요."

/구성원/

"최근 자주 협업하는 부서나 주요 이해관계자를 팀 전체가 공유하면 좋겠습니다."

"○○ 부서는 주로 월말에 요청이 몰리더라고요. 미리 대비하면 좋을 것 같습니다."

"다른 부서에서 같은 내용을 중복으로 요청할 때가 있는데, 이런 걸 방지할 방법이 있을까요?"

조직 통합 후 팀원들과 신뢰를 쌓는 대화

김 팀장은 기존에 함께 일하던 팀뿐 아니라, 최근 M&A를 통해 합류하게 된 인수 회사의 팀까지 이끌게 되었다. 새로운 팀원들에게 '우리가 너희를 인수했으니 우리 방식을 따라야 한다'는 식의 메시지가 자신도 모르게 전달되지 않을까 걱정이다.

모두가 같은 팀이라는 걸 진심으로 느끼게 하고 싶은데, 어떻게 이야기해야 할지 잘 모르겠다. 예를 들어, 인수된 팀의 업무 처리 방식이 기존 팀과 다를 때 '그건 우리가 하던 방식과 좀 다른데…'라는 말이 무의식적으로 나오지 않을까 걱정이다. 인수 회사가 갖고 있는 그들만의 문화를 인정하고 싶지만, 결국 하나로 만들어 최고의 성과를 내는 방향으로 가야 하는 책임도 자신에게 있는 것이다.

팀원들 입장에서는 피인수 조직이 되었다는 것이 단순히 소속만 바뀐 게 아니라, 일하는 방식을 바꾸고 인수 회사의 일하는 방식과 문화에 적응해야 한다는 의미와 같다. 인수 회사야 말로는 '함께하게 되어 반갑다'고 환영하지만 걱정이 앞선다.

'이제 우리가 따라야 할 기준은 무엇인가?', '우리가 해오던 방식이 존중받을 수 있을까?', 심지어 '내 자리는 여전히 안전할까?'와 같은 걱정이 앞선다.

인수합병 상황에서 필요한 대화 요소

신뢰는 모든 통합의 기본이다.『신뢰할 수 있는 조언자Trusted Advisor[16]』
의 저자 데이비드 마이스터와 그의 동료들은 신뢰를 얻기 위한 방정식을
이렇게 소개한다.

$$\boxed{\text{신뢰}} = \frac{\text{전문성Credibility} + \text{일관성Reliability} + \text{친밀감Intimacy}}{\text{자기중심성Self-Orientation}}$$

여기서 '전문성'이란 '이 사람 실력을 갖추었는가?'에 대한 판단, 즉 업
무 역량에 기반한 신뢰다. 해당 역할을 잘 수행할 수 있는 자격, 전문지
식, 기술이 있을 때 신뢰가 생긴다. 그래서 새롭게 만난 팀장이나 팀원이
어떤 전문성을 가졌는지, 어떤 방식으로 기여할 수 있는지를 서로 명확
히 인식하는 것이 중요하다.

'신뢰성'은 '이 사람이 말한 대로 행동하는가? 약속을 지키는가?'에 대
한 판단이다. 일관성 있게 행동하고, 한 말을 지키며, 어려운 상황에서도
책임을 회피하지 않는 태도가 바로 신뢰의 기반이 된다. 특히 팀 통합 초
기에는 '서로 작은 약속을 꾸준히 지키는 것'이 조직 내 신뢰를 쌓는 데
큰 영향을 준다.

'친밀감'은 '이 사람에게 나의 감정, 어려움, 생각을 편하게 털어놓을

---

16) https://trustedadvisor.com

수 있는가?'에 대한 판단이다. 정서적 신뢰는 상대와의 관계에서 형성되는 심리적 안전감에서 나온다. 서로의 취약함을 나눌 수 있는 환경, '이 사람을 믿고 나의 말을 자유롭게 할 수 있다'는 느낌이 있어야 깊은 신뢰가 가능하다. 팀장은 진정성 있는 질문과 경청을 통해 친밀감을 형성해야 한다.

'자기중심성'은 '이 사람이 상대의 이익도 함께 고려하는가, 아니면 자신의 이익만 생각하는가?'에 대한 판단이다. 분자로 구성된 신뢰의 3가지 구성요소(전문성, 신뢰성, 친밀감)를 모두 갖추고 있더라도, 분모인 자기중심성이 높으면 신뢰는 급격히 낮아진다. 이기적으로 보일수록, 다른 세 요소가 무너진다. 팀장과 팀원 모두 자신의 관점만 주장하기보다 서로의 입장, 감정, 필요를 고려하고 행동해야 진정한 신뢰를 얻을 수 있다.

신뢰가 쌓여야 진정한 통합이 시작된다. 신뢰를 구축하고 성공적 통합을 이루는 대화의 요소는 다음과 같다.

1. 서로의 마음 상태를 이해하고 공감한다.

통합 상황에서 리더가 가장 먼저 해야 할 일은 구성원의 입장에서 변화를 바라보는 것이다. 인수된 회사의 구성원들은 '내 자리는 괜찮을까?', '역할이 달라지진 않을까?', '새 팀장은 우리를 진심으로 대할까?', '그동안 우리가 쌓아온 방식은 무시당하지 않을까?' 등과 같은 다양한 불안과 걱정이 생긴다. 이런 마음을 리더가 먼저 인정하고 공감해야 진정한 대화가 시작된다.

예를 들면, 리더는 이렇게 말할 수 있다. "여러분과 함께하게 되어 진심으로 반갑습니다. 갑작스러운 변화 속에서 여러 생각과 감정이 있을 것입니다. 자리에 대한 걱정이나 역할 변화에 대한 불안이 있을 수 있고, 그동안 쌓아온 일하는 방식이나 조직 문화가 존중받지 못하면 어쩌나 하는 우려도 있을 거예요. 저도 그 마음을 충분히 이해하고 있습니다. 그래서 오늘 이 자리에서는 '무엇을 어떻게 할지'를 정하기보다 먼저 여러분의 이야기를 듣고 싶습니다."

구성원 입장에서도 이런 대화에 진심으로 참여하려는 태도가 중요하다. 불안과 경계심은 자연스러운 감정이지만, 그것에만 머물기보다 열린 마음으로 대화에 임하는 것이 필요하다.

2. 각자의 방식에 담긴 맥락을 존중하고 함께 이어간다.

모든 조직에는 그들만의 루틴, 일하는 방식, 조직 문화를 만들어온 긴 시간과 맥락이 있다. 그 안에는 나름의 이유가 있고 긍정적 효과가 있을 가능성이 크다. 이 점을 충분히 이해하지 않은 상태에서 '이제부터 이렇게 바꾸겠습니다'라며 일방적으로 지시하면, 구성원들은 자신이 해온 방식이 부정당했다고 느끼기 쉽다.

리더가 해야 할 일은 '누구의 방식이 맞냐'를 따지는 것이 아니라 '함께 더 나은 방식을 찾는 방법은 무엇일까'를 중심에 두고 대화하는 것이다. 예를 들어, 인수된 팀은 주간 보고를 상세한 문서로 작성해 왔고, 기존 팀은 간단한 구두 회의로 진행해 왔다면, 각 방식이 어떤 상황에서 효과적이었는지 들어본 후 두 팀의 업무 특성에 맞는 새로운 방법을 찾아갈 수 있다.

리더는 이렇게 말할 수 있다. "저는 여러분이 지금까지 어떤 방식으로 일해왔는지 듣고 싶습니다. 어떤 점이 효과적이었는지도 공유해 주세요.

저는 어느 한쪽의 방식을 고집하기보다 우리가 함께 더 나은 방식을 찾아가는 것이 진짜 통합이라고 생각합니다." 이러한 대화는 구성원들이 존중받고 있다고 느끼게 하고, 리더에 대한 신뢰를 높이며, 이후 변화 과정의 수용도를 높이는 데 중요한 역할을 한다.

구성원 역시 지금까지 해왔던 방식을 명확히 설명할 책임이 있다. 단순히 "우린 원래 이렇게 했어요"가 아니라, "이 방식은 이런 상황에서 가장 효과적이었고, 그동안 이런 성과를 만들어왔습니다. 하지만 지금은 새로운 방식과도 조화롭게 연결할 수 있는 방법을 함께 고민하고 싶습니다"라는 식으로 말이다. 이처럼 상대에게 맥락을 설명하면서도 변화의 여지를 열어두는 태도가 필요하다.

3. 불편한 감정은 억제 대상이 아니라 함께 다룰 신호다.

새로운 환경에서 사람들은 불편한 감정과 저항을 경험한다. 이는 '문제 행동'이 아니라 자신이 지켜온 정체성과 방식, 소속감이 흔들릴 때 자연스럽게 나타나는 심리적 방어 현상이다. 리더는 이런 감정을 억누르거나 판단하기보다 건강한 변화 과정의 일부로 받아들여야 한다. 불편함을 표현할 수 있는 공간을 열어주어야 구성원들이 마음을 놓고 대화에 참여한다.

예를 들어, 리더는 이렇게 말할 수 있다. "지금 상황에서 걱정되거나 불편한 점이 있다면 언제든 이야기해 주세요. 그런 이야기가 우리 팀이 함께 성장하는 데 도움이 됩니다. 여러분의 솔직한 목소리를 환영합니다." 이런 대화는 구성원들에게 자신의 목소리가 존중받고 반영될 수 있다는 믿음을 심어준다.

구성원 입장에서도 변화 속에서 느끼는 감정을 무조건 '참는 것'이 능사가 아님을 인식해야 한다. 처음에는 불안하고 낯설며, 기존과 다르게 흘러가는 상황이 혼란스럽게 느껴질 수 있다. 그럴수록 자신의 감정을 마음속에만 담아두기보다 조심스럽게라도 표현하는 용기가 필요하다. "요즘 바뀐 방식이 익숙하지 않아서 약간 혼란스럽습니다", "이 부분은 저희가 해오던 방식과 달라서 좀 더 설명을 듣고 싶습니다"처럼 자신의 마음을 표현할 수 있다.

이런 표현은 업무에 방해가 되는 게 아니다. 오히려 모두가 정직하게 소통하는 문화를 만드는 긍정적 기여 요소다. 불편함은 누군가 잘못하고 있다는 신호가 아니라 통합 과정에서 자연스럽게 생기는 감정이다.

4. 두 팀의 강점으로 새로운 '우리'를 만든다.

통합의 첫걸음은 역설적으로 차이를 인정하는 데서 시작된다. 리더는 이렇게 말할 수 있다. "먼저 각 팀이 그동안 어떤 강점을 가지고 일해왔는지 이야기하고 싶습니다. 기존에 있었던 팀은 빠른 의사결정과 실행력이 강점이었습니다. 여러분 팀은 어떤 부분이 강점이었나요?" 인수된 팀은 "저희는 고객 데이터 분석의 깊이와 정확성이 강점이었습니다"라고 답할 수 있다. 이 과정에서 중요한 것은 누가 더 나은가를 비교하는 게 아니라, 각자의 고유한 가치를 확인하는 것이다. "여러분의 분석력은 정말 인상적이네요. 우리가 필요한 부분입니다"라고 리더가 진심으로 인정할 때, 인수된 팀은 자신들이 단순히 흡수된 게 아니라 필요한 존재로 받아들여진다고 느낀다.

각 팀의 강점을 확인했다면, 이제 두 개의 강점이 합쳐지면 무엇을 할 수 있을까를 함께 상상할 차례다. 리더는 "우리의 빠른 실행력과 여러분의 깊이 있는 분석력이 만나면 어떤 가능성이 생길까요?"라고 물을 수 있고, 그러면 구성원들의 목소리가 달라지면서 이렇게 대답할 것이다. "빠른 실행력과 정확한 분석이 만나면 고객 니즈에 빠르고 정확하게 대응할 수 있을 것 같아요", "우리는 분석은 잘했는데 실행 속도가 느려서 기회를 놓칠 때가 많았어요. 이제 그 약점을 보완할 수 있겠네요." 이런 대화를 통해 구성원들은 통합이 손해가 아니라 기회라는 것을 스스로 발견한다. 누가 누구를 흡수한 게 아니라, 1+1이 3이 될 수 있다는 가능성을 보기 시작한다.

이후 첫 성공을 함께 만드는 것이 중요하다. 리더는 이렇게 제안할 수 있다. "이번 달에 두 팀이 협력해서 고객 문의 유형 분류 시스템을 먼저 만들어봅시다. 작지만 이것이 우리의 첫 협업 프로젝트입니다." 서로의 전문성을 직접 경험하면서 서로에 대한 존중이 생긴다. 그리고 성공하면 함께 축하하는 시간을 갖는다. "이번에 두 팀이 협력해서 2주 만에 시스템을 완성했습니다. 우리가 모두 힘을 모아 정말 좋은 결과가 나왔어요." 이런 작은 성공의 경험이 쌓일 때, 사람들은 '우리는 진짜 한 팀이 될 수 있다'는 사실을 몸으로 느낀다. 통합은 선언으로 완성되는 게 아니라, 매일의 대화와 협업 속에서 천천히 만들어지는 것이다.

인수된 회사의 팀원들과의 대화에서 살펴보아야 할 요소를 반영해 구체적으로 대화하는 상황을 구성했다. 이를 통해 리더와 구성원들이 어떤 방식으로 대화해야 하는지 참고할 수 있다.

1. 서로의 마음 상태를 이해하고 공감한다.

2. 각자의 방식에 담긴 맥락을 존중하고 함께 이어간다.

3. 불편한 감정은 억제 대상이 아니라 함께 다룰 신호다.

4. 두 팀의 강점으로 새로운 '우리'를 만든다.

김 팀장이 재직하고 있는 회사가 S회사를 인수했다. 김 팀장은 인수된 기업의 다른 팀도 맡게 되었다. 새롭게 맡게 된 팀원들과 어떻게 해야 신뢰를 쌓을 수 있을지 고민이다. 마음 같아서는 그냥 자기 팀이 하던 방식대로 일을 시키고 싶은데, 그러다가 큰 반발을 일으킬 것 같아 망설여진다. 위에서도 김 팀장이 잘 통합해서 팀을 이끄는 것을 기대하고 있다. 어떻게 하면 한 팀으로 만들면서 성과를 낼 수 있을까?

1. 목표Goal

김 팀장 : 다들 시간 내줘서 고마워요. 오늘은 여러분과 편하게 이야기 나눠보고 싶어서 이렇게 자리를 마련했어요.

A : 네, 팀장님.

김 팀장 : 사실 저도 이번에 팀을 맡게 되면서 여러분이 어떤 마음일지 궁금했어요. 그래서 오늘은 여러분 이야기를 먼저 들어보고 싶어요.

B : 사실 저희도 팀장님께 여쭤보고 싶은 게 많았어요. 변화 상황에서 느끼는 불안이나 기대, 우려 같은 것들을 솔직하게 말해도 괜찮을까요?

김 팀장 : 물론이죠. 오늘은 그런 이야기를 나누려고 한 거예요. 저도 제 입장을 말씀드리고 싶고요.

A : 그럼 오늘은 서로의 상황을 이해하고 공감하는 시간으로 하면 좋겠어요.

김 팀장 : 좋아요. 그렇게 해요.

합의된 목표

주제: 인수 통합 상황에서의 마음과 기대

목표: 서로의 상황을 이해하고 공감하기

2. 현재 상태 파악하기Reality

김 팀장 : 요즘 여러모로 변화가 많았죠. 여러분 입장에서도 마음이 복잡할 수 있을 것 같아요. (서로의 마음 상태를 이해하고 공감한다.)

A : 네, 솔직히 좀 그랬던 것 같아요. 통합 소식이 갑자기 전해졌고, 내부에서도 이번 변화가 정확히 어떤 의미인지 아직 잘 모르겠다는 얘기도 많아요. 제 자리가 불안정하다고 느껴지기도 하고요.

김 팀장 : 그럴 수 있을 것 같아요. 변화가 생기면 누구나 불안하고 긴장되죠. 특히 외부에서 온 사람이 팀장이 되면 자연스럽게 경계심이 생길 수도 있다고 생각해요.

C : 솔직하게 이야기해도 될까요? 사실 모든 걸 다 새로운 방식으로 바꾸라고 할 것 같아서 스트레스를 엄청 받았어요.

김 팀장 : 솔직하게 이야기해줘서 고마워요. 그래서 저는 우선 여러분이 지금까지 해온 일의 흐름과 방식을 이해하는 게 중요하다고 생각합니다. 오늘은 그 이야기를 좀 듣고 싶어요. 모두가 솔직하게 말해주면 좋겠습니다. (각자의 방식에 담긴 맥락을 존중하고 함께 이어간다.)

B : 사실 저희도 예전 방식이 완벽하다고 생각하진 않아요. 다만 팀마다 일하는 리듬이 다르니까, 너무 빨리 바꾸려 하면 좀 당황스러울 수는 있을 것 같아요.

김 팀장 : 맞아요. 저도 그 부분이 제일 조심스러워요. 저도 어떻게 하면 우리가 하나의 팀이 될 수 있을지 고민이 많았거든요. 변화에 긴장감이 생기는 건 자연스러운 일이고, 익숙한 방식이 바뀌면 누구나 불편할 수 있으니까요.

A : 그런 고민을 하고 계셨군요.

김 팀장 : 혹시 제가 일방적으로 느껴졌거나 오해가 생긴 부분이 있으면 꼭 이야기해 주세요. 저도 배우는 중이라 여러분의 피드백이 정말 중요해요. (불편한 감정은 억제 대상이 아니라 함께 다룰 신호다.)

C : 네, 알겠습니다. 사실 요즘 다들 '앞으로 우리 팀은 어떻게 되는 걸까?' 이런 얘기를 많이 했거든요.

김 팀장 : 그래서 오늘은 어떤 결론을 내리기보다, 그동안 느꼈던 생각이나 속마음을 편하게 이야기하는 자리가 되었으면 합니다. 그리고 저는 여러분 팀이 그동안 잘해왔던 부분들이 분명히 있을 거라고 생각해요. 저희 팀도 분명히 잘하는 게 있을 것이고요. 그런 강점들을 합쳐서 새로운 '우리'를 만들면 어떨까 싶어요. (두 팀의 강점으로 새로운 '우리'를 만

든다.)

B : 그런 방향이면 좋을 것 같아요. 저희도 기존 방식에만 집착하기보다는 더 나은 방법이 있다면 받아들이고 싶거든요.

김 팀장 : 고마워요. 오늘은 서로의 이야기를 듣는 시간으로 하고, 다음 미팅 때 우리 목표와 업무처리 방식, 그리고 양쪽 팀의 강점을 어떻게 합칠지에 대해 구체적으로 협의해 보면 어떨까요?

A : 이렇게 먼저 저희 이야기를 들어주시니 감사하네요.

3. 스스로 성찰하기|Reflection

김 팀장 : 오늘 대화하면서 어떤 생각이 드셨어요?

A : 새로운 리더와 좋은 관계를 맺어가는 것은 저희의 선택이기도 하다는 생각이 들었습니다. 잘 모르면서 하는 무조건적인 저항보다는 팀장님이 노력하는 부분을 존중해야겠다는 생각이 들었어요. 과거 방식에 집착하기보다는 열린 마음으로 변화를 받아들이려고 노력하겠습니다.

김 팀장 : 고마워요. 저도 오늘 이야기 들으면서 많이 느꼈어요. 제가 너무 빨리 제 방식대로 이끌려고 하면 여러분이 불편하실 수 있겠다는 걸 알게 됐거든요. 앞으로 저도 실수할 수도 있고, 조율이 필요한 부분도 많을 거예요. 그래도 오늘처럼 솔직하게 이야기 나누면서 함께 만들어가면 우리가 진짜 하나의 팀으로 자리 잡을 수 있을 거라 믿습니다.

4. 실행 계획 수립|Action Plan

김 팀장 : 그럼 구체적으로 어떻게 실행하면 좋을까요?

A : 변화 속에서 궁금하거나 불안한 점이 있다면 솔직하게 이야기하겠습니다. 팀의 일원으로서 통합에 대해 열린 마음을 가지고 소통하겠습니다.

김 팀장 : 좋아요. 저는 인수된 팀의 방식이나 문화를 판단하거나 우열을 가리기보다는, 배움과 존중의 태도로 접근하겠습니다. 원온원 대화 또는 팀 미팅을 통해 각자의 기대를 묻고, '우리가 함께 만들 팀의 모습'에 대해 물어보겠습니다. 그리고 팀 목표 달성을 위해 여러분의 아이디어를 실제로 반영하겠습니다. 다음 주에 다시 만나서 양쪽 팀의 강점을 정리해 보고, 그걸 어떻게 합칠지 함께 이야기 나눠봐요. 그때는 구체적인 업무처리 방식과 목표에 대해서도 협의하고요.

A : 네, 감사합니다. 오늘 이야기 나눠서 좋았어요.

인수된 회사의 팀원들과의 대화에 필요한 요소를 반영한 예시 문장을 준비했으니, 실제 대화에 적용해 볼 수 있도록 연습해 보자.

첫째, 서로의 마음 상태를 이해하고 공감한다.

/리더/

"최근의 변화가 여러분께는 쉽지 않은 과정이었을 거라고 생각해요. 낯설고 불확실한 상황 속에서 여러 감정이 드셨을 수 있다고 충분히 이해하고 있습니다."

"그래서 오늘은 일 얘기보다, 조직이 바뀌고 나서 그동안 어떤 생각들을 하고 있었는지부터 이야기를 듣고 싶어요."

"저에게 바라는 점이나, 지금 이 상황에서 걱정되는 부분이 있다면 솔직히 이야기해도 괜찮습니다."

/구성원/

"저희도 갑작스러운 변화에 당황스러운 부분이 있었어요. 그래도 이렇게 이야기할 수 있어서 좋습니다."

"솔직히 말하면, 역할 변화에 대한 불안이 아직 좀 있습니다. 그런 부분도 같이 논의할 수 있을까요?"

"새로 합류하면서 어떤 점을 더 알고 있으면 좋을까요? 저희도 팀장님께 궁금한 게 많습니다."

둘째, 각자의 방식에 담긴 맥락을 존중하고 함께 이어간다.

/리더/

"저는 여러분이 지금까지 쌓아온 경험과 방식에 분명한 강점과 의미가 있다고 생각해요."

"기존에 잘 작동했던 시스템이나 루틴이 있다면 저도 알고 싶습니다."

"혹시 저희 쪽 방식이 낯설거나 맞지 않는 부분이 있다면 알려주세요. 함께 조정해 볼 수 있을 거예요."

/구성원/

"저희는 이런 방식으로 일해왔고, 그렇게 해온 것에는 이런 이유가 있었습니다. 같이 나눠 보고 싶어요."

"그동안 효과적이었던 루틴이나 도구가 있는데, 지금 팀에서도 큰 도움이 될 수 있을 것 같아요."

"기존에 일할 땐 이 부분을 이렇게 처리했는데, 혹시 이 방식도 시도해 볼 수 있을까요?"

셋째, 불편한 감정은 억제 대상이 아니라 함께 다룰 신호다.

/리더/

"변화의 시기엔 불편하거나 마음에 걸리는 점이 생기기 마련이에요."

"혹시 그런 감정이 있으시다면 당연한 거라고 생각합니다. 말해주시면 고맙고요, 그래야 함께 더 나아질 수 있으니까요."

"혹시 제가 놓치고 있는 불편한 지점이나 팀 내 갈등이 있다면 편하게 이야기하세요."

/구성원/

"이 방식이 조금 낯설고 아직 익숙해지지 않아서, 솔직히 어려운 점이 있습니다."

"저희 입장에서도 말 꺼내는 게 조심스러웠는데, 이렇게 말할 수 있는 분위기를 만들어 주셔서 감사합니다."

"아직 잘 이해가 안 되는 부분이 있어요. 조금 더 설명을 듣고 싶습니다"

넷째, 두 팀의 강점으로 새로운 '우리'를 만든다.

/리더/

"양쪽 팀이 각각 잘하는 부분들을 합치면 더 강한 팀이 될 수 있을 것 같아요."

"기존에 일하면서 생각했던 강점은 무엇이라고 생각하세요? 그걸 통합된 팀에 어떻게 녹일 수 있을지 같이 고민해 보고 싶어요."

"이번 통합을 통해 우리가 어떤 팀이 되면 좋을지, 함께 그림을 그려보면 어떨까요?"

/구성원/

"저희가 잘해왔던 부분 중에 이런 것들이 있는데, 이게 통합된 팀에도 도움이 될 수 있을 것 같아요."

"양쪽의 장점을 합쳐서 우리만의 새로운 방식을 만들어가면 좋을 것 같습니다."

"각자 다른 배경에서 쌓아온 노하우들이 있을 텐데, 이걸 어떻게 하나로 엮어가면 좋을까요?"

CHAPTER 8

감정관리 | 감정을 조절하는 대화

대화에 있어서 감정 조절은 특히 중요하다. 물론 대화 상대에게 실망하거나 서운할 때가 있고, 이에 따라 감정 조절이 어려울 순간도 있다. 구성원이 기대에 못 미치거나, 일을 대충 한다고 느낄 때 리더의 감정은 상한다. 구성원 역시 리더에게 충분히 인정받지 못한다고 느끼거나 감정 섞인 피드백으로 마음에 상처를 입는다.

양쪽 모두 자연스러운 현상이다. 중요한 것은 자신의 감정을 얼마나 잘 인식하고, 어떻게 표현할 것인가의 문제다. 리더와 구성원 서로가 자신의 감정을 그대로 쏟아낸다면 그 관계는 지속될 수 없다.

특히 리더의 감정 표현이 더 중요하다. 리더의 영향력은 해당 조직 전체에 미친다. 리더가 조급하거나 화난 기색을 보이면 팀 전체 분위기가 부정적으로 변한다. 구성원도 마찬가지다. 구성원이 드러내는 부정적 감정 역시 팀 분위기를 망친다.

감정을 제대로 다스리지 않은 상태에서 하는 말이나 표정은 서로를 멀어지게 만든다. 결국 건강한 대화는 각자의 감정 인식과 조절에서 비롯된다. 이번 장에서는 두 가지 상황에 맞춰 효과적으로 감정을 관리하기 위한 대화에 관해 알아본다.

첫째, 자신의 감정을 다스린 후 상대와 대화하는 경우다. 서운함이나 답답함이 올라온 상황에서는 리더든 구성원이든 자기 감정을 먼저 정리한 다음에 대화를 시작해야 한다. 이때 감정을 무조건 억누르는 것이 아니라 '나는 왜 이런 감정을 느꼈는가', '어떤 방식으로 말하면 관계를 지키면서도 내 생각을 전할 수 있을까'를 고민해야 한다. 리더는 자신의 기대나 아쉬움을 일방적으로 쏟아내기보다 정제된 표현으로 진심을 전달해야 하고, 구성원 역시 감정을 억누르지만 말고 차분히 설명할 수 있어야 한다. 자기감정을 인식하고 건강하게 표현하는 것이 효과적인 대화를 위한 첫걸음이다.

둘째, 번아웃 상태에 있는 구성원과의 대화다. 무기력한 표정, 무반응, 동기 저하 등이 느껴질 때, 리더는 상대의 상태를 민감하게 살피고 진심 어린 관심으로 다가가야 한다. 리더는 구성원이 그렇게 된 원인을 함께 탐색하고, 다시 업무에 집중할 수 있도록 이끌어야 한다. 구성원도 자신의 상태를 이해하고 대화에 참여하여 에너지를 다시 올릴 수 있는 방법을 찾도록 노력해야 함은 물론이다.

리더와 구성원 모두 자신의 감정 너머에 있는 진짜 메시지를 이해하려고 노력하는 동시에 상대의 감정을 존중하고 그 안의 동기를 다시 일으키는 대화를 만들어가야 한다.

자신의 마음을 돌보며 감정을 조절하는 대화

김 팀장은 팀원 A 때문에 정말 참을 수 없이 화가 났다. 중요한 미팅 자리, 그것도 외부 파트너사와의 미팅에서 확인도 안 된 정보를 아무렇지 않게 사실처럼 말했기 때문이다. 그 순간 김 팀장 머릿속에는 '아니, 저걸 왜 저렇게 자신 있게 얘기하지? 확인도 안 했으면서?'라는 생각이 스쳤다. 김 팀장은 이미 미팅 전에 몇 번이나 "자료 다시 한번 꼼꼼히 보자", "확실하지 않은 건 절대 말하지 말자"고 강조했기에 더 화가 치밀었다. 자기 말을 가볍게 생각하더니 결국 이런 실수를 했다. 미팅 자리에서는 어떻게든 수습하느라 꾹 참고 넘겼지만, 끝나고 나오자마자 한마디 했다.

A는 미팅 중에 김 팀장이 화가 났다는 걸 눈치챘다. 미팅이 끝나고 나오는 길, 평소보다 굳은 얼굴과 짧은 말투에서 분명하게 느꼈다. 뭔가 실수했구나 싶었고 마음이 불안해졌다. 미팅 도중 김 팀장이 순간적으로 정색했던 장면이 떠올랐다. 아차 싶었다. '혹시 내가 말한 그 부분 때문인가? 맞다, 그건 정확히 확인하지 않고 말한 거였지.' 사실 미팅 전에도 김 팀장이 강조했던 말이 생각났다. 그런데 막상 미팅 자리에서 질문이 나오자 당황해서, 분위기를 끊지 않으려고 무심코 확실하지 않은 정보를 말한 것이다. 지금 생각하니 왜 그랬을까 하는 후회가 밀려왔다.

감정이 올라왔을 때 대화 전 점검할 요소

위 사례에서 김 팀장은 미팅 자리에서는 가까스로 참았지만, 회의실을 나서자마자 이렇게 소리치고 싶었을 것이다. "도대체 내가 몇 번을 얘기했는데 또 이런 실수를 해?", "지금 뭐 하자는 거야?" 그래야 다시는 이런 일이 안 생기고 문제가 해결될 것이라고 생각하기 쉽다. 하지만 정말 그럴까?

문제는 이런 즉각적이고 감정적인 반응이 문제를 해결하기보다 관계를 더 악화한다는 사실이다. 게다가 감정에 휘둘려 말했던 자신을 돌아보며 뒤늦게 후회하는 상황도 흔히 생긴다. 따라서 꼭 해야 할 이야기가 있다면, 자신의 감정을 이해하고 상대가 받아들일 수 있는 방식으로 전달하는 감정 조절 대화가 필요하다. 이에 필요한 5가지 요소를 살펴보자.

1. 알아차림: 자신의 상태를 인식한다.

감정을 다루는 첫걸음은 '지금 자신의 상태를 알아차리는 것'이다. 예를 들어, 갑자기 화가 치밀어 오를 때, 짜증이 목 끝까지 올라올 때, 입 밖으로 말이 튀어나오기 직전, 그 순간 잠시 멈추고 스스로에게 이렇게 말해 보자. "아, 지금 내가 화가 났구나", "짜증이 올라오고 있구나." 이처럼 감정을 의식적으로 인식하는 순간, 감정에 휘둘려 즉각적 반응을 하는 대신 잠깐의 여유가 생긴다. 이 작은 틈이 감정적 실수를 막는다.

감정을 더 명확히 알아차리기 위해서는 신체에서 일어나는 감각에 주의를 기울이는 것도 도움이 된다. 감정을 격해질 때는 심장 박동이 빨라지거나, 체온이 오르거나, 근육이 긴장하는 등 다양한 신체 변화가 뒤따른다. 예를 들어, 화가 나면 얼굴이 달아오르고 심장이 뛰며 호흡이 가빠질 수 있다. 슬플 때는 가슴이 답답하고 팔다리에 힘이 빠지는 것을 느끼기도 한다. 이런 반응은 일상 언어 속에도 반영되어 있다. "열받아", "가슴이 아파", "신나서 날아갈 것 같아" 등이 있다.

핀란드 알토대학교는 화, 두려움, 행복, 우울 등 여러 가지 감정 상태에 따른 신체 감각의 변화를 나타낸 지도를 미국 국립과학원회보PNAS[17]

---

17) Nummenmaa, L., Glerean, E., Hari, R., & Hietanen, J. K. (2014). Bodily maps of emotions. Proceedings of the National Academy of Sciences, 111(2), 646-651.

에 발표했다. 연구 결과에 따르면 화, 두려움 같은 감정을 느낄 때는 가슴 윗부분, 머리, 팔이 뚜렷하게 활성화되는 것으로 나타났다. 이는 심장 박동이나 호흡이 빨라지는 생리적 반응과 연관되어 있고, 우리 몸이 위험한 상황에 빠르게 대처할 수 있도록 준비하는 과정으로 해석된다.

반면, 슬픔이나 우울 같은 감정 상태에서는 팔다리의 감각이 둔해지는 경향을 보였다. 혐오감을 느낄 때는 식도 주변, 즉 소화기관 부위에서 감각이 민감해졌으며, 이는 '속이 안 좋다', '메스꺼워 토할 것 같다'는 느낌과 연결된다. 행복할 때는 몸 전체의 감각이 활성화되는 양상을 보였다. 즉, 기쁨이나 사랑, 자부심과 같은 긍정적 감정은 전신으로 확장되는 신체 감각을 동반한다는 것이다.

이처럼 자신의 감정을 제대로 알아차리고 싶다면, 머릿속 생각보다 지금 자신의 몸이 어떻게 반응하고 있는지를 먼저 느껴야 한다. 그 짧은 순간의 몸 감각이 감정 조절의 열쇠가 된다.

2. 공간 만들기: 자극과 행동 사이에 공간을 만든다.

분노를 알아차린 바로 그 순간, 반드시 해야 할 일은 자신에게 '멈추라'고 이야기하는 것이다. 로고테라피의 창시자이자 아우슈비츠 생존자였던 정신과 의사 빅터 프랭클Viktor Frankl은 '자극과 반응 사이에는 공간이 있다. 그 공간에서의 선택이 우리 삶의 질을 결정한다'고 말했다.

감정이 올라오면 즉각적으로 반응하기 쉽다. 하지만 중요한 것은 우리가 '즉각적 반응'이 아닌 '의식적 대응'을 해야 한다는 것이다. 그 잠깐의 틈, 즉 공간을 만들 수 있다면 우리는 더 많은 선택지를 갖게 된다. 예를 들어, 우리 마음에 공간이 존재한다면 누군가에게 소리치기 직전에 잠깐 멈추고 다른 선택을 할 수 있다.

내 안에 공간을 만드는 방법으로는 심호흡하기, 잠시 자리 비우기, 물 한 잔 마시기 등이 있다. 의식적으로 자극과 행동 사이에 공간을 만들면 감정이 가라앉고, 상황을 보다 냉정하게 바라볼 수 있다. 그리고 더 건강한 대응 방식을 선택할 수 있게 된다.

3. 자기 인식: 감정·생각·기대·욕구를 성찰한다.

사람은 종종 '화가 난다', '속상하다'는 감정을 느끼지만 그 감정이 어디서 비롯되었는지, 무엇을 말해주는지 모르는 경우가 많다. 진짜 자신을 이해하려면, 감정 뿐 아니라 그 아래 숨겨진 생각, 기대, 욕구까지 함께 들여다봐야 한다. 감정에는 반드시 그럴만한 이유가 있다.

사티어의 '빙산이론Satir Iceberg Model[18]'에는 인간의 행동을 빙산에 비유해, 겉으로 보이는 말과 행동이 단지 '수면 위'에 드러난 아주 일부에 불과하다고 설명한다. 그 아래에는 감정, 생각, 기대, 욕구(열망) 등 더 깊은 내면의 요소들이 층층이 쌓여 있다. 즉, 겉으로 드러나는 행동은 결과일 뿐 그 원인은 수면 아래의 심리적 구조 속에 숨어 있는 것이다. 다른 사람과의 갈등이나 오해는 자신의 내면 구조를 인식하지 못할 때 자주 발생한다.

우리 내면에는 각기 다른 감정, 생각, 욕구가 숨어 있다. 예를 들어, 김 팀장의 겉으로 드러난 행동은 소리치며 화를 내는 것이었다. 그 수면 아

---

18) um, W. D. (2000). The lived experience of the personal iceberg metaphor of therapists in Satir's systemic brief therapy training (Doctoral dissertation, University of British Columbia).

래를 들여다보면 분노, 당혹감, 불안이라는 감정이 있다. 어쩌면 이런 생각을 했을 수도 있다. "외부 고객이 우리를 무능하다고 봤을까?", "A는 팀장인 내 말을 무시한 걸까?" 이런 생각은 상황에 대한 김 팀장의 해석이며, 스스로 이런 해석이 맞다는 생각하면 감정의 강도가 더 커진다.

감정과 생각 아래에는 김 팀장의 충족되지 못한 기대와 욕구가 있다. 김 팀장이 가졌던 기대는 '내가 강조해서 말했으니 A가 이를 중요하게 받아들였을 것이다', '준비됐다고 했으니 정말로 준비가 되어 있을 것이다', '성과가 있는 미팅이길 바랐다' 등이었다. 즉, 김 팀장은 팀원에게 자율성, 책임감 등을 기대했을 수 있고 스스로는 성취에 대한 기대도 했을 수 있다.

이 모든 기대의 밑바닥에는 더 근본적인 욕구들이 자리 잡고 있다. 그것은 '내 말이 팀원들에게 의미 있게 받아들여지기 바란다', '유능한 리더로 인정받고 싶다', '팀장으로서 존중받고 싶다'는 욕구일 수 있다. 이처럼 김 팀장의 격한 감정은 단순히 A의 실수 때문이 아니라, 그 상황이 자신의 기대와 욕구를 배반했다는 느낌에서 비롯되었다. 김 팀장은 인정과 존중이라는 본질적인 욕구가 충족되지 않았던 것이다.

이처럼 단순히 '화났다'로 끝나지 않고, 그 안에 담긴 감정 – 생각 – 기대 – 욕구를 하나씩 들여다보는 연습이 중요하다. 감정에 정확한 이름을 붙일수록 그것은 명확해지고, 감정에 휘둘리기보다 그것을 다루는 힘이 세진다. 감정은 억누르는 게 아니라 정확히 마주할 때 비로소 다뤄진다.

4. 자신의 메시지 정리: 진짜 전달하고 싶은 말은 무엇인지 생각한다.

자기 내면을 이해했다면, 진짜 전하고 싶은 메시지가 무엇인지 정리할 차례다. '네가 이래서 내가 화가 났다'고 표현한다고 해서 상대가 바뀌지는 않는다. 중요한 건 내가 '왜 그런 감정을 느꼈는지', '무엇을 바라고 있는지'를 구체적으로 전달하는 것이다. 예를 들어, "내가 기대했던 건 이런 모습이었어요, 이런 결과였어요", "내가 실망했던 부분은 이 부분이에요", "이런 상황이 반복될까 봐 걱정되네요", "앞으로는 이런 결과를 내야 해요" 등 자신이 느꼈던 감정, 걱정되는 점, 바라는 변화, 함께 해결하고 싶은 마음 등을 이야기하면, 리더의 말은 더 이상 감정적 공격이 아닌 진심 어린 피드백이 된다.

5. 함께 성장하기: 비난보다 성장 방법을 탐색하며 마무리한다.

결국 대화의 목적은 실수나 잘못을 따지려는 게 아니라, 앞으로 더 잘해보기 위한 길을 찾는 데 있다. 그래서 대화의 끝은 '책임 추궁'이 아니라 '성장 가능성'에 초점을 맞춰야 한다. 실수나 잘못이 있었던 상황이라면, 그 사람에게 왜 그런 일이 반복되는지 스스로 돌아볼 기회를 제공해야 한다. 단순히 "왜 그랬어요?"라고 묻기보다 "어떤 이유로 이런 실수가 반복된다고 생각하세요?", "앞으로는 어떤 방식으로 준비하면 좋을까요?"처럼 성찰과 개선을 돕는 질문이 필요하다.

이런 접근은 상대가 자신의 패턴을 인식하고 스스로 해결책을 고민하도록 돕는다. '지적'이 아니라 '성장'을 향한 대화가 될 때, 상대방도 진지하게 자신의 행동을 돌아볼 수 있다. 예를 들어, "다음 고객 미팅에서 같은 상황이 발생했을 때, 어떻게 행동하는 게 좋을까요?"라고 질문하며 스스로 개선 방향을 찾도록 돕는다.

자신의 마음을 돌보는 대화에서 살펴보아야 할 요소를 반영해 구체적으로 대화하는 상황을 구성했다. 이를 통해 리더와 구성원이 원온원 면담에서 어떤 방식으로 대화해야 하는지를 참고할 수 있다.

1. 알아차림: 자신의 상태를 인식한다.

2. 공간 만들기: 자극과 행동 사이에 공간을 만든다.

3. 자기 인식: 감정·생각·기대·욕구를 성찰한다.

4. 자신의 메시지 정리: 진짜 전달하고 싶은 말은 무엇인지 생각한다.

5. 함께 성장하기: 비난보다 성장 방법을 탐색하며 마무리한다.

김 팀장은 팀원 A의 메일을 보고 화가 났다. 이메일에 이사님이 참조로 되어 있었는데, 팀장인 자신을 판단하고 자신의 어떤 행동에 대해 폄하하는 듯한 내용이 적혀 있었기 때문이다. '이런 개념이 없는 사람이 있나'라는 생각에 열이 확 올랐다. 바로 불러 *"메일을 이런 식으로 쓰면 어떡해!"*라고 소리치며 질책했다.

1. 목표Goal

김 팀장 : A님, 잠깐 시간 괜찮을까요? 이야기 좀 나누고 싶어요.

A : 네, 팀장님. 혹시 아까 그 일 때문인가요?

김 팀장 : 네, 그 메일 관련해서요. 제가 좀 강하게 반응했는데, 차분하게 다시 이야기 나눠 보면 좋겠어요.

A : 네… 저도 사실 팀장님과 오해를 풀고 싶었어요.

김 팀장 : 그럼 오늘은 당시 상황을 다시 살펴보고, 메일을 쓸 때 주의해야 할 점을 같이 생각해보면 좋겠어요.

A : 네, 좋습니다.

합의된 목표

주제: 메일 작성 관련 갈등

목표: 당시 상황을 살펴보고, 메일을 쓸 때 주의해야 할 점 나누기

2. 현재 상태 파악하기Reality

김 팀장 : 먼저 제가 아까 너무 강하게 반응한 점은 사과해요. 그 순간 저도 감정이 올라와서 조절이 잘 안됐던 것 같아요. (알아차림: 자신의 상태를 인식한다.)

A : 아뇨… 제가 메일을 잘못 쓴 것 같아서요.

김 팀장 : 그 메일에서 전달하고자 한 메시지를 조금만 설명해 줄 수 있을까요?

A : 네, 저는 그냥 상황을 명확히 전달해야겠다고 생각했어요. 객관적으로 프로젝트 상황을 이사님께 공유해야 한다는 책임감이 있었거든요.

김 팀장 : 그렇군요. 그런데 여기 이런 표현은 다른 사람을 부정적으로 말하는 것처럼 들릴 수도 있지 않을까요? 예를 들어, '종종 김 팀장은 팀원들과 원웨이 커뮤니케이션을 하

는 모습을 보였다'는 문장은 의도와 달리 '일방적으로 소통한다'로 받아들여질 수 있거든요. 혹시 그런 의도였나요?

A : 지금 말씀 듣고 보니 그렇게 들릴 수도 있겠네요. 죄송합니다. 이메일 쓸 때 표현을 주의해야겠어요…

김 팀장 : 이해해요. 사실 저도 그 메일을 보는 순간 좀 당황스러웠어요. 아무래도 여러 사람이 보는 메일이다 보니까요. (자기 인식: 감정·생각·기대·욕구를 성찰한다.) 그런데 제가 바로 반응하지 말고 잠깐 멈춰야 했는데, 그 순간 감정 섞인 말이 바로 나와버렸어요. 그게 A님을 놀라게 했을 것 같아요. (공간 만들기: 자극과 행동 사이에 공간을 만든다.)

A : 네… 솔직히 말씀드리면 갑자기 화를 내며 소리칠 때 순간적으로 무서웠어요. 그리고 속으로는 '왜 이렇게까지 화를 내지?' 하는 생각이 들었고, 이후에도 계속 그 순간이 떠올라서 팀장님과 말하는 게 좀 어려웠어요.

김 팀장 : 그랬군요. 정말 미안해요. 제가 생각해 보니 제가 진짜 말하고 싶었던 건, 공적인 메일에서는 서로를 존중하는 표현이 필요하다는 거였어요. 많은 사람이 참조로 된 메일일수록 상대방의 입장을 고려한 표현이 중요해요. 메일의 내용만큼이나 '어떻게 전달하느냐'가 신뢰를 만드는 부분이니까요. 특히 여러 사람이 함께 보는 상황에서는 같은 말이라도 '표현의 뉘앙스'와 '전달 방식'에 따라 신뢰가 쌓이기도 하고 흔들리기도 합니다. 그래서 내용만큼이나 상대가 어떻게 받아들일지를 한 번 더 점검하는 게 중요하죠. (자신의 메시지 정리: 진짜 전달하고 싶은 말은 무엇인지 생각한다.)

A : 네, 이제 이해됐어요. 앞으로는 그런 점 더 신경 써서 쓰겠습니다.

3. 스스로 성찰하기|Reflection

김 팀장 : 오늘 대화하면서 어떤 생각이 드셨어요?

A : 제가 객관적으로 상황을 공유하고자 했지만, 표현 방식이 부적절했고 그로 인해 팀장

님을 곤란하게 만들 수 있다는 걸 알게 되었어요. 제 표현이 특정한 사람을 지적하거나 평가하는 것으로 읽힐 수 있다는 점을 간과했던 것 같아요. 너무 놀랐지만, 앞으로는 어떤 상황에서도 '전달하려는 메시지'와 '표현 방식'을 분리해서 점검하고, 제 말이 미칠 수 있는 파장을 고려해야겠어요.

김 팀장 : 고마워요. 저도 오늘 이야기하면서 저도 많이 돌아보게 되었어요. 너무 당황해서 저도 모르게 강하게 반응했는데, 그 순간 A님을 부정적으로 판단했던 것 같아요. 그러나 돌아보니 메일의 표현이 정말 그런 의도였는지, 제가 과도하게 해석한 건 아닌지 생각하게 됐어요. 앞으로는 좀 더 차분하게 대화해보고 싶어요.

4. 실행 계획 수립Action Plan

김 팀장 : 그럼 앞으로 어떻게 하면 좋을까요? A님부터 말해볼래요? (함께 성장하기: 비난보다 성장 방법을 탐색하며 마무리한다.)

A : 의견을 낼 때 사실 중심으로 서술하고, 특정 사람에 대한 해석이나 평가가 담기지 않도록 주의하겠습니다. 그리고 메일을 쓰고 AI에게 톤 교정도 요청해 볼게요.

김 팀장 : 좋은 방법이네요. 저도 상황이 이해가 안 가면 바로 반응하기보다 먼저 물어볼게요.

자신의 마음을 돌본 후 구성원과의 대화에 필요한 요소를 반영한 예시 문장을 준비했으니, 실제 대화에 적용해 볼 수 있도록 연습해 보자.

첫째, 알아차림: 자신의 상태를 인식한다.

/리더/, /구성원/

"스스로에게 질문하기: 나는 현재 어떤 감정인가?"

"내 몸에서 어떤 반응이 느껴지는가?"

"내가 지금 바로 반응한다면 어떤 결과가 예상될까?"

둘째, 공간 만들기: 반응과 행동 사이에 공간 만든다.

/리더/, /구성원/

"심호흡 6초 하기."

"잠깐 자리 비우기."

"커피 한 잔 마시고 와야겠다."

셋째, 자기 인식: 감정·생각·기대·욕구를 성찰한다.

/리더/

"나의 진짜 감정은 수치심과 실망감이다."

"나를 믿고 존중해 주기를 기대했다."

"나는 조직 내에서 인정받고 싶은 욕구가 있었다."

/구성원/

"나의 진짜 감정은 억울함과 두려움이다."

"나는 업무에 대해 인정받기를 기대했다."

"나는 안전하게 의견을 내고 싶다."

넷째, 나의 메시지 정리: 진짜 전달하고 싶은 말은 무엇인지 생각한다.

/리더/

"나는 ○○한 부분을 팀원에게 기대합니다."

"나는 팀원이 △△한 방향으로 성장하길 바랍니다."

"내가 전하고 싶은 메시지는 XX입니다."

/구성원/

"말씀하신 부분에 대해 개선하도록 방법을 찾고 논의하겠습니다."

"저는 ◇◇한 의도였는데, 방법이 잘못되었다는 걸 알게 되었습니다."

"저는 ○○한 상황이어서 그렇게 했었는데, 앞으로는 △△부분을 더 파악하고 진행하겠습니다."

다섯째, 함께 성장하기: 비난보다 성장 방법을 탐색하며 마무리한다.

/리더/

"앞으로 어떤 방식이 서로에게 도움이 될까요?"

"이번 경험을 통해 무엇을 배울 수 있을까요?"

"같은 상황을 예방하려면 무엇이 필요할까요?"

/구성원/

“앞으로는 △△하게 행동하겠습니다.”

“이번 경험을 통해 저도 ○○한 부분을 배웠습니다.”

“개선 방법을 찾아보겠습니다.”

번아웃된 구성원을 살피고 지지하는 대화

팀원 A는 누구보다 빠르게 일의 우선순위를 파악했고, 굳이 시키지 않아도 알아서 움직인다. 야근도 불평 없이 했고, 일이 몰려도 '한번 해보겠다'며 적극적으로 나선다. 그런데 요즘 A는 예전과 완전히 달라졌다. 김 팀장은 처음엔 그냥 컨디션이 안 좋은가 생각했다. 그런데 점점 우려스러운 조짐이 늘어났다. 예전엔 슬랙이나 메일로 업무를 요청하면 바로 "확인했습니다", "진행하겠습니다"라는 답이 왔는데 요즘은 답이 없거나 몇 시간 지나서 건조하게 "네"라고만 답한다. 때론 그냥 읽고 나서도 반응이 없다. 새로운 업무에 대해 이야기하면 "다른 일도 많아요…", "꼭 지금 해야 하나요?"라고 말한다. 표정과 태도도 달라졌다. 회의 때 A는 늘 노트북 자판을 치며 메모하거나 적극적으로 의견을 내는 사람이었다. 요즘은 팔짱을 끼거나 무표정으로 앉아 있다. 가끔 한숨까지 쉰다. 작은 일 하나 부탁해도 순간 분위기가 싸늘해진다. "…네, 알겠습니다" 하지만 그 말끝에 짜증과 피로가 묻어난다.

A는 자신이 요즘 예전 같지 않다는 걸 스스로도 느끼고 있다. 예전엔 일이 많아도 '한번 해보자'는 마음이 들었다. 해야 할 일이 보이면 먼저 움직였고, 시키지 않아도 손이 갔다. 뭔가를 끝냈을 때 돌아오는 피드백과 팀장의 인정에 기분이 좋았다. 그게 자신을 움직이는 원동력이었다. 그런데 지금은 다르다. 그냥 너무 피곤하다. 몸만 피곤한 게 아니라 머리가 무겁고 마음이 지친다. 눈앞에 일이 있는데도 몸이 잘 안 움직이고, 누가 또 뭔

가 부탁하면 속으로 '또?'라는 생각이 먼저 든다. 일은 계속 쌓이는데, 팀장은 그냥 끊임없이 일을 주는 것 같다. 이 모든 상황이 점점 버겁다.

구성원의 번아웃 상황에서 필요한 대화 요소

미국 직업안전위생국OSHA은 스트레스가 직장인의 건강과 정신적 안녕에 부정적 영향을 미치는 중요한 요인이라고 지적했다. 스트레스를 받으면 업무 수행 능력이 떨어지고, 생산성이 감소하며, 일에 대한 몰입도 및 의사소통이 약해지고, 신체적 역량과 일상 기능이 저하될 수 있다고 지적했다.

지속적으로 스트레스를 받거나 과로하면 정신적이나 신체적으로 완전히 지쳐버리게 되는데 우리는 이런 상태를 번아웃Burnout이라 부른다. 그래서 세계보건기구WHO[19)는 번아웃을 국제질병분류 11차 개정(ICD-11)에서 '직업적 현상occupational phenomenon'으로 포함하고 있다. 번아웃은 다음의 3가지 특징을 보인다.

- 에너지 고갈 또는 탈진의 감정
- 자신의 직무로부터 정신적 거리감의 증가, 혹은 직무와 관련된 부정적·냉소적 태도
- 전문적 효능감의 감소

---

19) https://www.who.int/news/item/28-05-2019-burn-out-an-occupational-phenomenon-international-classification-of-diseases?utm_source

UC버클리의 마슬락Maslach과 레티어Leiter는 이러한 번아웃에 업무량 workload, 통제control, 보상reward, 공동체 의식community, 공정성fairness, 가치 일치value congruence 등 6가지 요소가 영향을 준다고 말했다.[20]

영역	설명
업무량	과도한 업무량은 개인의 에너지를 고갈시키고 번아웃을 초래한다. 회복 기회를 차단하고 피로를 누적시킨다. 적절한 업무량은 개인의 역량 발휘와 성장 기회를 제공한다.
통제	업무에 대한 자율성과 의사결정 참여 기회가 적을수록 스트레스와 번아웃 수준이 높아진다. 반대로 직원들이 자신에게 영향을 미치는 의사결정에 참여할 수 있고, 전문적 자율성을 발휘하며, 필요한 자원에 접근할 수 있다고 느낄 때 몰입이 증가한다.
보상	금전적, 사회적, 심리적 보상이 부족하면 번아웃 위험이 증가한다. 자신의 노력이 인정받지 못해 무가치감 및 비효율감이 발생한다. 개인이 인정받고 가치 있다고 느끼는 보상이 중요하다.
공동체	동료 간 신뢰와 지지가 약하거나 갈등이 해결되지 않으면 번아웃 가능성이 커진다. 반면, 원활한 인간관계와 지원 체계는 몰입을 높인다.
공정성	직장에서의 결정이 얼마나 공평하고 공정하다고 인식되는가를 의미한다. 사람들은 절차와 의사결정 과정에서 자신이 어떻게 대우받는가를 통해 자신의 조직 내 위치를 판단한다. 존중받지 못한다고 느낄 때 냉소, 분노, 적대감이 생기며, 조직에 대한 소속감과 신뢰가 약화된다.
가치	가치는 사람들이 처음 그 일을 선택하게 만든 이상과 동기를 의미한다. 개인의 가치와 조직의 가치가 충돌하면, 하고 싶은 일과 해야만 하는 일 사이에서 갈등이 생기며 번아웃으로 이어진다.

출처: Maslach, C., & Leiter, M. P. (2016). Burnout. In G. Fink (Ed.), Stress: Concepts, cognition, emotion, and behavior (pp. 351–357). Academic Press.

---

20) Maslach, C., & Leiter, M. P. (2016). Burnout. In Stress: Concepts, cognition, emotion, and behavior (pp. 351-357). Academic Press.

이 대화의 목적은 일을 더 시키기 위한 것이 아니라, 번아웃에 처한 구성원의 이전 모습을 되찾고 다시 힘을 낼 수 있도록 돕는 것이다. 성실했던 구성원이 그만두면 결국 리더와 조직의 손해로 이어진다. 떠나기 전에 다시 일을 잘 할 수 있는 환경을 제공하는 것이 서로를 위한 길이다.

리더 역시 어느 순간 번아웃이 찾아올 수 있다. 그래서 이번 대화를 준비하면서 자신에게 물어보는 것도 바람직하다. "나는 지금 어떤 상태인가?" "나는 팀 안에서 건강하게 일하고 있는가?" 다음에 나오는 6가지 요소를 고려하면서 번아웃된 사람을 도와주자.

1. 업무량을 정확하게 파악한다.

번아웃이 의심되는 구성원과 대화를 시작할 때 가장 먼저 확인해야 할 것은 지금 그가 어떤 업무를 맡고 있는지, 업무량과 밀도가 실제로 어느 정도인지 구체적으로 살펴보는 일이다. 겉으로는 티가 나지 않아도 업무가 과중하거나 혼자 감당하기 어려울 수 있다. "요즘 바쁘지?"와 같은 질문은 추상적이다. 함께 앉아 업무를 하나하나 펼쳐보며, 어디서 일이 몰리는지, 반복적인 야근은 없는지, 일정이 과하게 빡빡한지 등을 들여다보아야 한다.

이는 일의 흐름, 해당 구성원의 능력과 역할 등을 정리하는 과정이다. 일이 많이 몰려 있다는 생각이 들면 리더는 구성원의 생각을 묻고 일의 우선순위를 조정하고 조율해야 한다.

구성원이 명백하게 지쳐 보이고, 표정과 반응이 예전 같지 않으며, 짜증, 냉소, 무기력 같은 정서적 변화가 느껴진다면 그건 일시적 피로가 아니라 번아웃의 초기 신호일 수 있다. 그럴 땐 의무감으로 버티게 하기보다 재충전을 위한 시간을 먼저 제안해야 한다. 짧은 휴가, 조기 퇴근 등 제대로 쉴 수 있는 배려가 필요하다. 휴가 동안 메신저로 연락하거나, 이메일에 '급한 건 아니지만 확인 부탁'이라고 쓰는 순간 진정한 휴식은 불가능해진다. 구성원이 진심으로 회복할 수 있으려면, 물리적 시간뿐 아니라 심리적으로도 '지금은 온전히 나를 위한 시간이다'라고 생각할 수 있게 해야 한다.

2. 자율성에 대한 생각을 나눈다.

일의 양과 속도를 조절하는 것도 중요하지만, 자신이 일을 주도하고 있다고 느끼는지 살펴보는 것도 필요하다. 많은 사람이 번아웃에 빠질 때, 그 원인이 단순 과로가 아닌 경우가 있다. 일이 자기 통제 밖에 있거나 자신이 결정할 수 있는 게 없다고 생각하는 '자율성 상실'이 사람을 지치고 무기력하게 만든다.

자신이 업무를 주도하고 있다는 느낌이 있으면 책임감과 에너지가 생기지만, 반복적인 지시나 이미 결정된 일을 단순히 실행만 하는 존재로 느끼면 쉽게 지친다. 이런 감정은 결국 무표정, 단답형 응답, 무반응으로 이어진다. 이럴 때는 작은 영역이라도 구성원이 스스로 선택하고 결정할 수 있는 기회를 제공하는 것이 중요하다.

4장 동기부여 대화에서 언급했듯이 자율성은 동기부여의 중요한 원천이다. 그래서 번아웃에서 벗어나도록 돕고 싶다면, 먼저 리더 자신을 점검하는 시간이 필요하다. 하나하나 다 지시하고 확인하는 마이크로매니징을 하고 있지는 않은지, 구성원이 어떤 상황에 있는지를 함께 검토해볼 필요가 있다.

3. 적절한 인정과 보상을 확인한다.

적절한 보상은 번아웃을 줄이는 요소다. 보상이란 금전적 보상뿐 아니라 동료나 상사로부터의 인정, 감정적 지지, 성과에 대한 명확한 피드백도 포함된다. 또한 구성원이 충분히 인정받고 있다고 느끼는지를 확인할 필요가 있다.

성과급이나 승진처럼 즉각적인 제도적 보상은 현실적으로 어렵더라도, 리더로서 할 수 있는 진심 어린 인정과 칭찬 같은 피드백은 중요한 심리적 보상이 된다. 구성원의 업무에서 구체적으로 무엇이 좋았고, 어떤 점이 조직에 큰 기여를 했는지 명확히 짚어주는 피드백은 그 자체로 번아웃 회복을 돕는 요소다.

이 과정에서 중요한 것은 리더의 형식적 칭찬이 아니라 실제로 구성원의 역할과 기여를 구체적으로 되돌아보며 진심으로 고마움을 표현하는 태도다. "고생 많았어요"와 같은 일반적인 말보다 "그때 자료를 빠르게 정리해 줘서 팀 전체 일정이 일주일 빨라졌어요"처럼 구체적인 맥락과 함께 칭찬하는 것이 좋다.

4. 동료 및 후배와의 관계를 살핀다.

일이 아닌 관계에서 오는 정서적 피로감으로 번아웃이 오는 경우도 많다. 리더는 구성원과의 대화를 통해 현재 동료나 후배와의 관계에서 힘든 점이 없는지를 살펴봐야 한다. 최근 협업 과정에서 갈등 경험이 있었는지, 조직 안에서 마음 편히 소통하거나 의지할 수 있는 사람이 있는지 등을 확인하는 것이다.

구성원이 요즘 누구와도 편하게 이야기하기 어렵거나, 혼자만 버티고 있는 것 같다고 느낀다면, 정서적 소진이 진행되고 있는 것으로 볼 수 있다. 이런 상황이 있다면 리더는 자신이 적극적으로 경청하고 돕겠다는 지원 의사를 밝혀야 한다.

갈등이 있다면 6장 갈등관리 대화를 참고하여 그에 대한 중재나 소통 방식을 조율할 필요가 있다. 관계 문제를 개인의 성격 문제로 치부해서는 안 된다. 오히려 조직 전체의 환경을 건강하게 회복하는 방향으로 접근해야 한다. 결국 구성원은 혼자가 아니라고 느끼고, 자신을 도와주는 사람이 있다고 생각할 때 번아웃에서 벗어날 수 있다.

5. 공정성에 관한 이야기를 나눈다.

번아웃을 유발하는 또 다른 심리적 요인은 바로 공정성이다. 조직 내 공정성이 부족하다는 생각이 들면 개인은 '일 자체'보다 '그 일을 둘러싼 관계와 구조'에 먼저 실망한다. 사람은 단지 일이 많고 힘들어서 지치는 것이 아니라, '왜 나만 이런 대우를 받아야 하지?', '이 기준은 누구에게나 똑같이 적용되는 걸까?'라는 의문이 계속 쌓일 때 감정적으로 더 큰 소진을 경험한다.

예를 들어, '그동안 역할이나 일정이 배분될 때 공정하다고 느꼈는지', '특정 상황에서 왜 이렇게 결정되었는지에 대한 충분한 설명을 들었는지' 등 조직의 의사결정 과정에 대한 이해가 이루어지고 신뢰가 유지되고 있는지를 점검할 수 있다.

공정성은 단순히 '모두에게 똑같이 나눠주는 것'을 의미하지 않는다. 오히려 '왜 이렇게 결정되었는지 납득하는가', 그리고 '그 결정이 나를 존중한 결과라고 느꼈는가'를 의미한다. 리더는 구성원의 업무 배분, 기회 제공, 평가 부분에서 제대로 설명하지 못한 적은 없었는지, 결정 방식이 일방적이었던 적은 없었는지 등을 돌아볼 필요가 있다.

공정성을 느끼지 못한 구성원은 표현하지 않더라도 속으로 서서히 거리를 두기 시작한다. 대화를 통해 확인된 불공정 요소가 있다면 가능한 선에서 바로잡거나, 그 결정이 왜 그렇게 이루어졌는지를 설명하며 신뢰를 회복해야 한다.

6. 일의 의미에 관한 이야기를 나눈다.

번아웃을 이해하는 본질적 질문은 '지금 하는 일이 자신에게 어떤 의미가 있는가'이다. 개인의 가치관과 조직의 가치가 어긋날 때, 즉 자신이 중요하게 여기는 것과 조직이 요구하는 것 사이에 간극이 생겼을 때, 사람들은 자기 일에서 멀어지기 시작한다. 이런 상태는 단지 지쳐 있는 것이 아니라, 정체성의 기반이 흔들리는 것과 같다.

4장의 동기부여 대화를 참고해서 일을 하면서 언제 가장 몰입했는지, 어떤 일이 진짜 자신답다고 느꼈는지를 되짚으며 일과 정체성이 다시 연결될 수 있도록 실마리를 찾아야 한다. 일은 '해야 하는 것'이 아니라 '내가 누구인지'와 깊이 연결되어 있다. 그렇기에 그 의미가 흐려질 때 일에 대한 동기가 사라진다. 그래서 리더는 일의 의미가 구성원에게 어떻게 자리 잡고 있는지 물어야 한다.

코칭 대화 솔루션

이렇게 대화해 보세요

번아웃을 살피고 지지하기 위한 대화에서 살펴보아야 할 요소를 반영해 구체적으로 대화하는 상황을 구성했다. 이를 통해 리더와 구성원이 원온원 면담에서 어떤 방식으로 대화해야 하는지 참고할 수 있다.

1. 업무량을 정확하게 파악한다.

2. 자율성에 대한 생각을 나눈다.

3. 적절한 인정과 보상을 확인한다.

4. 동료 및 후배와의 관계를 살핀다.

5. 공정성에 관한 이야기를 나눈다.

6. 일의 의미에 관한 이야기를 나눈다.

김 팀장은 팀원 A를 늘 믿고 의지해왔다. A는 주어진 일을 묵묵히 해내는 든든한 팀원이었고, 새로운 일이 생겨도 주저 없이 받아들이며 결과를 만들어냈다. 하지만 최근 들어 A의 표정이 어두워지고, 한숨을 자주 쉬는 모습이 눈에 띄었다. 일에도 의욕이 없어 보이고, 회의 중 말수도 줄었다. 예전에는 먼저 의견을 내거나 회의록을 정리하겠다고 나섰는데, 요즘은 노트북 화면을 멍하니 바라보고만 있다.

1. 목표Goal

김 팀장 : A님, 요즘 많이 지쳐 보여요. 괜한 걱정일 수도 있지만, 괜찮으면 잠깐 이야기 나눠볼 수 있을까요?

A : 네… 사실 요즘 좀 힘들긴 했어요.

김 팀장 : 역시 그렇군요. 저도 A님이 최근 들어 표정이 어두워지고 한숨을 자주 쉬시는 모습이 눈에 띄어서 걱정됐어요. 오늘은 A님의 상태를 살펴보고, 제가 진심으로 도울 수 있는 방법을 함께 찾고 싶어요.

A : 고맙습니다. 사실 제 상태를 솔직하게 이야기할 수 있는 시간이 필요했어요. 저도 건강하게 일할 수 있는 방법을 찾아보고 싶습니다.

김 팀장 : 좋아요. 그럼 오늘은 번아웃을 극복할 수 있는 방법을 함께 찾아봐요.

합의된 목표

주제: A의 번아웃 상태

목표: 번아웃을 극복할 수 있는 방법 찾기

2. 현재 상태 파악하기|Reality

김 팀장 : 제가 A님에 대한 믿음이 크다 보니, 일을 너무 많이 맡긴 것 같아요. 혹시 요즘 일하면서 가장 힘든 점이 있다면 어떤 부분일까요? 예를 들어, 업무량이 너무 많은 건지, 아니면 일을 진행하면서 자율성이 부족하다고 느끼는 건지, 아니면 제가 A님이 해낸 것들에 대해 충분히 인정하지 못한 건지, 혹은 동료들과의 관계에서 어려움이 있는 건지, 업무 분배가 공정하지 않다고 느끼는 건지, 아니면 일 자체에서 의미를 잘 못 느끼는 건지… 이 중에 가장 크게 느끼는 부분이 있을까요?

A : 음… 여러 가지가 복합적이긴 한데, 가장 큰 건 업무량인 것 같아요. 일이 너무 많아지

면서 퇴근 후에도 계속 일 생각이 나고, 체력적으로도 점점 지치는 것 같아요. 그리고 솔직히 말하면, 몸이 너무 지치고 마음도 따라가지 않아요. 열심히 해도 늘 일이 줄지 않아서 허탈하고 무기력해요.

김 팀장 : 그랬군요. 일이 계속 쌓이는 느낌이었나요?

A : 네… 일이 많아도 처음엔 믿고 맡겨주신다고 생각하려 했지만, 지금은 그냥 떠맡는 기분이 들어요. 눈앞에 일이 있는데도 손이 잘 안 움직이고, 누가 또 뭔가 부탁하면 속으로 '또?'라는 말이 먼저 떠올라요. 더는 스스로 감당할 수 없다는 생각이 들어요.

김 팀장 : A님이 워낙 조용히 잘해주니까 저도 자연스럽게 더 맡긴 부분이 있었던 것 같아요. A님이 감당해 온 걸 돌아보면, 제가 너무 당연하게 생각한 건 아닌가 싶어요. 고맙기도 하고 미안하기도 하네요.

A : 그렇게 말씀해 주시니 위로가 되네요. 요즘 좀 숨이 차다고 할까요.

김 팀장 : 그럼 오늘 이 자리에서 A님이 지금 맡고 있는 일을 한번 정리해 보고, 특히 반복적이거나 시간을 많이 쓰는 업무부터 조정할 수 있도록 같이 방법을 찾아보면 어떨까요?

A : 네, 그러면 정말 감사하겠습니다. 요즘은 혼자 끌어가는 느낌이 들어서 지쳤는데, 이렇게 얘기할 수 있는 것만으로도 많이 가벼워지네요.

김 팀장 : 업무 분배도 다시 살펴보고, 필요하다면 잠깐 쉬실 수 있는 여유도 만들 수 있도록 해볼게요.

3. 스스로 성찰하기|Reflection

김 팀장 : 오늘 대화하면서 어떤 생각이 들었어요?

A : 제가 스스로 괜찮은 척해왔던 것 같아요. 도움이 필요하다는 말을 너무 늦게 하게 된 건 아닌가 싶어요. 버티는 게 성실함이라고 생각했지만, 그게 저를 점점 더 무너지게 했던 것 같아요. 이제는 힘든 부분을 솔직히 팀장님한테 말하고, 저 스스로를 챙기는 일도 중요

하다는 생각이 들어요.

김 팀장 : 얘기해줘서 고마워요. 저도 오늘 이야기 들으면서 많은 생각이 들었네요. 믿고 의지했던 만큼 일을 너무 많이 준 건 아닌가 되돌아보게 됐어요. 워낙 말없이 잘해오시던 분이라, 힘들다고 표현하지 못했을 것 같다는 생각이 들었고요. '그래도 잘 거야'라는 제 기대가 무심한 압박이었을 수 있겠다는 걸 깨달았어요. 조용한 팀원일수록 요즘 어떤지 이야기를 나눠야 한다는 걸 다시 느꼈습니다.

4. 실행 계획 수립Action Plan

김 팀장 : 그럼 구체적으로 어떻게 하면 좋을까요?

A : 지금 부담이 큰 업무나 어려운 부분에 대해 팀장님과 솔직하게 이야기하고 싶어요. 그리고 다음 주에 휴가를 좀 낼지 생각 중이에요. 앞으로는 힘들어지기 전에 제 상태를 점검하고, 미리미리 이야기하겠습니다.

김 팀장 : 좋아요. 그럼 A님이 맡은 업무를 함께 정리하며 조정해 드릴게요. 업무 분배도 다시 살펴보고, 필요하다면 잠깐 쉴 수 있는 여유도 만들 수 있도록 해볼게요. 회복을 위한 휴가도 꼭 쓰세요.

A : 네, 고맙습니다.

김 팀장 : 앞으로는 이렇게 미리 이야기 나누는 기회를 더 자주 만들게요. 앞으로는 정기적인 체크인과 피드백을 통해 케어하려고 해요. A님이 즐겁게 의미 있게 회사에서 일할 수 있는 환경을 만드는 게 저에게도 가장 중요한 일이니까요.

A : 감사합니다.

번아웃을 살피고 지지하기 위한 대화에 필요한 요소를 반영한 예시 문장을 준비했으니, 실제 대화에 적용해 볼 수 있도록 연습해 보자.

첫째, 업무량을 정확하게 파악한다.

/리더/

"요즘 업무량은 어떻게 느껴지세요?"

"특별히 부담스럽거나 벅차다고 느끼는 업무가 있을까요?"

"지금 맡은 일들을 함께 점검해 보면 좋을 것 같아요."

/구성원/

"처음엔 괜찮았는데, 지금은 일이 너무 많다는 듯 느껴져요."

"솔직히 요즘 버거운 순간이 잦아졌어요."

"제가 감당할 수 있는 범위를 넘어선 것 같다는 생각이 들어요."

둘째, 자율성에 대한 생각을 나눈다.

/리더/

"업무를 하시면서 스스로 결정할 수 있는 부분이 충분하다고 느끼시나요?"

"본인의 판단으로 진행할 수 있는 여지가 어느 정도 있다고 생각하세요?"

"일하면서 주도적으로 움직일 기회가 있었나요?"

"정해진 일을 따라가는 느낌이 들 때가 많아요."

"제 의견을 낼 수 있는 기회가 더 많아지면 좋겠어요."

"스스로 결정할 수 있는 부분이 줄어들면서 의욕도 떨어지는 것 같아요."

셋째, 적절한 인정과 보상을 확인한다.

/리더/

"그동안의 노력이나 성과가 충분히 인정받았다고 느끼시나요?"

"더 듣고 싶었던 피드백이나 아쉬운 부분이 있었나요?"

"어떤 형태의 인정이나 피드백이 도움이 될까요?"

/구성원/

"제 노력을 알아주는 분이 있을까 하는 생각이 들 때가 있어요."

"구체적인 피드백을 들었을 때 훨씬 힘이 났던 경험이 있어요."

"인정받고 있다는 느낌이 들 때와 그렇지 않을 때의 차이가 크더라고요."

넷째, 동료 및 후배와의 관계를 살핀다.

/리더/

"팀 내에서 편하게 소통하고 있다고 느끼나요?"

"협업하면서 불편하거나 어려운 점이 있었나요?"

"서로 도움을 주고받을 수 있는 분위기라고 생각하세요?"

/구성원/

"마음 편히 이야기할 수 있는 사람이 많지 않은 것 같아요."

"혼자 해결하려고 하는 경우가 많아졌어요."

"동료들과 좀 더 편하게 소통할 수 있는 분위기였으면 좋겠어요."

다섯째, 공정성에 관한 이야기를 나눈다.

/리더/

"업무 분배나 평가에서 공정하다고 느끼셨나요?"

"결정 과정에서 충분한 설명을 들었다고 생각하세요?"

"아쉽거나 이해하기 어려웠던 부분이 있다면 말씀해 주세요."

/구성원/

"같은 기준이 모두에게 적용되는지 잘 모를 때가 있어요."

"왜 그렇게 결정되었는지 이해하기 어려운 순간이 있었어요."

"좀 더 명확한 기준이 있었으면 좋겠어요."

여섯째, 일의 의미에 관한 이야기를 나눈다.

/리더/

"지금 하는 일이 본인에게 어떤 의미인가요?"

"일하면서 가장 보람을 느꼈던 순간은 언제였나요?"

"예전과 비교했을 때 일에 대한 마음이 어떻게 달라졌나요?"

/구성원/

"예전에는 성장하고 있다는 느낌이 있었는데, 요즘은 잘 모르겠어요."

"이 일을 계속하는 게 맞는지 고민될 때가 있어요."

"의미를 찾기보다는 그냥 버티고 있다는 느낌이 들어요."

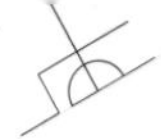

팀장의 대화력

지은이 최안나

이 책의 디자인은 노영현, 편집과 교정은 장현정, 종이, 출력, 인쇄, 제본은 효성프린팩의 신학철이 진행했습니다. 이 책의 성공적인 발행을 위해 애써주신 다른 모든 분들께도 감사드립니다. 틔움출판의 발행인은 장인형입니다.

초판 1쇄 인쇄 2026년 2월 10일
초판 1쇄 발행 2026년 2월 20일

펴낸 곳	틔움출판
출판등록	제313-2010-141호
주소	경기도 고양시 덕양구 청초로 66 덕은리버워크 A-2003
전화	02-6409-9585
팩스	0505-508-0248
홈페이지	www.tiumbooks.com

ISBN 979-11-91528-30-5 03320